관계를 치유하는 힘

존엄

관계를 치유하는 힘 **존엄**

2013년 10월 25일 처음 펴냄
2024년 3월 4일 6쇄 펴냄

지은이 도나 힉스
옮긴이 박현주
펴낸이 신명철
펴낸곳 (주)우리교육 검둥소
등록 제 313-2001-52호
주소 03993 서울특별시 마포구 월드컵북로 6길 46
전화 02-3142-6770
팩스 02-6488-9615
홈페이지 www.urikyoyuk.modoo.at

Dignity
Copyright ⓒ 2011 by Donna Hicks
Copyright ⓒ Yale University Press All rights reserved.
Korean Translation Copyright ⓒ 2013 by Urikyoyuk Geomdungso
Korean translation rights arranged with Yale University Press through BC Agency.

이 책의 한국어판 저작권은 BC에이전시를 통해 저작권자와 독점 계약한 (주)우리교육 검둥소에 있습니다.
저작권법에 의해 한국 내에서 보호를 받는 저작물이므로 무단 전재와 무단 복제를 금합니다.

ISBN 978-89-8040-367-7 03190

*이 책의 내용을 쓰고자 할 때는 저작권자와 출판사의 허락을 받아야 합니다.
*잘못된 책은 바꾸어 드립니다.
*책값은 뒤표지에 있습니다.

이 도서의 국립중앙도서관 출판시도서목록(CIP)은
서지정보유통지원시스템 홈페이지(http://seoji.nl.go.kr)에서
이용하실 수 있습니다. (CIP 제어번호:CIP2013022948)

관계를 치유하는 힘

존엄

도나 힉스 지음 · 박현주 옮김

추천사

인간 존엄 분야에서 이뤄낸 도나 힉스의 탁월한 공적에 찬사를 보내며, 그녀가 보여준 우정에 감사의 인사를 보냅니다. 그녀의 통찰력이 더 많은 독자와 공유되어야 한다는 생각에 적극적으로 집필을 권유하였고, 드디어 그 노력이 결실을 맺어 이 책으로 나왔습니다. 주목할 만한 이 책에서, 그녀는 모든 인간이 지닌 양도할 수 없는 권리인 존엄이라는 개념을 전면에 내세웠습니다. 그녀가 자랑스럽습니다. 이 책의 출간은 시기적절합니다. 왜냐하면 모든 인간은 존엄성에 있어서 평등하다는 세계인권선언 제1조의 원리에 대해 우리가 왠지 잊고 있는 것처럼 보이기 때문입니다. 힉스 박사 내면의 선지자가 우리에게 그 외침을 일깨워 줍니다. 도나 힉스에게는 타고난 재능이 있습니다. 인간에게 가장 기본적인 욕구들, 즉 우리가 인간으로서 타고난 가치에 대한 공감과 인정, 그리고 그에 대한 감수성을 우리 모두가 갖추게 되는 그러한 세상을 우리 시야에 비춰주는 재능 말입니다. 그리고 그것은 어쩌면 그녀의 소명인지도 모르겠습니다.

도나 힉스는 북아일랜드에서 우리가 함께 일했던 시절에 대해 들려줍니다. 우리는 그 나라에서 벌어진 불행한 대립 속에서 발생한 폭력의 피해자와 가해자 간 만남이 가능하도록 함께 도왔습니다. 폭력과 분노, 사랑하는 사람을 잃은 아픈 기억을 되살려 들려주는 이야기들이 날마다 이어졌습니다. 가해자들로 하여금 끔찍한 행위를 저지르도록 몰아간 것은 거의 언제나 존엄을 상실한 결과였습니다. 그들로 하여금 피해자들을 대면하는 일이 가능하게 해준 것은 회복된 존엄이었습니다. 그리고 화해가 가능하게 해준 힘, 그것은 바로 존엄, 상대방의 내면에 있는 가치를 자각하는 일이었습니다. 그곳에서 나는 남아공에서 아파르트헤이트를 겪었던 나를 비롯한 수많은 다른 이들의 체험을 돌아보지 않을 수 없었습니다. 그 어두운 시절에, 우리를 지탱해 준 것은 우리의 존엄이었고, 그것은 우리 스스로의 자존감 속에, 그리고 옳은 것이 승리해야 하고 악은 반드시 이겨내야 한다는 인식 속에 있었습니다. 우리가 평화적 이행 속에서 민주주의로 나아갈 수 있었던 것은 우리가 가진 존엄 의식 덕분이었습니다.

　존엄은 우리를 살아가게 해줄 뿐 아니라 열정을 북돋워 주고 능력을 부여합니다. 존엄은 엄청난 일들을 이뤄냅니다. 존엄은 쓰러진 사람들을 일으켜 세우고, 낙담한 사람들을 회복시킵니다. 타인의 내면에 존재하는 선함에 대한 인식이 공유될 때, 개인의 존엄성을 중요하게 느끼는 감각이 주어지고, 그것이 갈등이 잠재된 상황에 평화를 가져다 줄 수 있습니다. 사람들이 자신의 존엄에 대해 자각하고, 자신이 소중한 사람이라는 감각을 갖는 것이야말로 쓸모없다는 느낌이 압도하는 일상의 무력감에 대한 유일한 답입니다. 만약 우리 모두가, 그리고 우리들 각자가 존엄의 담지자가 된다면, 신이 주신 존엄이 모두에게 타고난 권리라는 진리를 전파하는 사람이 된다면, 얼마나 멋질까요?

이 책은 존엄에 대한 평이한 속성 지침서가 아닙니다. 여러 제안과 문제제기를 풍부하게 담고 있습니다. 한편 우리가 바람직한 관계를 발전시켜 나가도록 도와줄 지침들은 알아듣기 쉽습니다. 그러나 그 어떤 조언보다도 중요한, 이 책 전반을 관통하는 강력한 인식이 있습니다. 그것은 이를테면 '도대체 평화는 어떻게 찾을 수 있을까'라는 시대의 난제에 대한 열쇠가 우리 의지에 달린 인간 존엄이라는 개념에 있다는 것입니다. 도나 힉스는 그 답을 알기 쉽게 한 줄로 꿰어냈습니다. 신은 우리들 한 사람 한 사람이 소중하고 가치 있는 사람으로 태어나게 했습니다. 그것을 내 안에 받아들이고 또 타인에게서도 찾아내고 서로 용기를 북돋아 줍시다. 그러면 평화는 가능할 것입니다.

가슴 아픈 이 세상에서 이것이 현실에서 이루어지기를 우리 모두는 간절히 바랍니다.

데즈먼드 투투 대주교

저자 서문

사람들을 그들의 최선의 모습이 되도록 도우라.
그리고 그들이 이미 최선의 모습인 것처럼 대하라.

요한 볼프강 폰 괴테

존엄을 주제로 책을 쓰겠다고 마음먹었을 때, 맨 먼저 든 생각은 국제 문제에서 존엄이 수행하는 역할을 소개해야겠다는 것이었다. 갈등 해결 전문가로서 나는 세계에서 가장 다루기 힘든 분쟁 지역들 중 몇 군데, 이스라엘·팔레스타인, 스리랑카, 콜롬비아, 미국·쿠바, 북아일랜드 등에서 제삼자로서 중재 활동을 해왔다. 활동 초기에 했던 하나의 경험을 통해, 나는 존엄을 내 의식의 가장 중요한 위치에 두게 되었다. 그것은 내가 캄보디아에서 여름을 보낸 1993년에 겪은 일이었다.

크메르 인민들을 휩쓸었던 제노사이드 이후, 캄보디아에 그 나라의 사회적, 법률적, 정치적 기반 시설들을 갖춰나갈 수 있도록 유엔 캄보디아임시행정기구UNTAC가 설치되어 활동을 시작했다. 나는 인권배움운동PMHRL의 설립자이자 의장인 슐라무스 쾨니히Shulamuth Keonig가 개발한 한 프로젝트에 참여하고 있었다. 캄보디아의 새 헌법이 보장하는 크메르 여성들의 기본 인권을 당사자들에게 알려 줄 목적으로 만들어진 프로젝트였다.

그곳에서 지내는 동안 존엄에 대해 많이 알게 되었지만, 어쩌면 모욕indignity에 대해 훨씬 더 많이 알게 되었던 것 같다. 폴 포트 정권 치하에서 여성들이 겪은 일 중 어떤 것들은 가슴이 미어지게 비통했기 때문이다. 나는 그곳의 여성들에게 그들의 인권에 대해 알려주는 일이 무척 좋았다. 그들은 1948년에 선포된 세계인권선언, 그리고 여성차별철폐협약CEDAW을 익혔다. 우리는 인권선언의 서문을 놓고 수없이 토론을 벌였다. 서문은 이렇게 시작한다. "인류 사회의 모든 구성원이 갖는 고유한 존엄과 평등하고도 양도할 수 없는 권리는 세계의 자유와 정의, 평화의 기초이기에…"

만약 우리의 타고난 존엄이 매일 같이 일상적으로 인정된다면 그것은 어떤 세상일까 생각하며 상념에 잠겼던 기억이 난다. 그것은 여성차별철폐협약과 인권선언에서 언명된 원칙들이 실현되는 것을 뛰어넘지 않을까? 그 세상에서는 하루하루 서로가 서로를 어떻게 대하며 살아갈까?

크메르 여성들이 새 헌법에서 보장된 그들의 권리를 알아나가는 동안, 그들의 고통스러운 사연에 귀 기울이고 그들의 기쁨을 목격한 일은 내게 결코 잊을 수 없는 각인으로 남았다. 골똘히 경청하는 모습 뒤에 있는 힘을 느낄 수 있었고, 고통에 시달렸던 다른 이들의 체험을 보고 듣고 공감하는 일이 주는 강력한 효과를 목격했다. 말로 다할 수 없는 잔혹 행위들을 감내해 왔던 사람들을 향해 확장되는 관심과 배려가 그들로 하여금 스스로의 자아 존중감을 회복하게 해주는 것을 볼 수 있었다. 관심과 배려심을 갖는 마음이야말로 사람들을 존엄하게 대하는 데서 핵심이라고 이제 나는 생각한다. 모욕

indignity이 우리를 서로 분열시킨다면, 존엄dignity은 우리를 원래대로 다시 모아 준다는 것을 안다. 그때 이후로 존엄은 내가 그 렌즈를 통해 세상을 이해하는 도구가 되었다.

그 무렵, 내가 사람들이 전쟁에서 겪은 외상성, 정서적 체험을 그들의 존엄에 대한 심각한 훼손으로 이해하게 된 것은 자연스러운 일이다. 하지만 얼마 지나지 않아 나는 사람들이 견뎌야 했던 모욕적 행위들을 인권 선언을 비롯한 여타 유엔 협약이 상세히 다 담아내지 못하고 있다는 사실을 발견하게 되었다.

또 다른 형태의 존엄 침해 행위들은 그런 심원한 문서들에서 언급되지 않고 있었다. 예컨대, 사람들의 존엄이 훼손되어 심리적 차원에서 상처를 입은 경우에 대해서는 어떻게 할 것인가? 스스로 어찌할 수 없는 정체성의 어떤 측면을 문제 삼아 사람들을 배제하고, 오해하고, 부당하게 대우하고, 묵살하고, 열등하게 재단하는 경우에 대해서는 또 어떻게 할 것인가?

캄보디아에서 활동을 마친 후, 나는 하버드 대학 웨더헤드 국제문제센터의 국제 갈등 분석 및 해결 프로그램의 부단장으로 복귀했다. 그곳에서 분쟁 당사자들 간의 대화를 촉진하는 일을 계속하는 동안, 존엄과 모욕이라는 이슈가 내 뇌리를 떠나지 않았다. 우리가 마련한 대화에 참여한 이들이 매우 총명한 사람들이었는데도, 자신들의 공동체를 완전히 파괴하고 있는 지독한 싸움을 종식시킬 방법을 그들은 결국 찾아내지 못했다. 그들 사이의 차이점을 해소할 수 없도록, 과거를 청산할 수 없도록 방해하는 다른 무언가가 계속해서 작용하고 있었던 것이다.

당연하겠지만 심리학자로서 나는 협상 테이블에서, 어쩌면 물밑에서 이루어지는 겉으로 드러나지 않는 대화들에 이끌렸다. 정치적 쟁점을 논의할 때 그와 병행하는 감정의 저류, 너무 강렬해서 생산적인 문제 해결의 궤도를 순식간에 이탈하게 할 수 있는 어떤 힘이 늘 존재했다. 감정을 자극하는 격랑은 사람들을, 그리고 대화 과정을 엉망으로 만들어 버린다. 마침내 나는 사람들이 보이는 반응 배후에 있는 그 힘이 존엄을 원초적으로 모욕함으로써 발생한 결과물이라고 결론지었다.

이름 붙여지지 않은 모욕들, 말로 표현되지 않은 모욕들이야말로, 무엇이 갈등을 지속시키고 온존하게 만드는지 이해하려는 우리의 노력에서 잃어버린 고리a missing link일 수도 있겠다는 생각이 들었다. 모진 대우를 받은 기억을 떨쳐버리느라 사람들은 고통스러운 시간을 보낸다. 그리고 만일 그들이 받은 모욕들—이것은 좀처럼 협상 테이블에 오르지 못한다—이 똑바로 이름을 얻고, 인정되고, 바로잡히지 않는다면, 그것들은 공평하고 공정한 합의를 가로막는 장애물의 형태로 드러나면서 그 자체로 눈에 보이지 않는 기운을 띠게 된다. 사람들은 자신들이 고통을 겪었던 것에 대해 인정을 받아야 한다. 하지만 존엄의 침해가 아주 흔한 만큼이나, 그것이 인간에게 고통을 주는 근원으로서 제대로 인정된 적은 없다.

시작할 때는 갈등 해결conflict-resolution 활동을 염두에 두었지만, 이 책이 직장, 조직, 학교, 가족 속에서 살아가는 수많은 사람들, 자신의 삶과 관계를 개선하고 싶어하는 모든 이들에게 유용한 지침이 될 수 있다고 확신한다.

존엄이라는 주제, 그리고 관계의 파탄에서 존엄이 수행하는 역할이라는 주제와 관련한 저술 자료들을 검토해 본 결과, 놀랍게도 새로운 정보가 거의 없었다. 국제분쟁에서 치욕humiliation의 역할에 대해 철저하게 기술한 학자들이 있었고, 존엄과 존중respect을 잘못 연결 지은 또 다른 학자들도 있었지만, 일반 독자를 대상으로 존엄을 주제로 한 폭넓은 분석은 어디에서도 찾아볼 수 없었다.

내 과제는 더욱더 복잡해졌는데, 그 분야의 문헌에서 내 연구를 시작할 강력한 이론적 기반이 부족했기 때문이다. 이론적 기반을 찾을 수 없었기에, 나 스스로 만들어내야 했다. 여러 학문 분야들이 내가 존엄 모델로 일컫는 것의 개발에, 그리고 존엄이 우리의 개인적인 삶과 인간관계에서 수행하는 근원적 역할에 대한 이해에 이르는 접근 방법의 개발에 기여했다. 나는 진화심리학, 윌리엄 제임스와 이매뉴얼 칸트를 비롯한 여타 철학자들의 저작, 사회신경과학, 심리학, 트라우마와 회복에 관한 문헌, 그리고 갈등 해결 분야로부터 아이디어와 통찰력을 끌어냈다. 그 결과 나는 존엄이 우리에게 그토록 중요한 이유와 존엄을 침해받을 때 우리가 그토록 강렬하게 반응하는 이유를 이해하고 설명하는 방식을 찾았다.

이 책은 존엄 모델을 구성하는 세 가지 중요한 부분을 반영하여 설계되었다. 1부는 존엄의 열 가지 필수 요소, 즉 우리 자신과 타인의 내면에 있는 존엄을 존중하는 열 가지 방법을 소개한다. 이 열 가지 필수 요소가 실제로 작동하는 건강한 관계의 구성 요소들이다. 1부는 열 개의 장으로 이루어졌고, 각 장은 한 가지 요소와 그것을 실행에 옮기는 방법을 설명한다.

2부는 열 가지 유혹을 소개한다. 우리가 진화 과정에서 물려받은 유산은 덫이라는 형태로 우리를 준비시켰고, 이로 인해 우리는 자신과 타인의 존엄을 침해할 위험에 빠지게 된다. 이것이 열 가지 유혹으로 존재한다. 각 장에서 그 열 가지 유혹들을 하나하나 다루면서 각각 어떤 형태를 띠는지, 어떻게 하면 그것들을 효과적으로 다룰 수 있는지 설명한다.

3부는 어긋난 관계를 복구하고 화해를 이루기 위해 존엄의 힘을 사용하는 법을 설명한다. 북아일랜드 분쟁에서 서로 다른 편에 있었던, 한 사람이 다른 한 사람을 살해할 뻔했던 관계의 두 남자가 어떻게 화해하게 되었는지 놀랄 만한 사연을 들려준다. 그 이야기는 서로를 존엄하게 대함으로써 양측 당사자들이 관계를 복구할 수 있었다는 실례를 보여주는 것으로 화해를 촉진할 때 용서가 아닌 다른 대안을 제시한다.

존엄을 배우는 일과 존엄이 하나의 삶의 방식이 되는 일에는 노력이 따르지만, 투자 대비 수익으로 보면 가장 나은 것이다. 존엄 모델을 국제정치와 실업 분야, 교육과 종교계의 수많은 사람들에게 소개해 오면서, 나는 우리 모두가 정당하게 대우받는 것에 큰 관심을 갖고 있다는 사실, 그리고 부당하게 대우받을 때 고통받는다는 사실을 알게 되었다. 서로가 존재를 인정하고, 경청하고, 이해하고, 소속감을 느끼고, 신뢰받는다고 느낄 수 있는 관계를 어떻게 맺을지 그 방법을 익히면 허약한 관계를 튼튼한 관계로, 훨씬 더 원활한 관계로 만들어 갈 수 있다.

어떤 사람이 존엄의 힘을 이해하고 그것을 실행에 옮겨서 끌어낸 행복감을 조리 있게 설명하기는 쉽지 않다. 그것은 체험해야 한다. 타인을 존엄하게 대하는 법, 자신의 존엄을 유지하는 법을 터득하는 것이 얼마나 이로운지는 산출하기 어렵다. 우리는 타인의 눈에 비치는 우리 자신의 존엄을 볼 때 존엄의 진가를 알게 된다.

차례

추천사 5
저자 서문 8
들어가며 존엄의 새로운 모델 16

1부 존엄의 10대 요소 46

　1장　정체성 수용　55

　2장　소속감　69

　3장　안전　75

　4장　공감　87

　5장　인정　92

　6장　공정함　100

　7장　호의적 해석　105

　8장　이해　113

　9장　자주성　119

　10장　책임성　123

2부 존엄을 해치는 열 가지 유혹 128

　11장 미끼 물기 135

　12장 체면 세우기 141

　13장 책임 회피하기 146

　14장 그릇된 존엄 추구하기 154

　15장 그릇된 안전 추구하기 165

　16장 갈등 회피하기 170

　17장 피해자 자처하기 192

　18장 타인의 비판적 견해에 저항하기 200

　19장 죄책감을 벗기 위해 타인을 비난하고 모욕하기 221

　20장 그릇된 친밀감에 빠져 험담 나누기 228

3부 존엄으로 관계를 치유하는 법 234

　21장 존엄으로 화해하기 236

　22장 존엄의 약속 262

주석 265
찾아보기 271

들어가며
존엄의 새로운 모델

존엄이란
살아 있는 모든 존재의 가치를 인정하고, 그 취약성을 수용함으로써
내적 평화를 이룬 상태이다.

2003년 후텁지근한 열대의 아침에, 나는 어느 라틴아메리카 국가에서 민간인 복장의 지도자들과 군복을 입은 지도자들이 가득 찬 방으로 들어섰다. 방 안의 팽팽한 긴장감은 바깥의 푹푹 찌는 열기 못지않게 숨 막힐 듯 답답했다. 적대감으로 가득 찬 교전 당사자들은 서로 눈길도 마주치지 않으려 했고, 심지어 내 눈길조차 거부했다. 설사 내가 개입을 요청받은 그 분쟁이 양측 중진들이 서로 협력하지 못하는 무능력을 중심에 두고 맴돌고 있었다 할지라도, 그 나라가 수십 년째 겪고 있던 그 내전이야말로 그 순간 내가 느꼈던 긴장감의 원인일 수밖에 없었다.

동료인 호세 마리아 아르게타Jose Maria Argueta 대사와 나는 한눈에도 뚜렷이 알아볼 수 있을 정도로 파괴된 관계를 호전시킬 수 있는 계기를 만들기 위해 양측의 중진들에게 '의사소통 기술

communication skills' 워크숍을 진행해 달라는 주문을 받은 터였다.

그 나라 대통령이 방으로 들어왔다. 대통령은 우리를 소개한 다음 수도에서 있을 회의에 참석하기 위해 곧바로 떠날 작정이었다. 그가 말했다.

"힉스 박사님, 우리 동료들과 함께할 의사소통 워크숍 진행을 위해 와 주셔서 고맙습니다. 앞으로 이틀간 진행될 내용에 대해 간단히 소개해 주시겠습니까?"

나는 말을 받아 답했다.

"대통령님, 말씀드리기 송구스럽지만, 지금 이곳에 필요한 것은 의사소통 워크숍이 아닌 듯합니다. 서로 간극이 너무 큽니다. 교전 중인 당사자들과 만나 온 제 경험으로 볼 때, 관계가 이 정도로 무너져 있는 경우는 양측이 다 자신들의 존엄을 침해받았다고 느낀다는 것을 말합니다. 양해해 주신다면, 저는 워크숍의 초점을 바로 이 존엄이라고 하는 좀 더 근본적인 문제를 다루는 것으로 바꾸어 진행하고 싶습니다."

당황한 듯했지만 대통령은 곧 자제력을 보이며 비서에게 말했다.

"수도에 예정된 회의들을 취소하세요. 나는 이 워크숍에 참석할 테니까요."

대통령이 동의해 줌으로써, 마침내 내가 오랫동안 진전시켜 온 이론을 실행에 옮겨 볼 수 있었다. 그것은 여러 학문 분야가 관련된 연구 및 세계 곳곳의 교전 당사자들과 함께 일해 온 이십여 년 동안의 경험을 바탕으로 한 것이었다. 그런데 관계를 회복하기 위해 존엄이라는 개념을 활용하는 것이 라틴아메리카의 이들 최고 권력자들에게 공명을 불러올 수 있을까?

워크숍이 끝나갈 무렵, 확실한 답을 얻을 수 있었다. 그들 가운데 가장 크게 거부감을 보이면서 말도 붙이기 어려웠던 이들 가운데 한 명이었으며 이틀 동안 나와 눈도 마주치지 않으려 했던 장군이 내게 다가왔다.

"힉스 선생, 고맙습니다. 당신은 우리들의 관계에만 도움을 준 것이 아닙니다. 내 결혼 생활까지도 구제해 주셨습니다."

그렇게 존엄 모델이 탄생했다.

존엄 모델 The Dignity Model

무엇을 존엄 모델이라 하는가? 존엄 모델은 사람들이 자신의 삶과 관계에서 존엄이 수행하는 역할을 이해할 수 있도록 개발한 접근법이다. 그것은 우리가 갈등을 이해하는 데서 잃어버린 고리$_a$ $_{missing\ link}$로서 그간 내가 관찰한 결과 갖게 된 대답이다. 다시 말해, 인간은 자신이 하찮은 존재인 것처럼 대우받을 때 얼마나 취약해지는지 우리가 제대로 인식하지 못했다는 것이다. 존엄 모델은 우리의 존엄이 침해되었을 때 감정이 다치는 이유를 설명해 주고, 부지불식간에 우리가 타인에게 상처 주는 일을 피할 수 있는 지식과 자각과 수완을 제공한다. 또한 갈등의 무게에 짓눌려 깨져 버린 관계를 재건하는 법을 보여 주고 화해를 위해 무엇을 해야 하는지 알려 준다. 존엄 모델은 관계가 무너질 때면 항상 그 방 안에 늘 버티고 있는 코끼리에 대한 나의 대답이다. 존엄 모델에서는 그 코끼리를 "존엄 훼손자$_{dignity\ violator}$"라 부른다.

타인의 존엄을 존중하는 법을 배우는 데는 노력이 필요하다. 그것은 자신을 관계 속의 존재로서 체험하게 해준다. 좋은 관계는 좋은 느낌을 주지만, 양 당사자 모두가 서로의 가치와 진가를 인정하고 공감하는 관계는 훨씬 더 좋은 느낌을 주게 된다. 관계에 위협을 가하는 방해물이 없다면, 양 당사자는 편한 마음으로 상대에게 최선을 다하고 속마음을 털어놓게 된다. 경계하고 긴장하는 것과 정반대이다. 안심하게 되면 친밀함과 진심 어린 관계를 기꺼이 받아들이는 자유로움이 찾아온다.

존엄 모델은 우리가 존엄을 추구하는 과정에서 맞닥뜨리는 문제를 올바로 이해하게 해 준다. 낯선 사람들뿐 아니라 사랑하는 이들과의 일상적 상호작용 속에서도 우리는 그들의 존엄을 존중하는 법을 배운다. 우리로 하여금 부당하게 행동하도록 유혹하는 내면의 힘과 대결하여 우리 자신의 존엄을 유지하는 법을 배우고, 사람들의 타고난 가치를 인정함으로써 갈등을 해결하고 그들과 화해하는 법을 배운다.

결국, 존엄 모델의 메시지는 매우 단순하다. 가치를 인정받아 마땅한 자격이 있는 우리 자신과 타인에게 관심과 배려를 분명하게 드러내라는 것이다. 그것이야말로 첫째가는, 그리고 유일한 원칙이다. 타인에게 그들이 매우 귀하고, 값으로 매길 수 없을 만큼 소중하며, 무엇으로도 대체할 수 없는 사람들임을 알려주는 능력을 발휘할 기회를 놓치지 말라는 것이다. 그것은 우리 자신에게도 마찬가지로 해당된다.

존엄Dignity과 존경Respect의 차이

사람들은 내가 '존엄'에 관한 책을 쓰고 있다고 말하면, 보통 이렇게 반응한다.

"그것 참 멋지군요. 정말 중요한 주제입니다."

그러면 나는 그들에게 존엄이 무엇을 의미하는지 묻는다. 그들은 주로 이렇게 대답한다.

"사람들은 자신에 대해 좋은 느낌을 갖기를 원하지요. 존중받고 싶어 하죠."

그러면 나는 다시 묻는다.

"그래요. 존엄을 무엇이라 설명할 수 있을까요? 사례를 하나 들어 주세요."

대체로 여기서 대화는 중단된다. 우리들 대다수가 존엄dignity이라는 단어에 대해 직감을 갖고 있지만, 그것을 적절하게 표현할 능력을 가진 사람은 소수에 불과하다.

존엄은 존경respect과는 다르다. 존엄은 태어나면서부터 갖게 되는 권리이다. 아이가 태어났을 때 이것을 깨닫는 것은 전혀 어렵지 않다. 아이들의 가치와 소중함에 대해서는 어떤 의문도 없기 때문이다. 그 아이들이 어른으로 성장해서도 인간에 대한 이 자명한 이치를 지킬 수만 있다면, 자신이 가치 있다는 느낌을 지속해서 가질 수만 있다면, 그들을 잘 대우하고 그들이 상처 입지 않도록 안전하게 지키는 일이 훨씬 쉬울 것이다. 따라서 타인을 존엄하게 대하는 것은 우리가 상호작용을 하는 데서 기준선이 된다. 타인을 중요한 사람으로, 관심 갖고 배려할 가치 있는 사람으로 대해야 한다.

이블린 린드너Evelin Lindner에 따르면, 존엄—모든 인간은 가치가 있고 소중하다는—이라는 개념이 등장한 것은 유럽에서였다. 삶이란 고통으로 가득 차 있고 이승에서는 고행을 겪을 수밖에 없는 운명이라는 중세 기독교 신앙에 대한 반발에서였다.[1] 교회가 제공한 위안은 사후에 상황이 개선되리라는 것이었다. 하지만 14세기 이탈리아에 르네상스가 도래하면서, 인간의 운명이 정해져 있다는 개념 자체가 논의의 대상이 되었다.[2] 철학자와 과학자들이 전통적인 믿음에 도전장을 내기 시작하면서, 모든 인간의 타고난 가치와 존엄에 초점을 맞춘 철학적·사회적 토론의 물꼬가 트였다.

인간의 존엄이라는 이슈를 제기했던 계몽철학자는 이매뉴얼 칸트였다. 그는 18세기 저작에서 주위 환경으로부터 독립하여 도덕적으로 옳은 것을 규정하는 방법으로 '정언명령(양심의 절대 무조건적인 도덕률)'을 도입했다. 칸트는 옳은 행동으로 인도하는 원칙 중 하나로 "자신에게나 다른 사람에게나 인격을 언제나 목적으로 대하고 결코 수단으로 대하지 않는 것"이라 말했다.[3] 칸트는 자살을 도덕적으로 옳지 않다고 간주했는데, 자살이 타인은 물론 자신을 가치와 소중함을 타고난 존재로 다루어야 하는 정언명령을 위반하기 때문이다.

칸트는 모든 인간이 존엄하다는 것은 자신의 개인적 목표와 이해 때문에 타인을 활용하거나 도구로 대하는 것이 비윤리적임을 의미한다고 정의했다. 그런데 타인의 존엄을 존중하는 것과 그들의 뛰어난 재능이나 성취는 아무런 관계가 없다.

모든 인간이 인간으로서 충분히 존경받을 만한 자격이 있다는 데 동의한다. 하지만 인간은 종종 타인에게 해가 되는 방식으로 행동하고, 바로 그 행위로 인해 존경을 받기 어려워진다. 지금 나는 존경을 받기에 충분한 한 사람과 그 사람의 행위—존경을 받을 수도 있고 그렇지 못할 수도 있는—를 구분 짓고 있다.

모든 사람이 항상 존경을 담은 대우를 받아 마땅하다는 주장은 방금 지적한 차이에 의해 복잡해진다. 하지만 모두가 존엄하게 대우받아야 한다는 주장은 전혀 복잡하지 않다. 뭔가 잘못을 저질렀다는 이유로 그 사람을 부당하게 대하는 것은 그 모욕적 행위의 악순환을 지속시킬 뿐이다. 더욱 나쁜 것은, 그 과정에서 우리가 자신의 존엄을 침해한다는 사실이다. 타인이 잘못된 행동을 했다고 해서 우리가 그들을 함부로 다룰 자격을 갖는 것은 아니다. 사람의 타고난 가치와 소중함은 그들이 어떤 행위를 하더라도 존중해야 한다. 하지만 우리가 그들을 반드시 존경할 필요는 없다. 그들은 자신의 행위와 행동을 통해 존경을 받아야 한다.

존경을 받는다는 것은 정당하게 대우받을 기준선을 뛰어넘은 어떤 행위를 한다는 것을 의미한다. 만약 우리가 존경을 얻었다면, 그것은 칭찬받을 만한 행위로 타인에게 선행을 베풀었다는 의미이다. 남아공 로벤 섬에 있는 감옥에 27년간 정치범으로 갇혀 있다 나온 넬슨 만델라는 자신을 가둔 사람들에게 아무런 분노를 갖지 않는다고 밝혔다. 이렇게 예외적인 행위야말로 존경받을 만한 것이다. 그리고 만델라는 그것을 얻었다.

존엄의 진화론적 뿌리

존엄의 의미와 중요성은 인간이 된다는 것이 의미하는 바를 포괄하는 관점으로 표현할 때 그 개념을 제대로 이해할 수 있다. 인류의 본질적인 의미를 규정하는 특질 중 하나는 우리가 느낄 수 있는 존재라는 것이다. 인간에게는 타인 및 우리를 둘러싼 세계를 느끼는 다섯 가지 감각이 있다. 또한 타인의 마음에 쉽게 영향을 미친다. 실제로 우리는 놀라울 만큼 서로 영향을 주고받는다. 거울 뉴런mirror neurons의 발견으로, 이제 과학자들은 훨씬 더 주목할 만한 사실을 알게 되었다. 즉, 우리가 말 한마디 없이도 타인이 어떤 느낌을 갖는지 느낄 수 있도록 타고났다는 것이다.[4]

또 다른 과학자들은 인간이 맺는 관계가 생존에 결정적이라는 사실을 입증했다. 우리가 서로에게 생물학적으로 연결되어 있다는 이 새로운 증거는 인류의 발달에 관해 수많은 학자들이 수십 년간 주장해온 내용들과 일치한다. 즉, 우리가 각자의 생존에만 몰두하도록 되어 있는 개별적 독립체로 머물지 않는다는 것, 우리가 맺는 관계가 손상되지 않을 때 좀 더 성장하고 번성하는 사회적 존재라는 것, 우리의 생존이 우리가 맺는 관계의 질과 긴밀하게 연관되어 있다는 사실, 그리고 우리의 성장과 발달이 관계의 맥락에서 이루어진다는 것이다. 실제로 주디스 조던Judith Jordon과 린다 하틀링Linda Hartling은 성장을 증진하는 관계가 인간에게는 필수적이라고 주장한다.[5]

인간이 최고로 중요하게 여기는 것은 우리가 스스로를 어떤 존재로 느끼는가 하는 것이다. 우리는 타인의 눈에 훌륭해 보이기를, 타인이 우리 자신에 대해 기분 좋은 느낌을 갖기를, 우리가 타인의 관심과 호의를 받을 만한 가치 있는 사람이기를 갈망한다. 인간은 누구나 존엄-가치와 소중함을 타고났다는 느낌-에 대한 열망을 갖고 있다. 우리가 가치 있다고 느낄 때, 소중하다고 인정받을 때, 우리는 만족한다. 관계 속에서 상호간의 자존감이 인정받고 존중될 때, 우리는 연결된다. 상호간의 자존감은 양 당사자가 서로에게 손을 내미는 데 필요한 안도감을 제공하여, 지속적인 성장과 발전을 가능하게 해주기도 한다.

우리는 정당하게 대우받고자 하는 타고난 욕망을 갖고 있는데, 그 이유는 우리의 삶이 그것에 좌우된다고 믿도록 심리적으로 프로그래밍되어 있기 때문이다. 부당하게 대우받으면 우리는 반발할 수밖에 없다. 우리의 감정 탐지기는 모욕적 대우와 관련하여 한계점이 매우 낮게 맞추어져 있다. 누군가가 우리를 부당하게 혹은 열등하다는 듯 평가하거나 대우한다고 느끼는 순간, 감정 경계경보가 울린다. 연구 결과, 우리는 존엄 또는 자존감에 대한 위협을 마치 신체적 위협에 처한 것처럼 느끼도록 프로그래밍되어 있다.[6]

이처럼 존엄을 향한 인간의 열망과 나란히 존재하는 것처럼 보이는 것이 바로 그와 겨루는 긴장 상태, 즉 인간의 명백한 취약성이다. 비록 우리가 가치 있고 소중한 존재이기는 하지만, 우리의 삶이 눈 깜짝할 새에 끝나듯 우리의 존엄 또한 순식간에 침해될 수 있다. 가치를 인정받았다는 느낌에 쉽게 영향을 받듯 우리는 하찮게 여겨지는 느낌에도 똑같이 영향을 받는다. 관계를 으뜸으로 여기기 때문에, 타인과 세계에 대한 예민한 감각으로 인해 우리는 온갖 종류의 상처를 받고 궁극적으로는 죽음의 가능성으로 내몰린다. 상실감—존엄의 상실, 타인과 맺은 깊은 관계의 상실, 그리고 생명 자체의 상실—은 인간의 취약성, 그 중심에 자리 잡고 있는 듯하다.

가치를 인정받는 경험과 취약성이 드러나는 체험은 근본적으로 감정적이다. 그것은 신경과학자들이 대뇌 변연계라 부르는, 우리 두뇌의 가장 오래된 부분들 가운데 한 곳에서 나온다.[7] 가치가 위협받고 있다고 느낄 때, 우리는 불안과 수치심—고통스럽고 피하고 싶은 불안정한 감정—에 휩싸인다. 인간 대부분은 존엄에 상처가 되는 본질적 부분인 이러한 두려운 감정을 피하기 위해서라면 무엇이라도 하려 든다. 피해를 당하는 경험을 하면, 인간의 자기 보존 본능은 굉장히 강해지면서 굴욕감과 분노, 독선적인 보복 감정을 자극한다. 상습적으로 존엄을 침해당하는 경험을 한 사람들 중에는 이러한 참을 수 없는 감정으로 인해 스스로 생명을 끊는 극단으로 치닫는 경우도 있다. 또 다른 사람들은 상처를 준 사람들을 살해함으로써 정반대의 극단으로 나아가기도 한다.

타인에 의해 상처받기 쉬운 취약함은 인간이 지닌 극도로 민감한 측면인데, 희한하게도 결정적으로 생존을 연장하는 중요한 역할을 한다. 일촉즉발의 위험이 닥쳤을 때, 누군가 혹은 무언가가 우리를 위협할 때, 우리에게 경고를 하는 것이다. 그리고 그 위협을 제거하기 위해 행동하라고 알려준다. 인간의 자기방어 본능은 안전에 최적화되어 있어서 자기 보존을 위해 맞서 싸우거나 아니면 물러나 대비하게 한다.[8]

존엄을 향한 우리의 열망에는 오랜 진화적 뿌리가 있다. 진화생물학자들은 우리가 먼 옛날 선조들로부터 물려받은 생존 행동들의 많은 부분을 설명해주는 이러한 뿌리 깊은 충동에 대해 많은 것들을 알고 있다.[9] 이러한 행동들은 생존하기 위한 노력에서 시작되는데, 인간 본성의 이러한 측면들은 살아가는 내내 우리를 몰아댄다. 인간 본성의 이러한 측면은 "본능"이라 일컬어지기도 하는데, 우리가 얻고자 하거나 피해야 하는 것을 향해 무심결에 자연스럽게 인도하는 것처럼 보이기 때문이다.

하지만 중요한 게 있다. 이 본능에 어떻게 대응할지와 관련하여 다른 선택을 할 능력이 우리 안에 갖춰져 있다는 것이다. 인류 발달의 역사에서 좀 더 최근에, 우리의 자기 보호 반응을 다루는 우리

두뇌의 또 다른 부분(대뇌 신피질)이 발달했다.¹⁰

공격 도피 반응fight or flight reaction과 그에 수반되는 감정을 자극하는 두뇌의 변연계는 또 다른 방식으로 생존을 증진하는데, 사람들로 하여금 서로 친해지도록, 관계를 맺도록 장려한다. 프란스 드 발Frans de Waal은 관계 맺기가 인간의 생물학적 특성 가운데 일부라고 주장한다. 인간은 서로 깊은 관계를 맺도록 타고났는데 그 이유는 우리가 관계를 맺음으로써 취약함보다는 안전함을 느끼기 때문이라는 것이다. 셸리 테일러Shelly Taylor와 동료들이 수행한 연구는 공격 도피 반응을 대체하는 이 선택지에 여성들이 기질을 보인다는 사실을 입증했다. 그들은 이것을 "보살핌과 어울림tend-and-befriend" 반응이라 부른다. 위험에 함께 맞서는 것이 더 낫다는 주장이다. 다수라는 강점이 있다는 것이다.¹¹

우리의 변연계는 우리를 해치거나 위태롭게 하는 사람에게서 떨어지라고 신속히 신호를 보낼 수 있는 것만큼이나 빠르게, 우리를 사랑과 공감과 연민의 감정으로 가득 채워 다른 사람과 관계를 맺을 수밖에 없도록 함으로써 그 사람한테서 위안을 찾고 더 안전하고 덜 위태롭고 더 가치 있다는 느낌을 갖게 할 수 있다.

이와 같이 인간은 안전과 생존을 보장받기 위해 두 가지의 다른 방식을 타고났다. 자기 보존 본능을 통해서는 우리에게 해를 끼치는 사람들로부터 멀어지도록 준비시키고, 자기 확장 본능(보살핌과 어울림)을 통해서는 타인들에게 손을 내밀어 그들과의 우호적인 관계 속에서 안전과 위안을 구한다. 질문은 분명하다. 생존을 위한 두 가지 선택 중 어느 쪽이 인류의 경험을 지배해 왔는가?

정답은 무엇일까? 자기 확장 본능이 아니라 자기 보존 본능이 지배해 온 것으로 보인다. 그 결과, 우리는 지금까지도 수없이 많은 목숨을 앗아 가고 있는 끔찍한 전쟁에서부터, 가족, 친구 사이, 직장, 인간들이 서로 마주치는 어디에서나 벌어지는 싸움에 이르기까지 무수한 갈등과 분쟁을 겪고 있다.

《젠더, 굴욕, 세계 안보Gender, Humiliation, Global Security》의 저자 이블린 린드너는 우리의 자기 보존을 위한 본능이 타인들과 관계 맺고자 하는 타고난 열망을 압도해 온 것으로 보이는 이유를 설명한다. 인류가 늘 서로에 대해 두려워했던 것은 아니라며, 인류학자 윌리엄 유리William Ury의 인류 역사 단계 개념화를 이용하여 자신의 주장을 편다. 첫 번째 단계에, 우리의 수렵 채취인 조상들은 비교적 평화롭게 공존했다. 관계가 분리를 압도했다. 골고루 돌아갈 식량이 충분했다. 자원들을 두고 경쟁할 필요가 없었다. 이 단계가 인류 역사의 대략 95퍼센트를 차지한다.[12]

1만 년 전 무렵에 인류에게 중대한 변화가 생겼는데, 급속도로 증가하는 인구로 인해 사상 최초로 제약limitation이라는 감각에 직면하게 되었다. 유리는 이 단계의 인류를 "농업인agriculturalist"이라 부르는데, 자원이 부족해진 이들은 식량을 생산하기 위해 땅에서 일하는 것에 적응해야 했다. 이 적응으로 '파이 나누기fixed pie' 사고방식이 생겨났다. 즉, 사람들에게 몫이 돌아갈 만큼의 자원만이 존재한다는 의식이다. 사람들이 땅을 나누어 갖게 되면서 강탈과 습격이 생겼다.

린드너는 이 변화가 "우리와 그들"이라는 심성을 만들어 냈다고 지적한다. 사람들은 외집단outgroup에게 침공이나 습격을 당할까 봐 두려워하게 되었다. 그녀는 이 변화를 최초로 "안보 딜레마"를 만들어 낸, 다른 집단에 대한 공포에 기반한 개념의 기원으로 설명한다. 그 시점에 인간은 서로의 약탈자가 되었다. 일정한 사회 집단 외부의 사람들로부터 보호가 필요하다는 새로운 명분으로 위계적 구조가 발달했다. 일부는 사회 사다리의 꼭대기에, 다른 일부는 바닥에 자리를 잡게 되었다. 린드너의 표현에 따르면, "일부 인간들이 다른 이들을 도구로 만들어 버렸다."[13] 보호를 위해 인간들은 생존을 위한 필요라 간주되는 굴욕적 행동들을 눈감아 주며 서로 기댔다. 서방에서는 굴욕이라는 이러한 용인된 행동들이 문제시되지 않았다. 그러다가 르네상스 시대가 되어서야 유럽인들은 인간의 가치에 대한 기존의 믿음에 도전하기 시작했다.

린드너가 지적했듯, 우리는 이제 유리의 인간 역사 3단계—"지식 사회"—로 들어서고 있다. 우리는 우리가 묵인했고 시대에 뒤진, 서열 사회의 굴욕을 주는 방식에 대해 잘 알게 되었고, 새로운 인권 문화 형태를 갖추어 가고 있다. 즉, 모든 인간에게 저마다의 가치가 인정되고 있다. 다른 무엇보다도, 인간의 가치를 분류하는 것에서 비롯된 해로운 결과를 인류가 자각하게 되었다. 《대단한 사람과 하찮은 사람: 서열이라는 악폐 넘어서기 Somebodies and Nobodies: Overcoming the Abuse of Rank》에서, 로버트 풀러 Robert Fuller는 개인들에게 서열을 매기는 것이 열등한 인간과 우월한 인간 사이에 위험스러운 차이를 만들어 내고 어떻게 존엄을 훼손하는지 보여 주었다.[14] 풀러는 누군가를 다른 사람들보다 우월하거나 열등하게 간주하는 것이 허용될 수 없는 일임을 일깨운다.

이 변화의 또 다른 측면에는, 타인들과 관계 맺고 싶어 하는 우리의 본능을 되살리고 교육하는 일이 필연적으로 수반된다. 모든 본능이 나쁜 것은 아니라는 점을 분명히 하고자 한다. 관계를 맺을 수 있는 우리의 역량(대니얼 골먼Daniel Goleman이 "근원적 공감"이라 부르는 것)을 되살리는 것은 긴밀한 사회적 유대만이 달성할 수 있는 위안과 안전을 얻는 길이다.[15]

존엄하게 대우받으면 대뇌 변연계를 자극하여 사람들이 서로 연결됨으로써 갖게 되는, 마음이 넓어지는 체험에서 오는 능력들, 즉 자신을 알아보아주고 인정을 받고 소중하게 여겨지는 기분 좋은 느낌들이 방출된다. 공포와 분노, 원한, 복수심에 휩싸이는 대신 새로운 방식으로 안전함을 느낀다. 서로를 존엄하게 대하는 일이 반복된 다음, 그리하여 다른 사람의 소중함과 취약함을 인정하는 다양한 상호간의 체험을 한 다음에는, 우리 앞에 놓인 가능성들을 발견하는 일이 잘 진척되어 갈 것이다. 존엄을 상실할지도 모른다는 공포에 따르는 혼란과 불확실성으로부터 우리의 내면세계가 자유로워지면서, 새로운 지평을 함께 탐사할 수 있게 될 것이다. 그것은 취약해지는 것이 충분히 안전하다는 느낌이다.

우리 자신을 인류라는 커다란 가족의 구성원이라 생각하면, 우리가 진화의 역사를 통해 물려받은 유산들로 서로 결합되어 있다는 사실을 이해할 수 있다. 하지만 안타깝게도, 모든 가족들이 그러하듯, 우리는 서로를 사랑할 능력 뿐 아니라 서로를 해칠 능력도 지니고 있다. 존엄을 침해하는 방식으로 서로에게 정신적 상처를 입힐 수 있는 능력은 관계를 맺고자 하는 욕구만큼이나 타고난 것이다. 굴욕감이나 무시당한다는 느낌으로 상처를 받으면, 감정 반응이 과도해져 치명적 결과를 낳을 수 있다. 토머스 J. 셰프Thomas J. Scheff와 수잔 M. 레칭어Suzanne M. Retzinger는 (존엄 침해로 생겨난) 잠재적 수치심이 모든 인간 갈등의 핵심에 자리 잡고 있다고 말한다.[16] 그 상처들은 저절로 사라지지 않는다. 그 상처를 배려받지 못할 경우, 한 개인 혹은 집단의 가장 중요한 정체성이 되어 오래도록 가시지 않는 치명적인 상처로 남는 경우도 많다.

한 게릴라 대원과 나누었던 대화가 기억난다. 그는 다수 집단 부족이 지배하는 정부로부터 자신이 속한 소수민족의 독립을 요구하며 싸우는 게릴라 조직의 성원이었다. 정부군에 비해 수적으로 엄청난 열세인데도 어떻게 하여 게릴라들이 그들의 영역에 대한 통제권을 유지할 수 있는지 그에게 물었다.

그가 말했다.

"그건 아주 단순합니다. 우리는 우리 부족의 존엄을 지키기 위해 싸우고 있기 때문입니다. 정부군에게는 그것이 그저 임무일 뿐이지요."

우리가 선조들로부터 물려받은 본능적인 자기 방어 행동은 자원이 부족해질 때 생존을 이어가는 데 아주 적절했다. 그러한 본능들은 현재 우리가 살아가고 있는 복잡하고 상호 의존적인 세상과는 전혀 어울리지 않는다. 무언가가 행복을 위협한다고 느꼈을 때 우리가 보이는 시초 반응default reaction, 즉 무의식적으로 유발되어 통제를 벗어났다고 느껴지는 반응은 불필요하게 과잉된 반응인 경우가 많다. 《감성 지능Emotional Intelligence》에서 대니얼 골먼은 시초 반응에 사로잡히는 체험을 "감정적 강탈emotionally hijacked" 상태라고 설명한다.[17] 자기 보호 본능은 마치 상대에게 제압당할 것 같은 위협적인 상황에 대응할 준비를 하고 있다. 감정의 포로가 되어 버리는 일은 우리 모두에게 일어난다. 다른 누군가가 아무리 짜증나게 하더라도 말려들지 않을 거라고 누구나 다짐하고, 그런 다음 최선을 다했음에도 불구하고 격렬한 언쟁에 들어서는 경우가 얼마나 많은가? 이것이 바로 골먼이 말한 반응들로, 우리의 최선의 모습, 즉 문제를 합리적으로 풀고자 하는 우리 내면의 자아를 강탈하는 힘을 지닌 것들이다.

오늘날 우리의 안녕에 가장 위협적이라고 인식되는 것은 물리적인 것도, 생명을 위태롭게 하는 것도 아니다. 오히려 자기 방어 본능을 유발하는 것은 심리적인 것이다. 대체로 그 유인들은 우리의 존엄에 대한 위협이다. 부정적 판단과 모욕적인 비난들로 인해 우리는 과격한 행위를 하도록 서로를 몰아갈 힘을 갖고 있다.

존엄 위협은 실제로는 그렇지 않은데도 마치 우리 생명이 위태로운 것처럼 우리의 태곳적 감정 센터로부터 반응을 불러 깨운다. 일단 활성화되면 우리의 본능은 신체적 위협과 심리적 위협의 차이를 알지 못한다. 오로지 우리가 공격에 처한 경험이 있다는 것, 그리고 반응적, 자기 보호적, 방어적, 심지어는 어쩌면 폭력적인 행동에 나설 채비를 해야 한다는 것만 알고 있을 뿐이다.

존엄 침해가 우리 삶에서 수행하는 역할을 이해하는 데서 핵심은 바로 이 점을 이해하는 것이다. 즉, 비록 21세기를 사는 우리에게 외부 환경과 그로 인한 위협들은 극적으로 변화했다 할지라도, 타고난 자기 보호 반응들은 변하지 않았다는 사실이다. 오늘날 우리에게 위협이 되는 대부분은 먹이를 찾는 야생동물의 모습으로 나타나지 않는다. 오늘날의 위협은 주로 서로에게 심리적으로 상처를 주는 존엄 침해를 가하는 인간들에게서 온다.

자기 보호 반응이라는 유산이 관계에 미치는 영향

우리가 타인에 의해 마음을 다치거나 상처를 입고 있다는 것을 알아차릴 때, 즉 누군가 우리의 존엄을 침해할 때, 우리의 본능적이고 생래적인 자기 보호적 행동 양식이 우리에게 알려준다. 가장 중요한 것은 관계의 존속이 아니라 우리 자신의 행복이며 생존이라는 것이다. 누군가가 우리의 존엄을 침해해서 상처를 준다고 느낄 때, 본능은 먼 옛날 선조들이 그랬던 것처럼 강렬하게 대응하라고 알려준다. "달아나! 아니면 맞서 싸워!"라고.

상대와 격론을 벌일 때 사람들은 스스로 잘 알고 있다. 관계를 끝장내고 싶은 것인지, 아니면 최소한 그 자리를 벗어나고 싶은지를. 제어하면서 도피 생존 반응을 취하는 것은 자신을 보호하기 위해 관계로부터 철수하고자 하는 것이다. 우리의 보호 본능이 맞서 싸우라는 지시를 내릴 때는, 친구가 되어 서로 연결되려는 기질이 뒷전으로 밀려난다. 상대의 명예를 훼손하고 어쩌면 복수의 기회를 노릴지도 모른다. 그런 다음 본능적으로 관계로부터 철수함으로써 혹은 반격에 나섬으로써 그 위협을 제거하고 싶어 한다. 두 가지 선택지 모두 우리를 분리시킨다.

상대를 하찮게 만들어 비난하는 방법을 사람들은 모두 잘 알고 있는 것처럼 보인다. 이성적으로는 그런 행동이 상처를 주고받는 존엄 침해의 악순환의 함정에 빠지게 될 뿐임을 잘 알고 있다. 하지만 싸우거나 도피하도록 충동에 내몰리는 내면의 속성을 자각하기란 쉽지 않다. 그 속성은 우리가 잠시 멈추어 무슨 일이 벌어졌는지 숙고하지 못하게 한다. 또한 공감에는 신경도 쓰지 않고, 문제 해결을 꾀하지도 않는다. 우리가 더 많은 상처를 입지 않도록 보호하는 것,

그 속성이 원하는 것은 단지 그뿐이다. 그리고 행동의 결과에 대해서도 개의치 않는다. 오로지 피해의 근원을 제거하는 일에만 관심을 둔다. 그것은 맞서 싸우거나 혹은 퇴각함으로써 가능하다.

존엄을 향한 우리의 갈망은 뿌리가 매우 깊다. 그 갈망은 생존 본능과 더불어 인간의 행동에 동기를 부여하는 가장 강력한 힘이라는 것이 나의 의견이다. 그 게릴라 지도자가 설명했듯, 때로는 존엄에 대한 갈망이 생존에 대한 욕구보다 훨씬 더 강렬하다. 사람들은 자신들의 명예와 자신이 속한 사회 집단 성원들의 명예를 지키기 위해 목숨을 건다. 존엄에 대한 위협을 두고 전쟁을 벌이는 것이다. 자신의 존엄을 지키기 위해 자신의 목숨을 위험에 빠뜨리는 이러한 역설적 대응은 존엄을 생존보다 우선적으로 고려한다.

사람들이 무기를 들기로 결정하는 데는 수많은 객관적 이유들이 있다. 그 점을 인정하지 않는 것은 순진한 일일 것 같다. 하지만 누군가의 존엄에 대한 공격이 갈등 상황에서 차지하는 역할을 경시하는 것은 순진할 뿐만 아니라 위험하기까지 하다. 존엄을 향한 근원적 갈망은 인간의 모든 상호작용에서 우리 앞에 다가온다. 침해될 경우, 관계 자체를 파괴할 수도 있다. 논쟁, 이혼, 전쟁, 그리고 혁명을 일으킬 수 있다. 인간으로 살아가는 것에, 이것이 의미하는 바는 존엄에 대한 침해가 생존에 대한 위협으로 느껴진다는 것이다. 이 점을 우리가 충분히 인식하고 이해할 때, 우리가 갈등을 이해하고, 갈등을 보다 생산적인 상호작용으로 바꾸는 데서 요구되는 것을 이해하는 것이 가능해질 것이다.

《인류: 간략한 역사Humankind: A Brief History》에서 펠리페 페르난데스-아르네스토Felipe Fernandez-Arnesto는 몇몇 유인원 친척들과 인간의 구별되는 정도에 관한 인간 게놈 프로젝트의 연구 결과를 제시한다. 우리가 침팬지와 유전물질의 98퍼센트 이상을 공유하고 있어, 우리와 그들을 구분하는 차이가 채 2퍼센트도 안 된다는 놀라운 결과이다. 그는 인간과 우리의 영장류 사촌들 사이의 경계는 너무 흐릿해 호모사피엔스의 특별한 지위에 대한 자격이 우리에게 없을지도 모른다고 주장한다.

"만약 우리가 인간임을 계속해서 믿고자 하고 또 스스로에게 부여하는 특별한 지위를 정당화하고자 한다면, 만약 우리가 겪고 있는 변화들 속에서 진정으로 우리가 인간으로 머물고자 한다면, (우리의 특별한 지위라는) 신화를 폐기하지 않고 오히려 그것을 실현하려고 노력하는 게 낫다."[18]

인간은 자신들이 특별히 인정받을 만한 가치가 있는 동물이라는 사실을 어떻게 증명할 수 있을까? 이를 완벽하게 입증하려면 우리가 위협에 대한 반사적 반응에 의존하지 않은 채 이 세상에서 함께 살아갈 수 있다는 것, 우리 모두가 갈망하는 존엄으로 우리 자신과 타인들을 대우할 수 있다는 것을 보여 주어야 한다는 것이 나의 의견이다. 하지만 특별한 지위를 얻기 위해서는, 우리가 공유하는 진화의 유산에 우리가 서로 관계를 맺는 과정에서 생겨난 완전한 취약성을 포함하고 인정함으로써 우리의 자기 인식을 향상시켜야 할 것이다.

자기 보호적이고, 잠재적으로 유해한 강한 본능들을 지닌 채 우리는 세상에 나왔다. 그러나 스스로를 방어하는 과정에서 우리가 서로에게 얼마나 많은 상처를 주는지에 대한 자각은 하지 못한 채였다. 자각은 자기 이해와 흔쾌히 받아들이는 과정에서 가능해진다.

노력도 요구된다.

우리가 스스로를 보호하는 과정에서 서로에게 상처를 입히도록 타고났다 할지라도, 우리가 보이는 반응을 이해하고 통제하는 것은 궁극적으로 우리 책임이다. 파괴적 본능들에 앞서 위협에 대처하는 좀 더 품위 있는 방식, 즉 우리의 존엄을 유지해 줄 뿐 아니라 우리를 위협하는 사람들의 존엄도 지켜 주는 법을 배우는 쪽을 선택할 수 있다. 우리의 상대방은 먼저 그들 자신의 존엄이 침해된 것에, 다시 말해 우리가 무심결에 저지른 침해 행위에 대응했던 것일지도 모른다.

진화 과정이 우리에게 자신의 행위의 결과를 이해할 수 있는 직관적 능력을 부여하지는 않았다. 우리는 모욕적인 대우가 발휘하는 파괴적 힘이 어떻게 작동하는지 깨닫는 데 어려움을 겪는다. 이처럼 반작용으로 나타나는 관계의 동력은 무지로 인해, 즉 우리가 타인들에게 어떻게 영향을 미치는지 인식이 결여됨으로 인해 자극되었다. 거울을 들어 우리가 한 행동을 정직하게 들여다보는 데는 본능 이상이 요구된다. 우리 내면의 자기 성찰 역량을 지닌 부분에 한 발짝 다가가야 한다. 사람들을 어떻게 대해야 하는지 배우려고 해야 한다. 우리에게는 이미 타고난 존엄이 갖춰져 있다. 단지 그렇게 행동하는 법을 배우면 된다.

만약 우리가 존엄 이슈를 진지하게 받아들인다면, 그리하여 우리의 자기보호 본능이 침해되는 것과 활성화되는 것이 직접적으로 관련되어 있다는 것을 인식하게 된다면, 그 연결고리가 갈등에 얼마나 중요한 요인으로 작용하는지 인정하게 될 것이다. 모든 인간이 감정적으로 취약하다는 점을 받아들이는 일이야말로 바로 그 취약성을 다루는 법을 배우는 첫 단계가 될 수 있다. 서로 좋은 관계를 맺으며 어울려 지낼 수 있는 우리의 능력이 만들어내는 즉각적인 효과를 보게 될 수도 있다.

법률 체계에서부터 교통법규에 이르기까지 실행 가능한 사회적 계약을 고안해냈듯, 우리는 존엄에 대한 이해를 바탕으로 계획을 고안해내야 한다. 다시 말해, 우리의 자기 보존 본능을 자극하기 쉬운 모든 인간이 지닌 취약성과 조건을 바탕으로 합의된 교전 수칙을 만들어내야 한다. 존엄의 필수 요소들에 동의하고 이를 이행함으로써, 우리는 인간의 고통을 예방할 수 있을 뿐 아니라 수없는 갈등도 막아낼 수 있다.

존엄 모델

2003년 라틴아메리카에서 있었던 첫 워크숍 이후로, 나는 다양한 배경을 가진 세계 곳곳의 사람들에게 존엄 모델을 소개해 왔다. 모든 참가자들이 공유하는 한 가지 공통점이 있었다. 그들이 보다 나은 관계를 만들기 위해 존엄 모델을 활용하는 데 관심을 보였다는 점인데, 그곳이 직업 활동이 이루어지는 현장인 경우도 많았다. 또한 타인의 존엄에 아픈 상처를 주기가 얼마나 쉬운지 모두가 제대로 깨닫게 될 "존엄 문화culture of dignity"를 확립하기를 원했다. 아마도 훨씬 더 중요한 것으로, 그들이 존엄을 확장시키는 법을 열정적으로 배우려 했고, 사람들 스스로가 소중하게 여겨진다는 느낌을 받는다는 이유에서 서로 함께 하기를 기대하는 환경을 만들어내는 법을 배우고 싶어 했다.

각기 다른 그룹들과의 워크숍을 수차례에 걸쳐 진행하고 나자, 함께 일을 해야 하는 사람들 사이의 분노, 억울함, 반감의 주된 원인이 시간을 거슬러 올라 각자가 자신의 존엄이 침해받았다고 느꼈던 사건들에 다다르게 된다는 것이 분명해졌다. 자신들의 감정을 상하게 하고 심지어는 그만둘 마음을 먹게까지 했던 경험들, 그리고 화가 난 이유에 대해 적절하게 표현할 수 없었던 경험들에 존엄 모델이 이름을 붙여 주었다는 소감을 내가 만났던 모든 그룹에서 들을 수 있었다. 일단 존엄이라는 용어를 이해하게 되면, 그들은 안도감을 느끼고 인정받았다는 느낌을 갖는다. 처음으로 자신들의 고통에 이름이 붙여졌고, 사람들은 그들이 겪어 온 일들을 고백할 수 있었다.

나이가 많거나 적거나 그리고 어떤 계층의 사람들이거나, 워크숍을 진행할 때마다의 반응은 매번 일치했다. 존엄은 인간적 현상이다. 존엄에 대한 갈망은 우리가 가진 최고의 공통분모이다. 모두가 존엄을 원하고 추구하며, 타인이 존엄을 침해하면 똑같이 반응한다. 누구도 상처받고 싶어 하지 않으며, 침해에 맞서 자기 방어의 강력한 반작용을 모두가 보인다. 하지만 그러한 반작용은 큰 대가를 감수하게 된다. 자기 보존에 대한 욕구는 인간관계의 희생을 요구한다. 사람들은 마치 관계란 아무 의미도 없다는 듯 자기중심적으로 살아가면서 종국에는 서로가 서로를 소외시킨다. 하지만 관계는 엄청나게 중요하다. 관계에 대한 우리의 갈망은 우리 유전자에 깊이 뿌리박고 있다. 현재 우리는 기만적인 소외 상태로 살아가고 있다. 만약 우리가 존엄을 지속시키고 존중하는 예술과 과학에 숙달하는 법을 익히게 되면, 우리 삶과 관계의 질은 크게 높아질 수 있다.

라틴아메리카에서 존엄 모델이 첫선을 보인 것은 하나의 전환점이 되었다. 동료와 함께 그 워크숍을 시작하기 전에 했던 생각은, 그 나라에서 권력관계의 붕괴를 가져온 요인 가운데 하나로 존엄을 제기함으로써 우리가 위험을 무릅쓴다는 것이었다. 또한 존엄이라는 개념에는 현재 다루어지지 않고 있는 감정적 이슈들, 즉 대다수가 논의는커녕 좀처럼 인정하려 들지도 않는 이슈들의 잠재적 폭발력이 숨겨져 있다는 사실도 잘 알고 있었다. 셰프와 레칭어의 연구는 사람들이 수치스러워지는 상태를 부끄럽게 느낀다는 것, 많은 경우에 사람들은 그것에 대해 이야기하기보다 부정한다는 것을 보여 준다.[19] 따라서 나는 워크숍 참가자들이 명예와 수치심처럼 세심한 주의를 요하는 폭발성 강한 문제들에 관한 힘든 토론에 참가하고 싶어 하지 않을까봐 우려했던 것이다.

내가 미리 예상하지 못했던 것은 감정적 이슈들에 대해 기꺼이 논의하고자 하는 참가자들의 자발성에 대해서였다. 보통의 상황에서는 어떤 집단에게 그들이 감정적으로 상처를 입었다고 느낀 순간에 대해 이야기해 볼 것을 요구할 경우, 모두가 침묵을 지킨다. 하지만 당시 내가 "자신들의 존엄에 대한 침해"라는 용어로 질문을 짰더니, 참가자들이 기꺼이 이야기를 하려 했다. 모두가 사연을 하나씩, 아니 여러 개의 사연을 갖고 있었다. 심리적으로 마음 아프고 모욕적이고 굴욕적인 체험들을 논의하기에 존엄이라는 용어가 그런대로 괜찮은 방법이라는 사실을 알 수 있었다.

존엄의 필수 요소들을 소개했을 때, 사람들은 자신들에게 일어났던 일들을 명확히 표현해주고 그 일로 인해 그토록 감정이 상했던 이유를 명쾌하게 설명하기 위해 그들에게 필요했던 언어를 마침내 갖게 되었다. 당시 내가 택했고 지난 몇 년에 걸쳐 다듬어 온 접근법은 존엄 이슈들이 이 사람 혹은 저 그룹에게 고유한 것이 아니라는 것, 존엄이 우리 인류 종에 고유한 아주 감정적인 인간적 이슈라는 사실을 제기하는 것이었다. 존엄은 인종, 젠더, 민족성, 그리고 여타의 모든 사회적 차별을 초월한다. 우리가 공유하는 인간성의 매우 중요한 측면이 그동안 그토록 주목받지 못했다는 사실은 상상하기 어렵다. 각자 알아서 하도록 내버려둔 채, 우리는 온 세계에, 인류라는 종 전체에 굴욕감이라는 유행성 질환을 만들어냈다. 따라서 만약 우리가 인간 갈등의 이 근본 원인에 가닿고자 한다면, 존엄과 관련한 방안이 요구된다.

우리가 그저 재미를 위해 서로에게 일부러 상처를 입히지는 않는다. 우리가 서로의 존엄을 일상적으로 미묘하게 침해하는 모습을 우리는 대체로 인식하지 못한다. 동시에 사람들의 가치를 알아봄으로써 그들을 기분 좋게 대할 수 있는 능력을 우리가 갖고 있다는 사실 또한 충분히 인식하지 못한다. 이러한 인식의 결핍은 존엄에 관해 교육이 이루어지지 못한 데서 생겨난다. 일단 자각하고 나면, 우리는 타인에게 상처를 입히는 결과를 가져오게 되는 감정적 반응들을 어떻게 다룰지, 우리가 타인들을 존중한다는 사실을 어떻게 전달할지 배울 수 있다. 존엄이 우리 인간의 유전적 성질의 일부라 할지라도, 존엄을 교육하고 촉진시키는 법을 이해하는 것은 다른 문제이다. 존엄의 작용과 반작용은 습득되어야 하는 것이다.

이것은 간단해 보인다. 우리가 해야 할 일이란 서로의 존엄을 존중하고 우리가 존엄을 침해하고 있을 때 이를 자각하는 법을 익히기만 하면 되기 때문이다. 그렇다면 어떻게 익힐까? 먼저 우리가 자각하지 못하는 것이 문제라는 사실을, 둘째로 그 문제를 다루는 방안이 존재한다는 사실을, 그리고 셋째로 존엄 행위가 이루어지는 데 필수적으로 요구되는 변화를 우리가 만들어 낼 수 있다는 사실을 알아야 한다.

존엄을 추구하는 일은 중역 회의실에서도 침실에서와 같이 흔하고, 국제관계에서도 우리의 일상의 상호작용에서와 같이 흔하다. 사람들이 우리를 대하는 방식에 대한 감정적 반응은 좋건 싫건 타고난 행동양식이고 우리 인간성의 일부이다. 부당하게 대우받으면 화가 나고, 모욕을 느끼며, 보복하고 싶어지는데, 그런 경우 대체로 이러한 원초적 반응이 우리 행동을 어느 정도로까지 몰고 가는지 자각하지도 못한다.[20]

또한, 설사 물리적으로는 함께한다 할지라도, 우리는 우리에게 해를 끼치는 사람들에게서 즉각적으로 물러난다. 또 다른 공격에 대한 두려움은 소통과 신뢰라는 건강한 방향을 폐쇄하기에 충분한 이유가 된다. 하지만 사람들은 그들이 의존하고 있다는 이유로 그 관계를 그만둘 수 없다고 느끼는 경우가 많다. 직장에서, 결혼 생활에서, 가족 관계에서 늘 일어나는 일이다. 그 관계는 유지된다 할지라도 대가가 따른다. 솔직함이 분노로 바뀌고, 우리는 가장 만족스러운 삶의 체험 중 하나, 다시 말해 평가받거나 손해를 입거나 모욕당할지 모른다는 두려움 없이 함께할 수 있는 자유로움을 상실한다. 물러남과 두려움은 함께 살아가거나 함께 일하는 사람들을 소외 상태에 빠뜨린다. 거기에는 친밀함이 없고, 관계의 기쁨이 존재하지 않는다. 기껏해야 결함을 가진 관계에 놓인 사람들은 하루하루를 견뎌내기 위해 그저 서로를 인내할 뿐이다. 최악의 경우 그 관계는 적대감으로 특징지어지고, 양자 모두 상대에 대한 비하를 당연시한다. 간단히 말해 함께하는 삶이 몹시 비참해진다.

우리는 존재의 중심부에서 존엄에 대한 손상을 느낀다. 그것은 존재의 가장 근본적 속성에 대한 위협이다. 더욱 고약한 것은 우리에게 해를 입힌 가해자들이 처벌받지 않는다는 것이다. 그리고 상처는 늘 치유되지 않은 채 방치된다.

우리가 모욕을 당하거나 배제되거나 퇴짜 맞거나 무시당하거나 부당한 대우를 받았다고 느낄 때 요청할 긴급 구조 전화는 없다. 신경과학자들은 배제되는 것과 같은 심리적 상처가 물리적 상처와 같은 뇌 부위를 자극한다는 사실을 밝혀냈다.[21] 부러진 뼈도 없고, 피도 보이지 않고, 눈에 보이는 상처의 흔적도 전혀 없다. 손상이 있지만, 그 손상은 마음으로만 느껴진다.

정확히 어디에 손상을 입은 것인가? 우리의 존엄이다. 우리 존엄이 입은 부상의 고통스러운 영향은 가상의 것이 아니다. 그것은 우리 안에 오래 머무르며, 많은 경우 차례로 쌓여서 어느 날 분노로 분출되거나 우울감에 빠져들게도 하고, 직장을 그만두게 하거나 이혼하게 하거나 혁명을 선동하게 하기도 한다. 존엄의 거듭된 침해는 자존심을 훼손할 뿐 아니라 우리와 타인의 내면에서 최선을 끌어내는 방식으로 관계를 맺을 수 있는 우리의 능력 또한 훼손한다. 이러한 심리적 상처에 대한 나태와 무지로 우리는 어떤 대가를 치르는가? 그런 상처가 유발하는 때로는 파괴적이기도 한 감정 반응들로 인해 우리는 어떤 대가를 치르는가? 매우 큰 위기에 봉착해 있다.

무엇이 위기에 처해 있는가?

일상의 삶에서는 존엄이 침해당한 후유증—남아 있는 수치심과 고통—이 삶의 질에 영향을 준다. 셰프와 레칭어는 처리 과정을 밟지 않거나 "우회하여 버린" 수치심—수치스럽다는 느낌을 인정하기가 너무 수치스러워 침해를 당한 피해자들이 인정하거나 공론화하지 않는 수치심—은 함께하는 편을 선택한 사람들에게서도 관계의 분리를 가져온다.[22] 만약 우리가 자신을 보호하거나 우리 상처를 핥느라 너무 분주해서 사람들과 함께하는 것을 즐길 수 없다면 자유롭게 스스로를 즐길 수 없을 뿐더러, 가족을 비롯해 우리 삶에서 중요한 사람들에게 베풀지도 못한다. 고통은 우리의 삶을 멈춰 세운다.

더 큰 범주에서 보면, 우회하여 버린 수치심은 인간 존재로 함께 꽃피워 나갈 역량을 손상시킨다. 우리가 눈부신 정상까지 지성을 발전시킨다 할지라도, 감정적으로 말하자면 우리는 생존을 위한 존재 양식에 사로잡혀 있는 것인데, 우리가 존엄 침해에 대한 원초적 감정 반응을 다루는 법을 익히지 못했고, 타인의 존엄을 솔직하게 존중하는 법 또한 익히지 못했기 때문이다. 만약 우리가 이러한 침해의 실상과 결과들을 계속해서 무시한다면, 인간 존재로서 인정받지 못한 정체성의 포로가 되어 정지된 감정 발달 단계에 머물러 있게 될 것이다.

그러한 반응들이 아무리 무의식적이라 할지라도, 자신의 반응을 책임지지 못함으로써 우리는 내면에 잠재되어 있는 파괴적인 본능들이 의사 결정을 담당하도록 허용한다. 우리가 존엄에 대한 위협을 체험할 때 표출되는 유해한 감정이 지닌 힘에 대한 실상을 이해하고 인정할 때까지, 우리는 세상 곳곳에서 낙담한 사람들이나 붕괴된 가정들, 풀기 어려운 분쟁들을 더 많이 보게 될 것이다. 인간의 갈등과 고통에 대한 이러한 강력한 요인을 우리가 계속해서 간과한다면, 우리는 우리 삶을 생존을 위한 존재 방식으로 지속하게 될 것이다.

우리가 존엄의 문제에 대해서 직접행동에 나서 행동 양식으로 고정된 감정 반응들을 어떻게 다루어야 할지에 관해 의식적으로 선택을 할 때까지, 변화는 가능하지 않을 것이다.

그럼에도 불구하고, 인류의 중대한 도전 과제를 극복할 수 있는 역량이 우리에게 있다는 것에는 의심의 여지가 없다. 사람들이 존엄이 가진 힘에 대해 스스로 배우기로 마음먹을 때 일어나는 기적들을 목격했기 때문이다. 나는 오랜 세월 상호 불신을 견뎌 오던 사람들, 서로를 가장 모욕적인 방식으로 대해 오던 사람들 사이에서 놀랄 만한 화해가 이루어지는 것을 목격했다. 내가 그들에게 존엄이 고통스럽게 침해당하는 것을 견뎌 왔기 때문에 감정이 상해 있는 것이라고 말했을 때, 그들의 표정에서는 안도감이 보였다. 나는 존엄이 침해당한 후에 감정이 상하는 것은 정상이라고 말한다. 이것은 사람들에게 뭔가 잘못이 있다는 의미가 아니라, 그들에게 일어난 일이 잘못되었다는 것이다.

존엄 워크숍의 한 참가자는 내가 그 행사를 위해 미리 보낸 자료를 읽으면서 울었다고 말했다. 그는 자신의 내면 깊은 곳에 있는, 어떻게 칭해야 할지 알지 못했던 느낌을 내가 명확히 표현해 준다고 느꼈다. 존엄이라는 용어가, 수치스럽게 느끼거나 연약하게 느끼지 않게 하면서도 그가 가진 내면의 상처들에 대해 이름을 붙여 주고 숙고할 수 있도록 해주었던 것이다. 그의 고통을 정당화해 주었던 것이다. 자신의 존엄이 침해되었다고 느낀 시간들에 대해 사람들 앞에서 이야기할 때, 그는 감추지 않았다. 이야기를 함으로써 그는 해방감을 느꼈다. 존엄이라는 용어로, 사람들은 한 번도 치유된 적 없었던 내면의 고통스러운 상처들, 그들을 최대한 살아 있는 삶으로부터 밀어낸 상처들을 처음으로 공개적으로 이야기할 수 있었다.

존엄 모델을 제시하면서 내가 직면하는 가장 큰 도전 중 하나는 우리 각자에게 존엄 침해자가 될 소질이 있다는 이야기를 할 때이다. 사람들은 자신들이 어떻게 침해당해 왔는지를 깨닫는 데에는 아무런 어려움도 겪지 않지만, 어쩌면 부지불식간에 그들 자신도 침해자가 될 수도 있다고 말을 꺼내면, 그것은 감내하기 힘든 진실이 된다.

그들이 받아들이도록 설득하는 유일한 방법은 모욕적 행위를 저지르게 한, 참을 수 없는 수치심을 없애는 것이다. 나는 우리 모두가 나쁜 짓을 하는 사람으로 비치고 싶지 않아 하는 타고난 충동과 함께 나쁜 짓을 저질렀을 때 체면을 세우고 싶은 강렬한 열망 또한 가졌다고 설명한다. 비록 참을 수 없는 수치심을 체험하고 폭력 행위를 할 수도 있지만, 참을 만한 수위―자기 성찰과 누군가의 행동을 변화시키고자 하는 열망을 부추기는 정도의 수위―의 수치심은 개인적 성장은 물론이고 자신이 해를 입힌 사람들과 다시 관계 맺는 결과를 낳을 수 있다. 우리가 타인의 존엄을 침해하는 모습을 다시 음미하는 것은 편치 않지만, 그것은 우리의 모습을 변화하게 하는 참을 만한 수위의 고통이다.[23] 대부분의 문화가 수치심에 지나치게 집중한다. 수치심을 강조하는 것은 단기적으로 보면 효과가 있지만, 해로운 영향이 오래도록 지속되어 우리의 존엄을 해치고 존엄 침해 상황을 이해하는 데 필수적인 배움의 과정마저 압도할 수 있다.

존엄 모델을 배울 때 제기되는 또 다른 도전은 타인과 더 나은 상호작용을 위해서는 새로운 사실과 새로운 기술만으로는 충분치 않다는 점이다. 비록 도움이 되는 몇몇 사실과 기술들이 존엄 모델에서 나오기는 하지만, 배움의 핵심은 우리의 이해―우리가 어떻게 하면 의미를 찾아내고, 우리 자신과 우리를 둘러싼 세계를 어떻게 하면 잘 이해하게 될지―가 발전적으로 전환되는 데 있다. 우리는 이 세상에서 일어나는 일들에 대해 해석할 때 그에 대한 체험에 의존한다.[24] 존엄 모델은 우리가 자신을 넓히고 발전시켜 타인의 관점을 고려할 수 있도록 이 자기중심적 관점을 확장할 것을 요구한다.

타인의 체험을 세계 인식으로 통합하는 일은 간단해 보이지만, 우리가 그 과업에 보태야 할 것은 타인의 관점에 대해 단순히 경험적 지식에 입각한 이해뿐만 아니라 그들에게 "일어난 일에 대한 느낌"까지 개발할 필요성이다.[25] 근원적 공감에 대한 역량―타인에 대한 개방성을 키우고 타인의 체험 전부를 받아들이는 데 필수적인 타고난 감정적 관계―을 회복하는 것은 건강한 사회적 적응의 근저에 놓여 있다. 그것 없이 인식에서 발전적 전환은 일어나지 않는다. 타인을 감정적으로 동일시하는 것은 이 과정의 필수 조건sine qua non 이다.

이러한 실제적인 장애물들에도 불구하고, 나는 대다수 사람들이 존엄에 대한 이해가 제공하는 좀 더 나은 삶의 질을 체험하기 위해 그들이 해야 하는 일이라면 어떤 것이라도 기꺼이 하고자 하는 의지를 갖고 있다는 사실을 깨달았다. 사람들은 스스로에게 만족스럽지 못한 느낌을 갖는 데 지쳤고, 원만하지 않은 관계를 유지하는 데도 지쳤으며, 깊은 의미와 목표 없이 삶을 살아가는 데도 지쳐 있었다. 사람들은 지지받을 수 있는 존재가 되고 싶어 한다.

1부
존엄의 10대 요소

정체성 수용 Acceptance of Identity

사람들에게 다가갈 때는 그들을 나보다 열등하지도 우월하지도 않은 존재로 대하라. 타인에게 부정적으로 평가될지 모른다는 두려움 없이 마음에서 우러나는 개성을 표현할 수 있는 자유를 보장하라. 인종, 종교, 민족성, 젠더, 계급, 성적 지향, 나이, 장애가 개개 집단의 정체성에서 가장 중요한 부분을 차지할 수 있음을 받아들이고, 편견이나 선입관을 버리고 타인과 교류하라. 그들에게도 그들만의 정체성이 있다는 것을 고려하라.

소속감Inclusion

나의 가족, 지역사회, 조직, 혹은 국가에 속해 있는가 아닌가와 무관하게, 혹은 나와 어떤 관계를 맺고 있는가와 무관하게 사람들로 하여금 소속되어 있다는 느낌을 갖게 하라.

안전Safety

두 측면에서 사람들을 안심시키라. 먼저 물리적 차원에서. 그래야 신체적 피해로부터 안전하다고 느낀다. 다른 하나는 심리적 수준에서. 그래야 모욕당하지 않을 거라는 안전함을 느낀다. 사람들이 보복에 대한 두려움 없이 자유롭게 이야기할 수 있게 하라.

공감 Acknowledgement

사람들의 관심사, 느낌, 체험에 귀 기울이고 경청하며, 그 정당성을 인정하고 응답함으로써 그들에게 관심을 기울이라.

인정 Recognition

사람들의 재능, 노고, 배려, 조력이 가져다준 효력에 대해 인정하라. 칭찬에 인색하지 말고, 사람들이 기여한 바와 그들이 낸 아이디어에 대해 감사와 사의를 표현하라.

공정함 Fairness

사람들을 공정하고 공평하게, 그리고 합의된 법률과 규칙에 따라 공명정대하게 대하라. 차별하지 않고 부당하지 않게 대할 때 사람들은 내가 자신의 존엄을 존중한다고 느낀다.

호의적 해석 Benefit of the Doubt

신뢰하는 마음으로 사람들을 대하라. 사람들이 선한 의도를 가졌으며 진실하게 행동하고 있다는 전제에서 출발하라.

이해Understanding

사람들이 중요하게 여기는 것들에 신뢰를 보이라. 그들에게 그들의 견해를 설명하고 표현할 기회를 부여하라. 그들을 이해하기 위해 적극적으로 경청하라.

자주성Independence

사람들이 자신의 삶에 대한 결정권이 자신에게 있다고 느끼고 희망과 가능성의 의미를 체험할 수 있도록 자신의 의지로 행동하도록 격려하라.

책임성Accountability

내가 한 행위를 책임지라. 다른 사람의 존엄을 침해했다면 사과하라. 상처 주는 행동을 바꾸겠다고 약속하라.

존엄에는 이렇게 열 가지 필수 요소가 있다. 타인의 존엄을 존중하는 법을 이해하려면 존엄의 열 가지 요소를 이해해야 한다. 인식이 결여되면 타인의 존엄을 침해하게 되므로, 그런 일이 어떻게 발생하는지 깨달아야 한다. 또한 타인이 우리를 어떻게 느끼는지에 대한 감수성도 발달시켜야 한다. 타인의 관점에 대한 감수성이 발달하면 우리가 부지불식간에 타인의 존엄을 침해하는 순간들을 최소화할 수 있고, 어쩌다 만나게 되는 모든 사람들에게 우리가 그들을 존중한다는 뜻을 전달할 가능성은 더 커진다.

존엄의 필수 요소들은 어떻게 도출되었을까? 교전 중인 집단들 사이에서 대화를 촉진하면서, 나는 두 집단의 역학 관계를 관찰하는 데 시간을 투여했다. 감정에서 흐르는 저류가 정치적 논의에 영향을 미치고 있었다. 양쪽 집단 모두에게 말로는 드러나지 않는 반발감이 있었다. 나는 존엄 개념을 상기시키고 화를 돋우는 감정들에 걸맞은 말들을 일치시킴으로써, 무언의 대화에 담긴 감정이 어떤 내용을 담고 있는지 알아차렸다.

'감히 당신이 어떻게 내게 이토록 졸렬하게 대할 수 있는가? 이것이 얼마나 부당한지 당신 눈에는 보이지 않는가? 당신이 내 체면을 손상시키고 있다는 것을 내가 알아차리지 못할 것 같은가? 당신은 내가 인간이라는 사실을 알지도 못한다는 것인가?'

비록 언급되지는 않았을지라도 양측이 합의에 이르지 못하게 한 존엄 침해 행위가 실질적으로 수행하는 역할이 분명해졌을 때, 나는 감정적 반응을 초래한 배경을 찾기 시작했다. 존 버튼John Burton의 '갈등, 인간 욕구 이론'과 허버트 켈먼Herbert Kelman의 '대화식 문제 해결 접근법'을 훈련받았기 때문에, 나는 모든 인간은 심리적 욕구를 갖고 있어서 만약 위협을 받게 되면 갈등을 초래할 수 있다는 사실을 이미 잘 알고 있었다.[1] 버튼-켈먼 접근법은 충족되지 않는 욕구에 대해 당사자들이 논의할 수 있도록 공개 토론의 장을 제공하는 일에 초점을 맞추는데, 이 접근법이 지닌 통찰력은 정치 과정에 자양분이 될 수 있다.

"존재론적" 욕구―인간 발전이라는 힘에 의해 가열되는 욕구―에 대한 버튼의 목록에는 애초에 정체성, 인정, 안전, 소유가 포함되었다.[2] 대화가 진행되는 동안, 나는 두드러지는 감정적 반응들을 초래한 배경들을 찾기 시작하면서, 이 네 가지 욕구들을 민감하게 인식할 수 있었다. 누군가 고함을 치기 시작해 얼굴이 붉어지거나 대화에서 이탈할 것처럼 보일 때, 나는 존엄이 침해당한 후 신체적 징후들을 일으킨 대화들을 기록했다. 그리고 누군가가 오해를 받는다고 느끼거나 자신의 의견이 무시당한다고 느낄 때 노골적인 반응을 낳게 하는 다른 자극들도 보기 시작했다.

언젠가 한 참가자가 끔찍한 체험을 묘사하고 있었고, 상대편에서는 아무도 반응을 보이지 않았다. 사과는 말할 것도 없고 뉘우침이나 동정의 표현 하나 없었다. 그때 나는, 만약 사람들이 존엄이 침해되었다고 느끼는 상태를 더욱 철저히 이해하고자 한다면 버튼의 최초의 리스트에 덧붙여 추가할 게 있다는 사실을 깨달았다. 이해받고자 하는 욕구라면 어떨까? 고통을 시인하고 공감받아야 한다는 욕구는? 희망과 가능성이라는 느낌이 꽃필 수 있도록 통제로부터 자유로워지는 느낌이라면 또 어떨까? 선의로 해석되고 싶은 욕구는? 상처받은 순간들에 대해 사과를 받고 싶은 욕구라면 어떨까?

목록을 열거한 다음 존엄에 대한 저술들을 검토하기 시작했을 때, 나는 찾아낸 자료량이 엄청 적은 것에 놀라지 않을 수 없었다. 문헌 속에 존엄에 대한 인용 자료는 엄청났지만, 존엄을 구체적인 하나의 개념으로 조작해 낸 사람은 없었다. 내가 찾고 있었던 것은 이런 종류의 질문들에 대한 답이었다. "만약 내가 품위 있게 with dignity 처신해야 한다면, 내 행동은 어떠해야 할까?" "만약 누군가를 존엄하게 with dignity 대하기 원한다면, 나는 어떻게 해야 하는가?" 버튼이 작성한 원래의 욕구들에 토대를 둔 존엄의 열 가지 주요 요소가 최종 판단으로 나오게 되었는데, 이는 수년간의 관찰에 근거한 것이다. 대화에 참여하고 있던 세계 곳곳의 분쟁 당사자들 사이에서 동일한 반응들을 초래한 환경(사람들이 서로를 대하는 방식)을 주의 깊게 관찰한 결과로 나온 것이다.

연구 과정에서, 나는 이블린 린드너의 주목할 만한 성과를 발견했는데, 그것은 그녀가 린다 하틀링Linda Hartling과 함께 개발한 '인간의 존엄과 굴욕 연구 네트워크Human Dignity and Humiliation Studies network'[3]의 작업 결과였다. 린드너의 책《적 만들기: 굴욕과 국제분쟁Making Enemies: Humiliation and International Conflict》은 현재까지 굴욕에 관해, 그리고 국제분쟁에서 굴욕이 수행하는 역할과 관련하여 활용할 수 있는 가장 광범위한 연구 작업이다.[4] 그 책에서 린드너는 국제정치에서 거의 논의되지 않았던 주제를 검토한다. 그 저술을 통해 린드너는 전시에 인간이 행하는 행위 가운데 가장 이해받지 못했던 측면 가운데 하나를 이해하는 데 중대한 공헌을 했다. 하지만 굴욕이 지닌 파괴적이고 방심할 수 없는 속성을 상세하게 개괄하고 있기는 하지만, 그녀는 내가 답을 찾고 있던 존엄에 대한 질문들을 근본적으로 파고들지는 않았다.

콜롬비아 대학의 사회심리학자 피터 콜먼Peter Coleman도 굴욕이 분쟁 해결을 힘들게 하는 데 기여하는 바에 대해 폭넓게 연구했다.[5] 그는 동료들과 함께 전시에 굴욕적 행위의 대상이 된 사람들에게서 굴욕적인 감정 체험이 심리적으로 어떻게 작용하는지, 그리고 굴욕이 분쟁을 악화시키고 영속시키는 데 어떤 역할을 하는지 연구했다. 이 중요한 연구 결과가 사람들이 굴욕을 체험할 때 작동하는 심리적 동학에 대한 내 이해를 증진시켜 주기는 했지만, 존엄이라는 개념을 조작하고자 하는 나의 탐구에 도움을 주지는 못했다.

비록 버튼이 작성한 정체성, 인정, 안전, 소유에 대한 인간 욕구 목록이 존엄의 열 가지 요소에 영감을 주기는 했지만, 나는 그것을

"존엄 욕구"라 부르는 게 점차로 불편해졌다. 존엄은 욕구가 아니라는 생각이 들었던 것이다. 존엄은 우리 인간성의 본질적 측면이다. 우리는 존엄을 따로 필요로 하지 않는데, 그것이 이미 우리에게 있기 때문이다. 우리를 인간이 되게 해 주는 자연적physical 측면들은 "욕구"가 아니다. 우리가 두뇌나 심장, 코에 대한 "욕구"를 갖는가? 당연히 아니다. 그런 건 우리를 인간이게 해 주는 자연스러운 일부이다. 나와 나눈 긴 대화 끝에, 내 친구이자 동료인 루시 누세이베Lucy Nusseibeh가 존엄의 10대 요소에 붙일 딱 들어맞는 명칭을 생각해 냈다. 바로 "필수 요소essential elements"였다.[6] 이제 그것은 존엄에 대한 체험을 설명해 줄, 분명하게 식별되는 열 가지 방법이 되었다.

내 워크숍에 참가한 수백 명에게 그 필수 요소들을 제시한 다음, 내 질문에 대한 몇 가지 답을 찾았다는 확신이 들었다. 필수 요소 목록을 읽어 나가는 동안 명심할 것이 있다. 만약 그 목록이 사람들이 자신의 존엄에 대한 심리적 공감을 체험하는 열 가지 다른 방식을 설명해 준다면, 그것은 거꾸로 사람들이 자신들의 존엄에 대한 상처—인간으로서 소중하고 가치 있다는 의식에 손상을 입히는 감정적 상처—를 체험할 수 있는 다른 열 가지 방식을 설명할 수도 있다는 것이다. 그런 손상은 내면에서 입는 것이어서 놓치기 쉽다. 하지만 내가 교전 중인 집단들 사이에서 대화를 진행하며 보낸 수년간 그래 왔듯 충분할 정도로 장시간 밀접하게 관찰한다면, 익숙한 행동들과 이러한 내면의 상처들 사이에서 연관성을 찾아내기 시작할 것이다.

평상시에 조심스러운 어떤 사람이 화를 낸다면, 자문해 보기 바란다. "어떤 존엄의 침해를 겪은 걸까?" 혹시 사교적이고 붙임성 좋은 어떤 여성이 입을 다물고 안으로 움츠러들 때면, 질문하라. "그녀가 무시받는다거나 공감을 받지 못한다고 느끼는 건 아닐까?" 혹은 어떤 남자가 기분이 언짢은 사건이 있은 지 한참이 지나서도 분노를 내려놓지 못한다면, 이렇게 질문하라. "그 사건이 아직 치유되지 못한 오래전 존엄의 손상을 뒤흔들어 놓은 건 아닐까?" 또한 스스로에게 질문하라. 당신에게 상처를 입힌 사람과 다시 관계를 맺는 게 내키지 않거나 그럴 힘이 없다고 느낀다면, 혹시 당신이 여전히 자신의 손상된 존엄을 지키려 하고 있으며 당신의 어떤 부분을 오래도록 냉담한 상태로 방치하고 있지는 않은지.

분노와 피신은 존엄 침해에 대한 정상적인 반응이다. 화가 난 사람을 볼 때, 우리가 맨 처음 보이는 반응은 보통 그 사람을 부정적으로 평가하고 거리를 두는 것이다. 우리는 화가 나 있는 사람과 사귀고 싶어 하지 않는다. 그래서 모욕적인 일을 겪은 사람에게서 뒷걸음질 치게 되는 경우가 많다. 하지만 우리가 존엄이라는 각도에서 그 사람에게 일어난 일에 대해 생각해 본다면, 만약 우리가 그 분노를, 얼굴이 빨개지는 것이 당황스러움의 표시인 것과 마찬가지로 모욕당한 데 대한 자연스럽고 이해할 만한 반응으로 본다면 우리는 공감을 느낄 수 있게 될 것이다.

활동하는 동안, 열 가지 필수 요소 목록이 가장 유용하게 여겨진 것은 그것이 체험들을 정당화해 주고 거기에 이름을 붙여 준다는 점이었다. 그것은 어떤 교류 후에 왜 기분이 상할 수 있는지 이해할 수 있게 해 준다. 그리고 존엄의 필수 요소를 알게 되면 기분을 상하게 한 느낌의 원인이 존엄 침해가 될 수 있다는 사실을 이해할 수 있게 된다. 그 느낌에 "내 존엄의 침해"라 명명하는 것만으로도 안도감을 주고 치유를 가져다준다. 그 사건과 우리의 반응이 이해되기 시작하는 것이다. 그리고 우리한테 아무 잘못이 없어도 우리에게 뭔가 좋지 않은 일이 일어났다는 사실을 인정하게 된다.

 1장부터 10장에 걸쳐, 존엄의 필수 요소가 침해되거나 혹은 존중되었을 때 어떤 일이 생기는지 예시를 보여 줄 것이다. 국제적 차원에서 일어나는 폭력에서부터 가족과 직장에서 생기는 것들에 이르기까지, 다양한 맥락의 사례들이 등장한다. 비록 내가 존엄의 구체적 요소들을 강조하기 위해 이러한 사례들을 골라내긴 했지만, 하나의 침해 행위 안에 여러 가지 필수 요소들이 연루되어 있을 수 있다. 첫 번째 이야기는 정체성이라는 필수 요소를 설명할 목적으로 골랐지만 결과적으로 그 이야기가 존엄의 모든 요소들의 침해와 동시에 관련되어 있다는 것 또한 분명하다.

1장
정체성 수용

사람들에게 다가갈 때는
그들을 나보다 열등하지도 우월하지도 않은 존재로 대하라.
타인에게 부정적으로 평가될지 모른다는 두려움 없이 마음에서
우러나는 개성을 표현할 수 있는 자유를 보장하라.
인종, 종교, 민족성, 젠더, 계급, 성적 지향, 나이, 장애가
개개 집단의 정체성에서 가장 중요한 부분을 차지할 수 있음을
받아들이고, 편견이나 선입관을 버리고 타인과 교류하라.
그들에게도 그들만의 정체성이 있다는 것을 고려하라.

매사추세츠 주 캠브리지의 아름다운 시월 어느 날 아침, 나는 한 동료의 집에서 열리는 회의에 참석 중이었다. 그 회의는 중동의 정치적 상황을 개선하는 데 중대한 공헌을 할 수 있는 어떤 프로젝트의 전망을 논의하기 위한 것으로, 하루 종일 계속될 예정이었다. 나는 좌중에게 새로운 아이디어를 제기하기 위해 주최 측의 초청으로 다른 다섯 사람과 함께 그 프로젝트에 결합한 신참이었다. 그날 모인 사람들은 자선사업 및 기업계와 유대를 맺고 있는 "평화 사업가

들peace entrepreneurs", 라틴아메리카와 중동 출신 지역 전문가들, 예술계의 저명한 인사, 그리고 국제 협상과 갈등 해결 영역에서 활동하는 나와 같은 사람들이 다수로 성격상 다채로웠다.

나머지 참석자들 중 한 명이었던 이집트계 미국인 청년은 바로 전날 중동 출장에서 돌아온 상태였다. 그를 소개받았을 때, 나는 말했다.

"시차 때문에 피곤할 거예요. 회의가 힘들지 않겠어요?"

그가 큰 소리로 웃으며 대답했다.

"이 프로젝트가 활력을 줍니다. 무슨 일이 있어도 결코 놓칠 수 없지요."

그 순간 나는 곧바로 그가 좋아졌고, 고대하는 마음으로 토론 자리에서 그가 할 발언을 기다렸다.

모임을 진행하던 2008년에 우리는 미국 대통령 선거를 딱 한 달 앞두고 있었다. 그해에 내가 참석했던 다른 모든 회의들에서 그랬듯, 그 회의 역시 대통령 후보들에 대한 논의로 시작되었다. 이집트계 미국인 남성(나는 이 사람을 라미Rami라 부를 것이다.)은 버락 오바마에게 감동을 받았다며 자신이 오바마의 선거운동에 참여할 수 있다면 얼마나 좋을까 싶다고 말했다. 나는 그가 하는 말을 처음에는 이해할 수 없었다. 그는 한동안 워싱턴 정치에 참여해 온 사람이었고, 오바마가 백악관에 입성하기 위한 활동에서 안성맞춤의 지도자라는 인상을 강하게 받았기 때문이다. 혼란스러워 하는 내 표정을 본 라미가 말했다.

"내가 무슬림이라는 걸 잊지 마세요. 나는 오바마에게 가까이 갈 수 없어요. 사람들이 오바마와 내가 가깝다고 여기면, 그의 이미지가 손상될 테니까요."

나는 놀랐다. 물론 그의 말은 옳았다. 2001년 9·11 테러 이후 많은 시간이 흐르지 않았고 미군 병사들이 이라크와 아프가니스탄에서 전투를 벌이고 있던 그러한 정치 환경에서 무슬림이라는 단어를 언급하는 것조차 일부 미국인들에게 공포를 불러일으켰고, 미국을 비롯한 전 세계의 무슬림들을 향한 차별적이고 상처를 입히는 온갖 종류의 행동을 정당화하는 데 활용되었던 것이다.

점심시간이 끝나 갈 때, 나는 복도에서 라미를 보았다. 나는 오바마를 위해 일할 수 없다는 사실이 굉장히 힘들었을 게 분명하다고, 그 상황에 대한 대응이 무척 당당하고 품위 있다고, 그에게 공감을 표현하고 싶었다.

"라미."

나는 그에게 말했다.

"당신이 무슬림이기 때문에 오바마 선거운동에서 물러나 있다는 이야기를 들으면서 몹시 속이 상했다는 말을 해 주고 싶었어요."

"친절하시군요."

그가 말했다.

"그렇게 말해 주셔서 고마워요."

"사실, 친절을 베푸는 게 아니에요. 당신의 정체성 때문에 스스로 거리를 두어야 한다고 느끼는 건 비극이에요. 나는 이번 선거에서 무슬림이라는 것이 전혀 잘못이 아니라고, 아무도 나서지 않는 사실에 우려하고 있어요. 오바마가 그 일을 할 수 없다는 건 알지만, 정치 전문가들로부터도 그런 말을 들을 수 없거든요. 이건 이곳 미국만이 아닌 전 세계 무슬림 집단의 존엄성에 대한 노골적인 침해입니다."

"당신의 감수성에 대해 감사를 드리지만, 그와 관련해 우리가 할 수 있는 일은 많지 않아요. 우리는 그저 오바마가 당선되도록 한 다음, 나중에 그 상처를 치유하려고 노력할 겁니다. 존엄이 침해되는 느낌이 드는 건 맞아요. 사실, 그것에 대해 그런 각도로 생각해 보지 못했어요. 무척 고통스럽지만, 내가 거리를 둠으로써 옳은 일을 하고 있다는 걸 잘 압니다."

내가 말했다.

"이것은 당신의 정체성에 대한 공격만이 아니에요. 그 때문에 당신이 배제되고 있기도 해요. 이건 매우 부당하다고 생각해요."

주최 측에서 한 사람이 와서 다시 회의를 시작할 시간이라고 말했다. 잠시 동안 우리는 자리에 그대로 서 있었다. 나는 어떤 말을 더 해야 할지 알 수 없었다. 라미가 내 어깨에 손을 얹으며 말했다.

"고마워요."

*

우리는 인간 발달이라는 기준에서 정체성 침해에 관해 생각해 볼 수 있다. 삶 전반에 걸쳐 우리의 내면세계는 개인화individuate하려는, 즉 나머지 모두로부터 독립된 우리 자신이 되고자 하는 존재론적 충동과 통합하고자integrate 하는, 즉 관계를 맺고 소속되고 우리 자신보다 더 큰 어떤 것의 일부로 남고자 하는 존재론적 충동 사이의 투쟁에 지배되고 있다.[1] 따라서 우리의 정체성에 대한 공격과 그 결과로서의 배제가 감정에 치명상을 줄 수 있다는 것은 이치에 맞는 말이다.

우리의 정체성, 특히 우리의 통제를 벗어난 측면들—예를 들어 우리는 여성, 특정한 피부색, 장애를 가진 사람으로 태어난다.—은 우리가 어떤 사람인지에 대한 고유한 표현이다. 물려받은 어떤 속성 때문에 뒤떨어진 사람으로 평가된다는 것은 특히 치명적인 상처를 입힌다. 감정을 상하게 하는 무수한 행동들은 물론이고 가해자들의 우월감을 정당화하는 데까지도 물려받은 속성들이 활용된다. 특히 "열등한" 존재를 관심 영역으로부터 도덕적으로 배제하는 일이 우월감이라는 미명 아래 정당화될 수 있다.[2]

우리의 정체성 중 사회적으로 형성된 측면들, 즉 우리가 어떤 사람인지 규정해 주는 것에는 우리 스스로 한 선택의 결과물로서 우리의 직업 정체성도 있다(예컨대, 의사, 변호사, 목사, 사업가, 교사). 타고난 특성에 추가된 이 측면들은 우리를 우리 자신으로 만들어 주는 개인화 과정에 기여한다. 바꿀 수 없는 측면과 사회적으로 형성된 측면 둘 다 존엄 침해의 대상이 될 수 있다. 예를 들어 인종처럼 정체성의 바꿀 수 없는 측면에 겨누어진 침해가 대체로 더 악랄하기는 하지만, 두 종류의 침해 모두 영향을 미친다. 상처를 훨씬 더 고통스럽게 하는 것은 정체성이 손상된 피해자가 느끼는 배제되었다는 감정이다. 정체성이 침해되는 고통을 겪은 다음에도, 자신이 내버려진다는 기분을 느끼지 않거나, 가해자들의 관심과 배려의 영역으로부터 배제된다는 느낌을 받지 않기란 불가능에 가깝다. 그리고 상처받은 감정은 거기서 그치지 않는다.

라미의 경우를 보면 완벽하게 설명이 된다. 비록 그가 겪은 주된 침해가 정체성에 가해진 것이었다 해도, 그의 정체성에 가해진 손상은 연쇄적으로 다른 침해를 일으켰다. 사실, 존엄의 모든 필수 요소들이 다 침해되었다고 말하는 게 낫겠다. 그는 무슬림 정체성을 이유로 참여할 수 있는 자격에서 배제되었다. 수년간 워싱턴 정가에서 활약했음에도 불구하고, 그는 중요한 정치적 인물로 동의를 얻지도 인정받지도 못했다. 반발 가능성 때문에 그가 선거운동에 참여하는 것은 안전하지 않았다. 그가 참여할 수 없었던 것은 대단히 부당하다. 무슬림에 대한 부정적 고정관념 때문에 선의로 해석될 기회가 주어지지 않음으로써, 그는 오해받고 영향력을 빼앗겼다. 자유는 제한되었고, 관심은 응답받지 못했고, 시간을 내서 그의 말에 귀 기울이려는 사람은 아무도 없었고, 결국 잘못된 것을 바로잡으려는 사회적 시도는 없었다. 아무도 그를 비롯한 모든 무슬림들이 겪고 있던 상처에 대해 책임지지 않았다.

라미의 경우가 그 선거 기간 동안 매우 만연했던 정체성 침해의 적나라한 사례를 보여 주고는 있지만, 그런 유형의 침해 행위는 우리 일상 세계에서 늘 벌어지고 있다. 외국인일 것 같은 누구하고라도 대화를 나눠 보라. 사람들이 있는 그대로의 자기 자신이 될 수 없다고 느낄 때마다, 그리고 부당하게 대우받거나 남들에 비해 열등하게 평가받을지 모른다는 두려움을 갖게 되거나 안전하지 않다고 느낄 때, 그들의 존엄은 손상된다.

라미의 경우는 아마도 틀림없이 복잡할 것이다. 그가 체험한 외국인 혐오증을 불러온 두려움과 무지는 9·11 사건과 분리될 수 없다. 하지만 그의 이야기가 중요한 것은 그것이 우리의 통제받지 않는 감정적 반응이 얼마나 파괴적일 수 있는지 증명해 주고 있기 때문이다. 라미는 정체성에 대한 공격을 개인의 문제로 받아들이지 않은 예외적 인물이다. 그가 상실감을 느끼지 않았다고 말하는 것이 아니다. 정체성이 그런 식으로 짓밟힌다는 것은 마음 상하고 굴욕적인 일이다. 비록 쉽지 않았겠지만, 그는 자신이 존엄을 유지하고자 한다면, 비록 복수가 정당화될 수 있다 해도 결코 보복을 하는 방식으로 반응할 수 없다는 사실을 잘 알고 있었다. 그는 그러한 행위가 오바마에게도 자신에게도 도움이 되지 않는다는 사실을 알고 있었던 것이다.

정체성 침해가 그토록 위험한 까닭은, 우리 대부분은 라미와 달리 그 같은 자제력을 보이지 못하기 때문이다. 정체성이 제대로 발현되지 못할 때 생기는 정당한 분노는 해일처럼 우리를 휩쓸어 버릴 수 있다. "감히 네가 어떻게 나를 이렇게 대할 수 있어?"라는 반응은 이해할 만한 시초 반응이다. 상상할 수 없는 수많은 파괴적 행동들이 그에 기인한다.

존 버튼은 어떤 집단을 이룬 사람들 안에서 정체성의 욕구가 채워지지 않을 때 사람들은 그 욕구를 충족시키기 위해 필요한 경우 폭력에 기대게 된다고 썼다. 인간으로 확인받고 인정받고자 하는 우리의 열망이 얼마나 강렬한지 이것이 설명해 준다.[3] 폭력의 도화선은 짧다. 따라서 모욕적인 눈길만으로도, 노골적인 인종주의적 낙인에 의해 폭탄이 터지듯 쉽사리 폭발할 수 있다. 우리는 정체성을 지키고자 하는 행동 양식을 타고났다. 거듭해서 침해를 겪는 사람들은 그 도화선이 훨씬 더 짧다.

《폭력Violence》의 저자인 제임스 길리건James Giligan은 중범죄 교도소 수감자 2,500명을 면담했다. 그들 대부분은 살인죄로 수감되어 있었다.[4] 살인을 할 수밖에 없다는 느낌이 들었던 이유를 물었을 때, 수감자 대다수는 "나를 멸시했기 때문이지요."라고 대답했다. 우리가 입는 정체성 침해는 심장에 입은 총상과 같다.

우리가 스스로 자신의 가치를 확신하지 못하는 한, 정체성에 대한 이러한 공격들을 개인의 문제로 받아들이게 되어 우리의 시초 반응에 의존하게 될 것이다. 도망가지 않을 경우, 우리는 복수하려 한다. 우리는 인간이고 상처받기 쉬워서 쉽게 가해자가 될 수 있다.

*

정체성에 대한 공격을 받을 때 우리 내면에는 어떤 일이 일어날까? 정체성의 양상에 대한 우리의 사고방식을 살펴보는 것이 이해를 도울 것이다.

19세기에 철학자이자 심리학자인 윌리엄 제임스William James가 우리에게 두 가지 속성이 있다는 견해를 제시했다. 그리고 거기에 각각 "주격 나I"와 "목적격 나Me"라고 이름을 붙였다. (이하 본문에서는 I와 ME로 표기한다.-편집자)[5] 그는 나머지 다른 속성인, 세상과 끊임없이 전투를 벌이는 Me를 이해할 수 있는 역량을 지닌 우리 내면의 영속적인 존재를 생각해 냈다. Me는 타인과 상호작용을 하면서 느끼고 체험하는 우리 안의 순간적 존재이다. 우리 존재의 핵심을 공격받았을 때 일어나는 현상을 이해하는 데 그 두 속성이 수행하는 중요한 역할을 보여 주기 위해 나는 제임스의 I와 Me에 대한 구분을 존엄 모델에 적용했다. 아래 이야기는 두 속성이 작동하는 방식을 설명해 준다.

얼마 전 어떤 식당에서 있었던 일이다. 만나기로 한 친구들을 기다리는 사이에 나는 판매대로 가서 아이스티를 주문했고, 바텐더에게서 아이스티를 받은 즉시 값을 치렀다. 친구들이 도착했고, 그들 역시 마실 것을 주문했다. 나는 우리가 막 떠나려던 참에, 영수증을 보고 바텐더가 내 아이스티 가격을 두 배로 결제했다는 사실을 알아차리고서 그의 잘못을 지적했다. 그는 나를 빤히 바라보고는 두리번거리더니 내 손에 있던 영수증과 신용카드를 낚아챘다. 그러고는 발끈 화를 내고 씩씩거리며 결제를 다시 하러 금전등록기 쪽으로 향했다. 나는 속으로 말했다.

'기분이 좋지 않아. 더구나 내가 이런 대우를 받아야 할 이유도 없고……. 항상 있는 존엄 침해 상황일 뿐이야.'

실수한 것은 내가 아니라 그 사람 자신이라고 쏘아붙이고 싶은 충동이 일었다. 하지만 내가 할 수 있는 거라고는 자제하는 것이 전부였다. 그래서 나는 그가 돌아왔을 때, 새 영수증을 받아 서명을 하고 고맙다고 말한 다음 그냥 걸어 나왔다.

위기일발이었다. 나는 비난을 퍼부을 수도 있었다. 공격 반응 fight reaction은 강렬했는데, 왜냐하면 그가 보인 모욕적 대응에 억울함을 느꼈기 때문이었다.

"실수를 저지른 사람은 그 사람이었어. 그는 내게 사과를 했어야 마땅해. 그런데 그 대신 멍청이처럼 굴었단 말이야."

그것이 내 의식 내면에서 일어난 대화였다. 다른 속성(내 존엄을 유지하기 원하는 속성)은 내가 냉정을 잃음으로써 존엄을 위태롭게 할 거라고 지적하면서 화가 난 나를 진정시켰다. 나는 둘 다 똑같이 나의 본모습인 자아의 두 속성 간에 벌어진 싸움에 사로잡혀 있었다. 나의 Me는 비난을 퍼붓기 원했지만 나의 I가 승리를 거두면서,

그 바텐더의 존엄뿐 아니라 나 자신의 존엄 또한 침해하지 않도록 구해 주었다.

*

이제 제임스가 만든 틀을 정체성에 적용하여 정체성이 손상될 때면 우리 모두가 벌이게 되는 내면의 전투에 어떤 식으로 이름을 붙이는지 살펴보겠다.

나는 Me를 우리 인식의 외부에서 기능할 수 있는 우리 자신의 속성이라고 간주한다. (진화의 유산 덕분에) 타인들에게 받아들여지고 싶은 욕구에 내몰려 Me는 그 가치를 외적으로 확인받고자 한다. Me는 칭찬이나 찬사를 받지 못하면 스스로에 대해 자신감을 갖지 못한다. Me는 타인의 평가나 비판에 상처받기 쉬워 스스로를 방어하고 보호해서 자신의 존엄에 대한 위협에 대응한다.

Me는 타인에게 의혹을 품고 있어서 그들이 나에게 손해를 입힐 수 있다는 잠재성을 인식하고 있다. 우리가 Me 속성에 머물러 있을 때, 우리 내면세계는 자아에 대한 걱정으로 압도된다.

"나는 충분히 훌륭한가? 나는 타인들과 어떻게 비교될까? 나는 환영받을 만한가?"

타인을 평가하면서, Me는 대체로 비판적이고 삐딱하다. 끊임없이 타인을 비하할 방법을 찾는데 그래야 자신이 유망해 보이기 때문이다. 누군가 우리에게 찬사를 보내거나, 우리가 어떤 일을 잘했다고 인정하면 Me는 기분이 좋다. 칭찬이건 비판이건 어느 편에도 Me는 대응한다. 하나는 갈망하고 나머지 하나는 극도로 싫어한다.

Me는 타인과 갈등을 빚는 속성이기도 하다. 누군가 우리에게 상처를 입히면 보복하고 싶어 한다. 앙갚음하고자 한다. 복수하고 싶은 욕구는 문제를 일으키는데, 우리는 비난을 하거나 보복을 함으로써 결국 우리뿐 아니라 타인의 존엄까지 침해하고 끊임없는 갈등의 나락으로 굴러떨어지기 때문이다.

자아의 다른 부분 역시 Me와 마찬가지로 우리 안의 본질적인 모습이다. I는 자신의 중요성과 가치가 협상의 대상이 될 수 없다는 것을 잘 알고 있다. I는 외부 요인들로부터의 인정을 필요로 하지 않는다. I는 우리가 누구인가에 대한 영속적인 측면이다. I의 존엄은 절대적이기 때문이다.

우리가 I에 머무를 때는 선한 자아와 악한 자아 같은 게 존재하지 않는다. I는 인류의 일부, 삶 그 자체의 일부가 되는 우리 존재 덕분에 자신이 중요하고 가치 있는 사람이 된다고 여긴다. I는 인정을 필요로 하지 않는다. 그 자체로 존재하는 것이다. 어떤 이들은 I가 우주의 모든 것들에 연결된, 자아의 영적 측면, 즉 자연과 인간 존재의 기적적인 부분이라고 말한다.

우리가 I에 중심을 둘 때, 세상은 경이롭다. 우리는 우리 자신과 타인들, 우리를 둘러싼 수많은 요소들에 이르는 모든 것을 궁금해한다. 우리는 기뻐하고, 창의적이고, 개방적이며 평화롭다. 우리는 타인들과 연결된다는 것이 자연스러운 상태라는 사실을 인식한다. 일단 우리가 I에 견고하게 뿌리를 내리면, 타인들이 우리를 기분 좋게 하는 데 필요해서가 아니라 우리가 타인에게 관심을 갖기 때문에 그들이 우리를 어떻게 느끼는지에 관심을 갖게 된다.

I에 중심을 둘 때, 우리는 칭찬이나 동의를 추구하지 않는다. 그

대신 우리는 마음을 터놓고 삶을 의미 있게 하고자 한다. 우리는 자기 회의에 얽매이지 않고 우리 자질을 잘 활용할 수 있는 방법을 자유롭게 탐구한다.

Me가 위협당하거나 손상을 입을 때 I는 우리를 안정되게 유지해 준다. 존엄이 침해될 때 우리가 늘 도망갈 수 있는 것은 우리 내면의 그 부분이다. I는 Me가 우리를 공격하는 사람에게 보복하고 싶어지지 않도록 막는다. I는 Me보다 더 강하다. I는 어떤 사람이 우리를 아무리 심하게 대하더라도 보복하고자 하는 유혹을 저지할 힘, 그리고 존엄을 유지할 힘을 갖고 있다. I는 우리가 타인의 잘못된 행동이 우리의 행동을 결정하는 걸 원치 않는다는 사실을 잘 알고 있고, 또 배울 수 있다. 그리고 타인을 존엄하게 대하고 그로 인해 우리가 스스로를 강하게 한다는 사실을 잘 알고 있다.

존엄 모델은 I와 Me를 조화롭게 하고자 한다. 그 둘을 화해시키는 것이 우리가 첫 번째로 다룰 과제이다. 인간이기 때문에, 우리는 칭찬이나 동의에 대한 욕구가 없어지는 것을 기대할 수는 없다. 칭찬은 기분이 좋고, 우리 모두가 그것을 즐긴다. 또한 상처받을 때 우리가 고통을 느끼지 않기를 기대할 수도 없다. 우리는 I와 Me 사이에 통로를 만들어 Me가 상처받았을 때 I가 구조하러 와서 Me의 본능적이고 대체로 자기 파괴적인 충동들—비록 그 충동들이 자기 보호를 위한 것이라 할지라도—로부터 우리를 지켜야 한다.

우리에게는 본래 타고난 두 속성에 대해 잘 알게 되고 우리가 거기에 이름을 붙여 주고 그 둘을 화해시킬 때까지, 인간성의 일부인 Me를 의식에서 밀어내고 포기하려는 경향이 있다. 그렇게 함으로써 Me를 더 잘 알고 통제할 수 있다. 어떤 심리학자들은 우리 자아의 대결적 부분을 통합하는 것이 건강한 인간의 특질이라고 주장한다. 통합의 결핍은 내면에 혼돈과 경직을 가져온다.[6]

워크숍 참가자들에게 이 견해를 제시하면, 참가자들 다수가 자신을 주로 Me에 두고 있다고 말한다. 그들은 타인에게 멋져 보이고 싶어 하는 것과 타인과 자신을 비교하는 것에 내면이 얼마나 많은 주안점을 두고 있는지 깨닫는다. 우리들 대다수는 서로에게서 확인을 받고자 갈망하고 있으며 그것 없이는 가치가 없다고 느낀다. 우리는 I가 우리에게 줄 수 있는 존엄을 원하지만, 그것을 자신 외부에서 찾고 있다.

우리가 I이기도 하고 Me이기도 하다는 이 인식은 우리가 왜 그토록 쉽사리 타인과 갈등을 빚는지 이해하게 해 준다. 우리의 Me는 충돌을 일으키고, 심지어 우리 자신의 존엄을 희생시켜서라도 자신을 보호한다.

우리가 본래 우리 모습이면서 주로 대립하는 측면들인 이 둘을 끌어안는 법을 익히게 될 때, 궁극적으로 자연스럽게 상반된 감정이 공존하는 느낌을 갖게 될 것이다. 비난을 퍼붓기보다는 자제하는 것이 옳다는 것을 잘 알고 있을 때조차, 우리는 여전히 반격하고 싶은 욕망을 느낀다. 상처 입은 나의 Me는 자기 잘못을 내게 뒤집어씌우는 바텐더에게 호되게 퍼붓고 싶었다. 그의 존엄을 침해하고 그 과정에서 나 자신을 끌어내리면서 판매대에서 추태를 보일 수 있는 위험한 상황으로 갈 뻔했지만, 다행히 I가 전면으로 치고 나왔다.

우리는 두 부분이 실제로 존재하며 그렇기에 우리가 종종 상반된 감정이 공존하는 상태에 빠지게 될 것임을 잘 알고 있다. 파괴적인 생각을 갖는 것이 우리를 악인으로 만들지는 않는다. 그것은 단지 우리의 본래 모습에 두 개의 저항할 수 없는 모순된 측면이 있다는 것, 그리고 많은 경우 그 둘을 화해시키는 것이 어렵다는 것을 의미할 뿐이다. 하지만 약간의 지식만으로도 우리는 I를 더욱 강화하고 옳은 선택을 할 수 있다.

상처를 입게 되면 상처를 입힐 가능성 또한 있다는 사실을 인식할 때, 우리는 상반된 감정의 공존 상태에 자신을 놓을 수 있을 뿐 아니라 겸손해질 수도 있다. 자신이 칼이나 혀로 상처를 입힐 수 있다는 사실을 알게 됨으로써 우리는 타인이 상처를 입히는 것을 볼 때 자만하지 않게 된다.

라미가 존엄에 대한 공격에 대처했던 모습을 돌아볼 때, 비록 상처를 입어 자신의 환경에 대해 불만이 생겼음에도 불구하고(그의 Me는 분명히 손상을 입었다.) 그는 자신의 I가 자신의 행동을 관리하게 함으로써 자신의 존엄을 유지했다는 것을 알 수 있다. 그는 상처를 개인의 것으로 받아들이지 않았다. 그는 자신의 존엄이 타인의 손에 달려 있지 않다는 것을 이해한 드문 젊은이였다. 그는 타고난 가치를 결코 잃지 않았던 것이다.

2장
소속감

나의 가족, 지역사회, 조직,
혹은 국가에 속해 있는가 아닌가와 무관하게
혹은 나와 어떤 관계를 맺고 있는가와 무관하게
사람들로 하여금 소속되어 있다는 느낌을 갖게 하라.

내가 위스콘신 주 매디슨을 떠난 것은 완성된 논문을 대학 학적 담당계에 제출하고 며칠이 지난 1991년 9월이었다. 그곳에서 강한 공동체 의식, 좋은 친구들, 그리고 그 지역의 아름다운 자연(매디슨은 다섯 개 호수 사이에 자리 잡고 있다.)과 함께 풍요로운 삶을 꾸리며 15년을 보낸 후였다. 떠나는 것이 힘들었던 이유는 내가 가능하리라고 생각했던 것 이상으로 멋졌던 삶에 작별을 고해야 했기 때문이다. 나는 공동체가 나를 인정하고 지지하고 존중하고 사랑한다는 느낌을 받았다. 나는 소속되어 있었던 것이다.

하지만 나를 끌어당기는 강력한 힘이 매디슨이 내게 전해 준 무제한의 안전과 소속감을 버리게 했다. 하버드 대학에서 국제분쟁 분야에서 세계적으로 인정받는 전문가인 허버트 켈먼과 함께 연구할 수 있는 박사 후 연구 장학금을 제공받았던 것이다. 짐을 가득 실은 트럭에 몸을 싣고 진입로를 빠져나올 때, 나는 시선을 똑바로 전면에 고정해야 한다는 것을 깨달았다. 라디오를 켜고, 백미러로 마지막으로 한 번 보고 싶은 충동과 싸웠다. 선글라스를 쓴 다음, 나는 동행 중인 친구에게 물었다.

"우리가 지금 어디로 가는지 잘 알지?"

그해 초봄 국제분쟁 해결 분야의 현장 실습을 위해 어디서 일해야 할지 켈먼 교수에게 조언을 구했던 결과에 누구보다 놀란 사람은 바로 나였다. 켈먼 교수를 일 년 전 한 회의에서 만났고, 갈등 해결에 대한 그의 심리학적 접근 방식에 매혹되었다. 대학원 시절, 나는 갈등의 심리학에 대해, 그리고 사람들을 서로 죽이도록 몰아가는 요인에 대해 좀 더 알고 싶었다. 당시는 국제 관계 분야에서 갈등의 심리적 측면에 관심을 가진 사람이 거의 없었다. 지배적인 정서는 그것을 거들떠보지 않는 것이었고, 심리학이 국제 문제에서 중요한 역할을 수행한다고 믿는 사람들은 대체로 소외되었다. 켈먼 교수는 우리의 내면세계에서 일어나는 일들이 중요하다고 당당히 주장하는, 지적 위엄은 물론이고 저돌성까지 갖춘 몇 안 되는 사람 가운데 한 명이었다.

전화 통화에서 박사 후 연구원의 선택권들을 소개한 뒤 켈먼이 결정적으로 말했다.

"아, 도나. 그 조건들이 전혀 확보되지 않더라도, 언제라도 여기에 와서 함께 연구할 수 있습니다. 이곳에는 정기적으로 모임을 갖는 세계 곳곳에서 온 대학원생들과 박사 후 연구원들이 있어요. 모두 내 방법론을 연구하고 있지요. 당신이 오면 기꺼이 환영할 겁니다."

나는 예기치 못한 제안에 깜짝 놀랐다. 무어라 대답했는지 기억 나지 않지만 그러겠다고 답변했던 것만은 틀림없다. 조교가 연구원 관련 정보를 보내 줄 것이라고 켈먼 교수가 말했다. 나는 전화를 끊고 멍하게 방 안을 서성거렸다.

캠브리지에 도착해 아파트로 이사를 하고 나서야 공포가 시작되었다. 이사의 흥분에 사로잡혀 있느라, 고향 같은 분위기에서 떨어져 나와 미국에서 가장 뛰어난 지적, 문화적 공동체 한복판에 홀로 있게 되는 기분이 어떨지 상상하지 못했던 것이다. "내가 속한 계급에서 벗어나" 있게 되는, 두려워하던 그 느낌이 재현될 거라는 생각 또한 하지 못했었다. 나는 뉴욕 주 북부 시골 지역에서 생계를 연명하느라 허덕이는 가정에서 자랐다. "시골뜨기"가 친구들이 장난 삼아 나를 부르던 별명이었다. 나는 내 계급 배경을 잘 알고 있었고, 혜택 속에서 자란 사람들 속에서 종종 열등감을 느꼈다. 일곱 살에 집을 떠난 후로, 피할 수 없는 질문("아빠가 무슨 일 하시니?")을 받는 게 겁났다.

이제 이곳에서 나는 또다시 경계 밖에 서 있었다. 어떻게 내가 하버드에 소속되었다고 느낄 수 있었겠는가? "밑도는" 존재라는 느낌 때문에 달아나고 싶었다. 나는 비록 달아나지는 않았지만, 심리학과에 가서 켈먼 교수에게 내가 도착했다는 사실을 알리는 걸 미루기로 했다. 대신에 나는 체육관에 가기로 맘먹고 옷가지와 우산을 챙겨 들고서 퍼붓는 빗속을 1마일쯤 걸었다.

머리에서 발끝까지 흠뻑 젖은 채로 도착하자마자 탈의실이 어디인지 물었다. 그때 누군가가 본인 자물쇠가 있어야 한다고 알려 주었다. 빗물을 뚝뚝 떨어뜨리면서 운동 가방과 우산을 든 채 거기서 있는데 울음이 터질 것 같았다. 매디슨이, 내 오랜 친구들이, 정든 내 아파트가, 그리고 내가 소속되어 있음을 알게 해 주는 안전함이 필요했다.

내가 돌아서서 나가려고 했을 때, 한 여성이 내 팔을 붙들었는데, 내 곤란한 처지를 알아챈 게 분명했다. 그녀가 말했다.

"저기…… 가지 마요. 내 라커를 같이 써도 돼요. 열두 시 에어로빅 시간에 맞춰 온 거죠?"

나는 고맙다고 말하고 그러겠다고 했다. 우리는 옷을 갈아입으면서 간단한 대화를 나누었다. 내가 심리학과의 켈먼 교수와 박사 후 연구 작업을 시작할 거라고 말하자, 그녀가 잠시 말을 멈추고 물끄러미 바라보더니 말했다.

"당신, 도나 힉스군요?"

도저히 믿기지 않는 느낌으로 나는 고개를 끄덕였다. 함박웃음을 지으며 그녀가 말했다.

"내 이름은 아리엘라 배어리. 켈먼 교수의 대학원생이에요. 우린 당신을 기다리고 있었어요."

그 후로 나는 단 한 번도 소속되지 않았다는 느낌을 받지 않았다. 그날 아리엘라의 친절과 환대가 내게 준 충격을 제대로 전달할 수가 없다. 그녀를 만나는 순간 고립감, 내가 무능하다는 생각, 큰 실수를 했다는 두려움이 사라지기 시작했고, 그것은 내가 켈먼의 PICAR(Program on International Conflict Analysis and Resolution, 국제분쟁 분석과 해결 과정) 그룹에 속한 나머지 학생들을 만나면서 계속해서 없어졌다. 그들은 나를 가족처럼 대했다. 허버트 켈먼과 아내 로즈가 모두에게 그렇게 대했다는 것이 진실이다. 우리는 모두 그들과

한 무리가 되었고, 하버드 대학이라는 더 큰 세계 안에서 그들이 우리에게 피난처가 되어 주었다.

켈먼의 관대함과 PICAR 그룹 모든 성원들의 전반적인 친절함 덕분에 소외되고 배제될지 모른다는 두려움이 급속히 가시기는 했어도, 하버드 생활은 여전히 벅찼다. PICAR의 일부가 되는 것이 내가 소속되어 있다는 느낌을 회복하는 데 도움이 되었지만, 도전은 한동안 남아 있었다.

그 초기 시절을 돌아볼 때면, 유복한 다수의 백인들 또는 훨씬 더 분명하고 뚜렷한 배경을 가진 사람들과는 전혀 다른 배경을 가지고 하버드에 오는 사람들은 어땠을지 궁금해진다. 나는 여러 가지 이유로 "통과"할 수 있었는데, 내가 피부색이 흰 유럽계 미국인처럼 생겼다는 것도 적잖게 기여했다. 나는 내가 소속되지 않은 느낌, 나를 구성하는 요소에서 벗어나 있다는 느낌을 감출 수 있었다. 그런데 만약 내가 흑인이나 라틴계, 혹은 다른 어떤 권리를 빼앗긴 소수 집단의 성원이었다면 어땠을까? 그들이 하버드에 도착한 느낌은 어떨까? 만약 그들이 어떤 것이든 나와 같은 체험을 한다면, 자신과는 매우 다른 다수 집단이 압도하는 어떤 곳에 걸어 들어가는 것이 쉽지 않을 것이다. 어울린다는 것은 결코 사소한 일일 수 없다. 나는 하버드에서 수년을 보내고도 소속감을 결코 느끼지 못하는 사람들을 알고 있다. 그들의 경험 속에는 아리엘라와 같은 사람들이 없었던 것이다.

나는 또한 이 나라에 들어오는 이민자들은 어떤 느낌일지 궁금하다. 내 어머니는 학교에 들어가기 전까지 영어를 할 줄 몰랐던 폴란드계 미국인 첫 세대이다. 어머니의 부모님들이 이 나라에 도착한 것은 열여섯 살 때였다. 나는 어머니의 가족이 남들보다 뒤떨어지고 열등하다는 느낌으로 어떤 고통을 받았을지 잘 안다. 어머니의 부모님들은 농장에서 열심히 일하면서 빈곤선을 밑도는 수입으로 열여섯 자녀를 키우느라 애를 썼다. 가끔 나는 그분들이 그렇게 많은 아이들을 가졌던 것이 소속감의 상실을 보상받으려던 게 아니었을까 생각해 본다. 그들은 자신들만의 공동체를 만들어 내려 했던 건 아니었을까?

이 나라에 온 이민자들이 적당한 일자리를 찾고 경제적으로 그럭저럭 꾸려 나가면서 지역사회에 동화되어 가는 것처럼 보일지라도, 그들이 내면에서 어떻게 느끼는지는 별개의 문제이다. 돈으로는, 소속되고자 하고 받아들여짐으로써 생겨나는 안도감과 안전함을 느끼고 싶어 하는 인간의 근본적인 갈망을 만족시키지 못한다. 이 나라에서 이민이 취급되는 방식을 생각하면, 즉 이민 정책에서뿐만 아니라 이민자에 대한 대우에서도 마찬가지로 부재한 기본적인 인간의 품위(와 존엄)에 대해 곰곰이 생각해 보면 힘 있는 지위에 있는 사람들이 어떻게 밤에 잠이 올 수 있는지 궁금해진다.

자식들과 고향에 남은 가족들의 삶을 개선해 보고자 사랑하는 이들과 익숙한 모든 것들을 뒤로한 채 떠나온 이민자들이 느낄 감정의 상처에 대해 잠시 생각해 보자. 이 나라에 도착했을 때 흔히 그렇듯, 뒤떨어진 사람들로 취급되는 상황에 맞닥뜨릴 수밖에 없는, 그들이 겪을 상실감을 상상해 보자. 그리고 거기에 갈색 눈동자를 가진 아리엘라가 이렇게 말을 걸어 준다면 어떨지 잠시 생각해 보자.

"환영해요. 우리는 당신을 기다리고 있었어요."

3장
안전

두 측면에서 사람들을 안심시키라.
먼저 물리적 차원에서.
그래야 신체적 피해로부터 안전하다고 느낀다.
다른 하나는 심리적 수준에서.
그래야 모욕당하지 않을 거라는 안전함을 느낀다.
사람들이 보복에 대한 두려움 없이 자유롭게 이야기할 수 있게 하라.

남편 릭과 함께 새 친구의 집에 초대를 받은 적이 있다. 그들의 아이 가운데 가장 어린 세스(가명)의 일곱 살 생일을 축하하는 저녁 식사 자리였다. 우리가 진입로로 들어설 때, 아이들 여남은 명이 넓은 뒷마당에서 축구를 하고 있는 모습이 보였다. 집과 정원이 아름다웠는데, 친구들이 조경에 시간과 노력을 들이고 있음을 알 수 있었다. 훈훈한 저녁이어서 파티를 실외에서 하기로 했다. 저녁 식탁은 작은 백색 전구들을 매단 커다란 단풍나무 아래 차려졌다.
차에서 내리기 전에, 우리는 아이들이 노는 것을 지켜보면서 잠시 그대로 앉아 있었다. 아이를 가질 수 없었기 때문에 우리 둘 다 그 같은 순간에는 약간 생각에 잠긴다. 잠시 후, 아이들을 물끄러미 바라보며 남편이 말했다.
"저 사람들은 모든 걸 다 가졌지?"
우리는 안뜰의 어른들과 합류했다. 집주인인 마고와 톰(둘 다 가명이다.)이 우리를 따뜻하게 환영해 준 다음 다른 손님들에게 소개했다. 대부분 세스 친구들의 부모였다.
마고가 저녁 식사 준비가 거의 다 되었음을 알리자, 릭과 나는 음식을 밖으로 나르는 것을 돕겠다고 나섰다. 세스가 숨이 차게 주방으로 달려 들어오더니 눈물을 참지 못하고 쏟아 냈다. 톰이 쳐다보며 말했다.
"무슨 일이니? 왜 우는 거야? 아이처럼 말이야."
세스가 울음을 터뜨리며 엄마 품으로 달려들었다. 그러면서 친구들 중 하나가 자기가 골을 넣지 못했다는 이유로 다른 아이들 앞에서 자신에게 고함을 쳤다고 말했다.
톰이 마고에게 말했다.
"걔를 어린애 취급하지 마."
"무슨 말이에요? 애가 속상해하고 있는데."
톰이 마고 쪽으로 걸어가, 얼굴을 바짝 갖다 대며 말했다.
"당신이 애를 계집애처럼 만들었어. 속이 상했는데 어쩌라고? 걘 더 강해져야 해. 무슨 일이 생길 때마다 당신한테 달려올 수는 없단 말이야."
마고는 양손을 허리에 얹고 씩씩거리며 톰에게 말했다.
"잘못된 게 뭔지 말해 줄게요. 잘못된 건 당신이에요. 감히 나한테 그런 식으로 말하지 마요."

마고는 쏜살같이 주방에서 나가 버렸다.

톰이 고개를 돌려 세스에게 말했다.

"다른 아이들한테로 돌아가거라. 마마보이 짓은 그만둬."

세스는 턱을 떨구고 양팔로 얼굴을 감싸 눈물을 닦으며 주방을 나갔다. 톰이 어색하게 웃으며 우리에게 말했다.

"사소한 망신거리는 늘 일어나지요."

그는 음식 접시를 들고 안뜰로 향했다.

릭이 나를 보며 말했다.

"겉모습은 절대 믿지 마."

*

이 이야기는 존엄의 필수 요소인 안전에 대한 침해가 어떤 모습으로 나타나는지 보여 준다. 특히 세스의 심리적 안전이 위기에 처했다. 세스는 이중으로 타격을 받았다. 아이는 골을 넣지 못했다는 이유로 친구 중 한 아이가 자신에게 고함쳤을 때 공개적으로 모욕을 당했고, 그것으로 분명히 이미 마음이 상했을 것이다. 실수에 관심이 집중되자 골을 못 차는 것은 훨씬 더 심해져 결국 경기를 중단하기에 이르렀다. 알다시피, 도피는 모욕을 받은 상태에서 보이는 전형적인 반응이다. 하지만 세스는 그가 필요로 했던 보호와 응답을 받지 못했다. 대신에 그 아이는 다시 한 번 타격을 받았다. 아버지는 아이를 계집애 같다고 꾸짖었고, 더구나 다른 사람들 앞에서 그랬다. 타인들 앞에서 누군가에게 모욕을 주는 건 치명적일 수 있다.

나오미 아이젠버거Naomi Eisenberger와 매튜 리버만Matthew Lieberman

이 수행한 연구 결과가 보여 주는 것처럼, 심리적으로 손상을 입을 때 우리 뇌에서 활성화되는 영역은 우리가 신체적으로 손상을 입을 때 활성화되는 것과 같은 영역이다.[1] 우리는 아이가 팔이나 다리가 부러질 경우 아이를 급히 응급실로 데려가는 것에 대해 두 번 생각하지 않을 것이다. 몸에 입은 상처의 아픔과 고통은 바로 확인이 된다. 마음이 상처를 입었을 때, 자존감에 손상이 가해졌을 때, 세스의 경우에는 그 상처를 돌보기 위해 갈 곳이 어디에도 없었다. 엄마에게 달려가는 것은 그 아이의 최선의 선택이었다. 하지만 세스에게 그랬듯, "강해지라"고 "마마보이 짓을 그만두라"고 꾸짖음을 듣는 것은 내면의 상처를 키우고 곪게 하여 그 아이의 자존감을 훼손한다. 우리 인간은 고통받는 것에 대해 공감을 필요로 한다. 그리고 그것을 얻지 못할 때, 우리가 불행을 겪어 마땅하다 생각하고 싶은 유혹이 저절로 따라온다. 안전에 대한 욕구와 상처받기 쉬운 취약함은 복잡한 관계로 함께 연결되어 있다.

부모가 서로에게 고함치는 모습을 보는 것 역시 아이의 안도감을 훼손하고, 존엄을 해치는 행동의 원형이 된다. 유감스럽게도, 부모는 둘 다 서로에게 상처가 되는 말들을 하면서 그것을 당연시했다. 각자가 상대가 틀렸다고 느꼈다. 자신이 옳기를 바라는 우리의 욕구는 서로에게 심리적 상처를 입히는, 즉 상대의 존엄을 침해하는 강력한 자극이 된다. 독선적인 분개는 좋지 않은 행동을 정당화하는 데 너무 빈번하게 사용된다.

뉴욕 리버사이드 교회의 목사 윌리엄 슬론 코핀William Sloan Coffin이 라디오에서 인터뷰하는 걸 들은 적이 있다. 그는 독선은 자기 비판의 여지를 남기지 않기 때문에 재앙이라고 말했다. 몹시 흥분한 상태에서 톰이나 마고 누구도 자신의 행위를 되돌아보지 않았다. 그들은 둘 다 자신의 공격 본능에 압도되었다. 그들의 Me는 전투에 돌입했다. 그들의 반발이 너무 강해서 친숙한 친구가 아니었던 다른 어른들은 그들을 저지하지 못했다.

톰과 마고는 나쁜 사람들이 아니다. 그들은 선의를 가졌고 둘 다 막내 아이에게 최선을 다하고 싶어 한다. 하지만 다른 수많은 사람들과 마찬가지로 그들은 이러한 경우, 특히 긴장된 환경에서 서로의 존엄과 아이의 존엄을 본능적으로 침해하는 스스로의 맹점을 잘 모른다.

톰과 마고가 아이의 긴급 상황에 품위 있게 대처했더라면 어떤 모습이었을까? 마고는 제대로 가고 있었다. 그녀는 세스가 친구들 앞에서 창피를 당한 게 얼마나 상처가 되었을지 공감했다. 공감하고 나서 그녀는 아이에게 너는 멋진 소년이라고, 친구가 감정을 분출한 것이 너한테 문제가 있다는 의미로 받아들여서는 안 된다고 상기시켜 줄 수 있었다. 친구가 화가 난 것은 팀이 경기를 이기지 못했기 때문이고, 그게 전부였다. 세스는 골을 넣지 못했고, 그것은 누구라도 할 수 있는 실수였던 것이다.

세스가 그 사건을 재해석할 수 있게 해 주는 데 성공했다는 확신이 든 다음에는, 아이가 다시 돌아가 놀 수 있도록 용기를 북돋아 줄 수 있었을 것이다. 마고는 친구들에게 가서 골을 놓쳐서 미안하다고 얘기하도록 세스를 격려할 수도 있었을 것이다. 그도 경기를 이기고 싶었던 것이니까.

나이와 상관없이 사람들 대부분은 그 같은 말에 긍정적으로 반응한다. 바로 이것이, 심지어 상처를 입힌 사람조차 상대의 경험에 공감하는 길이다. 피해자 또한 그 상황에 대한 견해를 갖고 있다는 것, 그리고 피해자 자신이 이제 더 이상 상처받고 있지 않다는 것을 볼 수 있는 능력을 갖게 되는 길이다. 공감의 몸짓은 가해자가 의무에서 벗어나게 해 주지는 않을지라도, 피해자에게 자신의 상처 입은 존엄을 회복해서 자신의 견해가 상대의 경험을 포용할 수 있도록 마음을 터놓을 기회를 준다.

톰이 어릴 때 심한 망신을 당했다는 것을 알아차리는 건 어렵지 않다. 톰의 아버지 역시 아마도 그에게 창피를 주었을 것이고 그에게 강해지라고 했을 것이다. 이것이 우성 유전자처럼 무지와 고통이 전해 내려온 방식이다. 오래된 유년 시절의 상처들은 거기서 회복되는 데 필요한 도움을 얻지 못하는 한 우리에게 맹점을 만들어 낸다.

톰의 맹점은 참을 수 없는 수치심이 아이에게 어떻게 작용할 수 있는지 모른다는 것이다. 그는 살아남기 위해 오래전에 수치심에서 고통을 따로 분리시켜 생각하게 되었다. 어떻게 하면 아이의 존엄을 침해하지 않을 수 있는지에 관한 약간의 교육만으로도 양육뿐 아니라 자기 인식 측면에서도 톰을 도울 수 있었을 것이다. 어쩌면 톰이 성장하면서 극단적 수치심이 자신에게 미치는 영향을 이해할 수 있었을지도 모른다. 모욕적 대우에 대한 초기의 흔적—먼 유년 시절 고통스럽게 창피를 당한 기억들—은 일생 동안 끊임없이 우리 자신과 우리가 타인과 맺는 관계에 영향을 미친다. 우리가 그것을 인식하지 못하고, 그로부터 치유받지 못하고, 그것이 우리 행위를 결정하지 못하게 의식적으로 판단하지 않는 한, 우리는 끊임없이 타인에게 상처를 입히면서 그들과 우리 자신의 존엄을 위험에 빠뜨리고 우리의 모든 관계를 위협할 것이다.

*

　존엄과 모욕적 대우에 관한 초기의 흔적들은 우리가 소중하고 가치 있는 사람이라는 인식을 발달해 나가는 데 근본적인 영향을 미친다. 상처받기 쉽고 행복에 대한 감각을 타인에게 의지하는 유년 시절에는 미숙한 존엄의 발전을 위해 우리는 돌봐 주는 사람의 지속적인 사랑과 관심을 필요로 한다.[2] 만약 그 반대의 것, 예컨대 무수한 형태의 학대와 방치를 경험한다면, 우리는 삶을 우리가 지닌 가치에 대한 의혹으로 시작한다. 우리가 선하고 소중하고 사랑스럽고 가치 있는 사람이라는 감각을 키우는 대신, 우리 내면세계는 무능하고 불길하다는 감각, 결함이 있다는 두려움에 지배당하게 된다. 자신에 대한 의미를 형성하는 초기의 이러한 어린아이 같은 방식은 깊이 새겨져 성인이 되어서도 지속된다. 생의 초기에 일어난 일들에 대한 어린아이 같은 이해력을 성인의 관점으로 바꾸는 데 필요한 노력을 하지 않는 한, 우리는 자기 회의에 사로잡힌 채 끊임없이 자신의 가치를 확신하지 못하는 상태로 남아 있게 될 것이다.[3]

　아이들을 어떻게 대하는가가 중요하다. 아이들의 두뇌는 부단히 발달하는 상태이기 때문에 학대와 방치에 상처 입기 쉽다. 정신과 의사이면서 신경과학자로도 훈련을 받은 아동 트라우마 전문가 브루스 페리Bruce Perry는 학대받고 방치된 어린 시절이 아이들의 두뇌 발전과 삶의 질에 미친 영향에 대한 연구 결과를 보고했다.[4] 그는 아이들이 아무리 큰 고통을 받더라도 회복력이 있고 되살아난다는 잘못된 신화의 정체를 폭로한 최초의 연구자들 가운데 한 명이다. 치료가 진행될 때 심적 외상을 입은 아이들은 우울증이나 불안

장애에 대해서는 종종 약물 치료를 받았지만, 그들이 겪은 일들은 등한시되었다. 페리는 자신의 신경과학 지식 및 트라우마가 정상적인 두뇌 발전에 미치는 영향에 입각한 혁신적 치료 프로토콜을 개발하는 일에 몰두했다. 확실히, 그가 돌봐 온 아이들 대부분은 가혹한 학대와 방치로 고통을 받았는데(아이들은 강간을 당하거나 부모 중 한 사람이 살해되는 것을 목격하기도 했다.) 그는 그 아이들의 체험으로부터 우리가 일반적으로 아이들의 심리적 욕구에 관해 엄청나게 많은 것을 배울 수 있다고 말한다.

비록 그러한 심리적 트라우마로 고통을 받지는 않았다 할지라도, 우리들 대부분이 유년기의 심리적 발육기 시절에 존엄에 가해지는 손상을 체험했다. 인간의 감정 세계의 허약함에 대해 무지가 만연해 있기 때문에 우리가 받거나 가한, 특히 보살핌과 애정 어린 관심을 필요로 하는 아이들에게 가한 심리적 상처가 지속적으로 미치는 영향에 대해 이해력이 발달해 있는 사람은 극히 소수에 불과하다.[5]

자신이 가치 있는 사람이라는 아이들의 인식은 일찍이 자신을 돌봐 주는 사람들이 자신을 대한 방식에서 비롯된다. 만약 자신의 존엄이 존중되기보다는 침해된다면, 아이들은 자신의 가치에 대해 끊임없이 의심하는 상태로 살아갈 것이다.

분명히 해 두자. 행동이 타인에게 미치는 영향에 대해 우리가 무지할 때, 우리 문화가 그러한 무지를 지속시키고 용이하게 한다면, 우리는 부지불식간에 서로에게 상처를 입히게 될 것이다. 설사 상처를 입히고 있다는 사실을 안다고 할지라도, 행동을 바로잡을 명확한 사회적 기준이 부재한 상태에서 우리는 지속적으로 상처를 입힐 수 있다. 무지와 부인의 상호작용, 감정의 트라우마에 대한 공개적 논의를 거부하는 사회적 금기 때문에 우리 모두가 어린 시절에 일정한 침해를 겪는 것은 당연한 일이다. 그리고 아이들의 존엄 침해에 대해 책임을 져야 하는 돌보는 사람들이 그러한 침해에 대해 알지 못하거나 존엄에 대한 감각을 어떻게 키워야 할지 무지한 것 또한 당연한 일이다.

여기서 중요한 것은 우리가 경험한 존엄 침해를 인식하는 일이다. 그것을 인식한다는 것은 거기에 이름을 붙이고, 타당성과 유효성을 부여하는 것이다. 그것은 치유를 향한 첫걸음이다. 제니퍼 프레이드 Jenifer Freyd가 지적하듯, 문제는 우리를 돌봐 주는 사람들에 대한 강렬한 믿음인데, 특히 그들이 부모일 경우 결코 그들이 선하지 않다고 볼 수는 없기 때문이다.[6] 만약 우리가 우리에게 가해진 상처, 타고난 가치에 대한 인식을 왜곡하는 상처를 인정하고 받아들이는 데 필요한 치유를 시작하고자 한다면, 이 믿음을 극복하는 일이 결정적으로 중요하다.

초기 경험을 검토하는 목적은 우리를 돌봐 주는 사람들을 비난하거나 상처 주려는 것이 아니다. 우리에게 일어난 일들에 대한 진실을 드러내는 것이 목적이며, 더욱 중요한 것은 우리가 가치 있는 사람이 아니라는 허위를 폭로하는 것이다.

모욕적 대우에 관한 초기 흔적들을 인식하게 되면, 우리가 성인으로서 맺는 관계에서 나타나는 취약성을 볼 수 있게 된다. 초기의 상처는 나중의 관계를 위한 배경이 된다. 만약 우리가 관계를 안전과 위안의 요인이 아니라 고통(존엄의 침해)의 원인으로 여긴다면 친교에 어려움을 겪게 될 것이다. 타인과 관계 맺기보다는 타인으로부터 우리 자신을 보호하는 일(시초 반응)에 몰두하게 된다.

어린 시절 경험들을 모욕적 대우와 결부시키는 목적은 나중에 우리가 맺는 인간관계에 문제가 생길 수도 있는 어떤 지점, 특히 우리가 부지불식간에 타인의 존엄을 침해하는 위험을 무릅쓸 수도 있는 어떤 지점을 보여 주려는 것이다. 생애 초기에 벌어진 존엄 침해는 많은 경우 우리가 타인에게 상처를 입히는 것을 무의식적으로 정당화하게 하는 맹점을 만들어 낸다.

이러한 초기 반응들에 더하여, 우리들 모두가 했던 경험들은 사회화의 가장 중요한 행위자들(부모, 교사, 종교 지도자)이 아이들에게 미치는 부정적 영향을 깨닫지 못하는 시기에 일어났고, 따라서 당연히 우리의 인간관계가 혼란스러울 수밖에 없다. 자라난 문화에 상관없이 한 인간이 받아 마땅한 대우라 할 수 있는 것에 대한 타인의 인식과 습관은 매우 조야한 수준이다. 우리가 가진 진화론적(유전적) 경향과 우리들 모두가 겪어 온 심적 외상을 입은 경험들의 결합은 건강하고 품위 있는 관계에 대해 배워야 할 많은 것들을 우리에게 남기고 있다.

유년기의 존엄 침해에 대해 인식하는 것이 중요한 만큼, 유년 시절을 통틀어 존엄이 존중되고 육성된 방식을 이해하는 것 또한 중요하다. 나는 사람들이 자신의 존엄이 어떻게 인정되고 존중되고 육성되었는지보다는 어떻게 침해되었는지에 대해 더 잘 인식하고 있다는 것을 발견했다. 고통스럽고 무시당했던 경험은 정당하게 대우받았던 것보다 명백히 더 오래가는 흔적을 만든다. 만약 우리가 무가치하다는 느낌으로 시작해서 있는 그대로의 우리 모습에 대해, 우리가 가치 있는 사람이라는 진실에 대해, 어린아이 같은 의미 형성 방식에 도전할 기회를 전혀 갖지 못한다면, 우리는 부지불식간에 살아가는 내내 왜곡된 믿음을 지닌 채 살아갈 수 있다. 생애 초기의 존엄에 가해진 감정적 상처는 반대의 증거가 있을 때조차 우리를 끊임없는 자기 회의 상태에 갇혀 있게 하는 엄청나게 큰 힘을 발휘한다.

최근에, 회사에 기여한 공로를 인정받아 신망 있는 직원 표창을 받은 한 남자에 대해 들었다. 누구에게 들어도, 그 상은 그의 존엄에 대한 명백한 긍정이었다. 하지만 그에게 상을 받은 것에 대해 어떻게 느끼는지 물었을 때, 그는 여전히 자신이 숫자처럼 느껴진다고, 자신은 있는 그대로의 자신의 모습을 진정으로 확인받거나 인정받지 못하고 있다고 말했다. 자신이 가치 있는 사람이라는 내면화된 믿음 없이, 그리고 일찍이 존엄에 흔적을 남긴 상처들이 씻기고 치유되지 않는 한 외부로부터 자신의 가치를 아무리 확인받고 아무리 많은 공감을 받는다 해도 그는 그 진가를 인정할 수 없을 것이다. 그의 존엄에 가해진 돌보아지지 않고 치유되지 않은 상처는 공감과 관심을 요구한다. 전문적인 도움—일정한 수준을 갖춘 전문 치료사나 상담사의 도움—의 필요성을 인정하는 것은 회복으로 가는 길에서 내딛는 첫걸음이다.

존엄 손상과 그로 인한 영향에 주의를 기울이는 것은, 유년 시절 우리의 존엄이 존중되었지만 잊혔던 모습에 대한 자각을 발현하도록 해 주는 것 같다. 아마도 특별한 이모나 삼촌, 교사나 이웃, 어쩌면 몹시 사랑했던 유년기의 애완동물이 인정하고 알아봐 주었을 것이다. 내 경험으로는 일단 내면의 상처를 돌보게 되면 사람들은 자신을 모독한 가해자들이 자신을 잘 대해 주었던 순간들을 기억해 낼 수도 있다는 것을 보여 준다. 그러한 경험들은 우리 존엄에 대한 침해 행위가 만들어 내는 압도적으로 부정적인 감정들에 묻혀 있었던 것이다.

우리 존엄에 가해진 치유되지 않은 상처가 지니는 부정적 힘은 우리를 자기 회의라는 냉담한 상태로 묶어 두고, 일단 우리 자신이 소중하고 가치 있는 사람이라는 사실을 알고 받아들이면 우리에게 재량권을 줄 긍정적 힘이 지닌 가치를 평가하지 못하도록 가로막을 수 있다. 앞을 향해 나아가기 위해, 안전하다고 느끼는 관계를 만들어 나가는 데 열려 있기 위해서 성장하고 발전하고 싶다면, 자기 보호 입장을 포기하고 싶다면, 우리는 존엄에 가해진 상처들을 돌보아야 한다.

4장
공감

사람들의 관심사, 느낌, 체험에 귀 기울이고 경청하며
그 정당성을 인정하고 응답하면서 그들에게 관심을 기울이라.

활동을 시작한 초창기에 국제회의에 갈 때면 나는 약간 거북함을 느꼈는데, 그것은 내가 얼마 되지 않는 여성 참가자 가운데 한 사람인 경우가 많았기 때문이다. 토론은 늘 남성들이 이끌었고 가끔은 발언하는 게 겁이 나기도 했다. 손을 드는 데는 굉장한 내면의 힘과 자신에 대한 설득 과정이 요구되고는 했다.

외교관에서 학자에 이르는 국제 문제 전문가들이 모이는 한 소규모 회의에 참석한 적이 있었다. 아마 서른 명쯤이었을 텐데 국제분쟁 분야의 가장 최근 이슈들을 검토하고 논의하기 위해 모인 자리였다. 회의를 소집한 조직에 소속된 한 중년 남성이 의장을 맡았다. 첫날 첫 세션에서 그는 검토해야 할 중요한 이슈들에 대해 모두가 생각해 보라고 제안했다. 또한 모두에게 기회가 주어질 것이며, 모아진 의견들을 하나씩 차례대로 토론하게 될 것이라고 말했다.

나는 내가 어떤 말을 하고 싶은지 잘 알고 있었기에 다른 몇 사람이 말하기를 기다렸다가 손을 들었다. 의장이 거수한 것을 알아보았을 때 나는 말했다.

"우리가 살펴보아야 할 중요한 이슈 가운데 하나로 국제 관계에서 존엄이 차지하는 역할이 있다고 생각합니다. 사실, 내가 실제로 논의하고 싶은 것은 '모욕적 대우'에 관한 것입니다. 내 경험에 따르면, 우리가 서로를 대하는 방식은 매우 중요합니다. 자신의 존엄이 침해되었다고 느낄 때, 사람들은 그것을 회복하기 위해 필요하다면 전쟁을 벌이기도 하니까요."

의장은 내게 감사를 표하고 이어 참가자들의 다른 의견을 모아 나갔다. 그런 다음, 각각의 이슈에 관한 토론을 시작했다. 존엄에 관한 내 이슈가 순서로 돌아왔을 때, 그는 이슈 목록에서 눈을 들더니 "이 이슈는 통과하겠습니다."라고 말하고 다음 이슈를 진행했다.

나는 깜짝 놀랐다. 귀를 의심했다. 나는 심한 굴욕감을 느꼈다.

이어지는 토론에 귀를 기울일 수 없는 상태로, 나는 그저 자리를 지키고 있었다. 내면의 한 부분은 달아나고 싶어 했지만, 나는 존엄을 유지하기 위해 자리에 앉아 토론에 집중해야 한다고 판단했다. 나머지 이틀간의 회의 내내 나는 이렇게 상반된 감정이 공존하는 상태로 고심해야 했다.

휴식 시간에 몇 사람이 와서 의장이 내 의견을 건너뛰었던 건 유감스러웠다고 말해 준 게 도움이 되었다. 하지만 내 존엄은 이미 손상된 상태였다. 또한 그 회의에 참가한 가치도 훼손되었다.

공감을 받지 못한다고 느낄 때, 의견이 묵살된다고 느낄 때, 갈등이 계속 살아 있게 된다. 굴욕감은 분노와 좌절감을 부르고, 설사 확대시키지는 않을지라도 갈등을 부추긴다.

만약 의장이 존엄 이슈가 왜 중요한지 내게 그 이유를 물었다면 굴욕감을 안기지 않을 수도 있었다. 내 의견이 논의할 가치가 있는 설득력을 갖췄다고 가정함으로써 내게 호의적으로 해석될 기회(존엄을 존중하는 또 하나의 방법)를 줄 수도 있었다. 그러나 대신 그는 내 의견이 중요하지 않다고 성급하게 결론지었다. 의장은 내가 왜 그 이슈를 제기했는지 이해하려 애쓰지 않았다(또 한 번의 존엄 침해 행위). 만약 우리 사이에 그 문제에 관해 대화가 오갔다면, 그 주제는 너무 커서 토론하기 힘들다는 판단을 두 사람이 함께 내렸을지도 모르고, 그랬더라면 내가 굴욕감을 겪지 않아도 되었을 것이다. 주의할 것은 이 일이 일어난 건 어느 누구도 존엄에 관심을 두지 않던 십 년도 더 지난 과거라는 사실이다.

공감을 얻지 못한 상황이 치명적 결과를 가져온 또 다른 사례는 내가 동료들과 함께 진행하던 이스라엘과 팔레스타인 사이에 이루어진 토론 중에 발생했다. 참가자들은 두 공동체를 갈라놓은 가장 다루기 어려운 이슈 중 하나에 새롭게 접근하는 방안에 대해 논의하고 있었다. 진전을 이룰 계기가 마련되고 있는 듯했다. 그때 한 사람이 말했다.

"좋은 생각 같기는 한데, 돌아가서 사람들에게 그걸 납득시키지는 못하겠어요."

그런데 토론은 마치 그 사람이 말을 꺼내지도 않았던 것처럼 그냥 계속되었다. 잠시 후 그가 같은 말을 꺼내며 끼어들었다.

"그건 성사되지 못할 겁니다. 사람들에게 다가가기에는 너무 동떨어진 이야기입니다."

다른 편의 누군가가 말했다.

"어쨌든 그 논의를 계속해 봅시다. 검토 중인 아이디어들 중에는 관심을 끄는 것들이 있거든요."

아무도 그가 왜 그렇게 느끼는지 설명해 줄 것을 요구하지 않았다. 우려가 컸던 그 남자는 탁자에서 의자를 쭉 빼고 팔짱을 꽉 낀 채 마음속에서는 그 논의로부터 멀어졌다. 어떻게 해야 할지 고민하면서 나는 잠시 그 사람을 지켜보았다. 그런데 내가 무슨 말을 꺼내기도 전에, 그가 자리에서 일어나 방을 나갔다. 그를 찾으러 나갔을 때, 복도에 놓인 작은 소파에 앉아 있는 모습이 보였다. 그는 호흡이 고르지 않았다. 고통스러워하고 있다는 것을 알 수 있었다.

"공황 발작이 일어난 것 같아요."

그가 말했다.

"더 이상 이 논의에 전념하지 못하겠어요. 저 방에서 벌어지는 상황은 우리 나라에서 벌어지는 것과 똑같습니다. 우리 민족은 마치 투명인간 같아요. 우리의 관심사가 진지하게 받아들여지지 않습니다. 내가 이렇게 느끼고 있다면, 우리 나라 사람들이 어떻게 느끼는지 상상이 가실 겁니다. 우리의 현재 모습과 우리가 겪어 온 것들에 대해서 이토록 존중받지 못하는 상황 때문에 괴롭습니다."

우리는 좀 더 대화를 나누었다. 존재감을 인정하지도, 의견에 귀 기울이지도 않으며, 자신이 겪고 있는 분노에 공감하지 않는 상황에 대한 그의 절망감을 알 수 있었다. 그는 진정이 되었고 자신을 찾으러 와 준 내게 고마워했다. 비록 당시에는 깨닫지 못했지만, 내가 뒤따라 나가 관심을 표현했던 것이 그가 자신을 추스르는 데 필요했던 공감이 되어 주었다. 누군가가 마음을 써 주었던 것이다. 나는 그에게 최대한 관심을 기울였다.

당시 나는 그 사건을 그의 존엄에 대한 침해로 여기지 못했지만, 다른 여러 토론 석상에서 더 많은 체험들을 하고 나서 공감받지 못하는 상태, 하찮게 취급되는 상태가 가져오는 결과로 감정의 폭풍이 생기는 패턴을 알아보기 시작했다.

모욕적 대우를 당한 누군가에게 공감을 보이는 것은 어렵지 않은 일이다. 그리고 그런 행동은 우리들 대다수가 알고 있는 것보다 더 강한 힘을 갖고 있다. 이렇게 말하는 것이, 필요한 전부이다. "끔찍했겠군요." 혹은 "그런 일을 겪어야 했다니 마음이 아픕니다." 혹은 "그랬군요. 염려되는 것을 함께 얘기해 봅시다."

어떤 형태의 공감이라도 그것은 큰 영향을 미친다. 공감은 그 사람에게 동의한다거나 그 사람이 말한 것이 반드시 진실이라는 의미가 아니다. 그것은 누군가에게 한 사람의 인간으로서 모욕적 대우를 견뎌야 하는 것이 얼마나 힘든 일인지 내가 알고 있음을 알린다는 의미이다. 공감은 자긍심에 타격을 입은 누군가에게 깊은 치유 효과를 갖는다.

5장
인정

사람들의 재능, 노고, 배려, 조력이 가져다준 효력에 대해 인정하라. 칭찬에 인색하지 말고, 사람들이 기여한 바와 그들이 낸 아이디어에 대해 감사와 사의를 표현하라.

내 워크숍에 참가했던 브라이언(가명)이 들려준 이야기는 그가 직장 상사인 톰(가명)과 함께 그 회사가 오랫동안 골치를 앓아 왔던 문제―톰이 매일 다루어야 했던 문제―에 대한 해법과 관련하여 겪고 있던 문제에 관한 것이다. 그런데 톰은 필요한 변화를 이끌어 낼 능력을 가지고 있지 못했다. 그래서 브라이언에게 직원급 동료들에게 보여 줄 파워포인트 프레젠테이션을 제작해 달라고 부탁했다. 브라이언은 상관이 자신의 식견을 인정한 것이 기뻤다. 또한 만약 회사가 자신의 제안을 채택할 경우 문제를 해결하게 될 뿐 아니라 그 해법 덕분에 회사가 엄청난 비용을 절감하게 될 거라는 사실도 알 수 있었다. 성사가 되면 브라이언의 분기별 보고에서도 유능함을 보여 주게 되어 승진 시기에 그에게 유리하게 작용할 것이었다.

브라이언은 그 문제와 관련한 최신 문헌을 검토하고 자신의 정책 제안이 그동안 회사에 무수한 문제점들을 야기해 온 어떤 절차를 효율적으로 개선해 줄 것임을 간파했다. 그는 2주 동안 그 프로젝트에 노력을 기울여 마침내 톰에게 45분짜리 프레젠테이션을 보여 줄 준비를 마쳤다. 브라이언은 톰이 그것을 동료들에게 보여 주고 강력한 주장을 펼 수 있을 것임을 알 수 있었다.

톰은 고마워하면서 회사에 긍정적인 변화를 가져다줄 그 프레젠테이션에 담긴 아이디어와 잠재력에 대해 흥분된 감정을 드러냈다. 그는 자신이 동료들과 회의를 열 것이며 일어나는 상황을 브라이언에게 알려 주겠다고 말했다. 브라이언은 자신이 자부심을 느낄 만한 근거가 충분하다고 느끼면서 톰의 사무실을 나섰다.

그로부터 한 주가 흘렀고, 브라이언은 톰으로부터 아무런 소식을 듣지 못했다. 점심 식사 후에 물어보기로 작정하고 나가던 그는, 엘리베이터를 기다리며 열띤 토론에 빠져 있는 고위 경영진 두 사람을 보게 되었다. 그중 한 사람이 톰이 얼마나 탁월한 아이디어를 제시했는지, 그것이 회사에 얼마나 많은 이익을 가져다주게 될 것인지 거듭해서 이야기하는 것을 어쩔 수 없이 엿듣게 되었다. 고위 경영진 중 한 사람이 말했다.

"나는 톰에게 그런 능력이 있을 줄 몰랐어."

브라이언은 좀 더 주의 깊게 귀를 기울였고, 더 들을수록 그들이 나누는 대화가 자신의 아이디어에 관한 것이라는 확신이 더 커져 갔다.

처음에는 기분이 좋지 않았다. 그다음에는 기분 나쁜 감정이 분노로 바뀌었다. 어떻게 톰이 아이디어를 낸 자신의 공을 가로챌 수 있단 말인가? 마땅히 자신에게 돌아와야 할 공을 인정받지 못한 것은 얼마나 부당한가! 브라이언은 구내식당에서 커피 한 잔을 가져와 앉은 다음 마음을 진정시켰다. 다시 기분이 나빠졌지만, 한편으로는 딜레마가 남았다. 톰에게 맞선다면, 그는 직장을 잃을지도 모른다. 그가 맡고 있는 직책은 그 회사에서 모두가 탐내는 자리였다. 설사 직장을 유지하게 된다 해도, 회사의 최고 경영자 중 한 사람인 톰은 그의 직장 생활을 끔찍하게 만들 수 있을 것이다.

사무실로 돌아온 그는 톰이 보낸 이메일이 도착한 것을 발견했다. 그날 아침에 회의가 있었고 이사회에서 그 정책 제안을 실행하기로 결정했다는 내용이었다. 그것이 전부였다. 브라이언의 역할에 대한 언급은 없었다. 약간의 인정조차 없었다.

브라이언은 아내에게 전화를 걸었다. 비록 현실을 직시하는 것이 될 수는 없겠지만, 공감하고 들어 주는 이가 필요했던 것이다. 존엄의 침해가 만들어 내는 내면의 분노를 참고 지내는 것도 좋지 않지만, 그것을 안에 계속 담고 있는 것은 훨씬 더 심각하다. 브라이언은 당시 벌어진 상황이 잘못된 일이라고 말해 줄 누군가가 필요했다.

이 이야기는 부당한 대접을 받고, 정당한 인정과 잘 해낸 업무에 걸맞은 인정을 받지 못하는 분명한 사례이다. 존엄 침해는 거기서 그치지 않았다. 이것은 다발성 침해cluster violation의 또 다른 사례이다. 존엄을 이루는 무수한 필수 요소들이 결부되기 때문이다.

브라이언은 톰이 자신의 행동을 책임지게 할 아무런 방법이 없다고 생각했다. 만약 브라이언이 공로를 인정하지 않는 톰의 태만을 가지고 투덜거릴 경우, 톰은 브라이언에게 훨씬 더한 피해를 줄 수 있는 힘이 있었다. 그렇기 때문에 브라이언은 아무것도 하지 않는 것에 만족하기로 했다. 이것은 직장 환경에서뿐 아니라 위계적 권위

구조가 존재하는 어떤 환경에서도 일어나는 흔한 대응으로, 사람들은 민감한 문제들을 제기할 수 없다고 느낀다.

브라이언의 심리적 안전 역시 침해되었다. 그는 보복이 두려워 그 이슈에 대해 용기를 내서 말할 수 없다고 느꼈다. 그는 톰에게 맞설 자유가 없다고 생각했다. 이러한 지배와 통제가 어떤 조직 내부의 위계적 권력 구조의 불가피한 결과처럼 느껴질 때, 분노가 축적된다. 브라이언이 완전히 이성을 잃고 톰에게 분노를 표출하는 데는 앞으로 아주 작은 사건 하나만으로도 충분하다. 상황의 적절성 여부와 상관없이 분노는 늘 출구를 찾아낸다.

그렇다면 톰의 입장은 어떨까? 회사에서 중요한 지도적 지위에 있는 톰이 왜 브라이언의 아이디어를 가로채기로 마음먹었는지 의아할 뿐이다. 그는 브라이언이 어떻게 느낄지 알고 있었을까? 자신이 힘 있는 지위에 있기 때문에 부하 직원의 훌륭한 성과를 가로챌 수 있다고 생각했을까? 톰이 브라이언의 존엄에 모욕을 가한 부정적 감정의 영향에 대해 알았는지 몰랐는지와 상관없이, 톰이 고의적으로 권력을 남용하여 자신의 목적 달성에 이용했는가 아닌가에 상관없이, 나는 그의 행동이 리더십의 실패를 드러낸다고 생각한다. 자신이 책임지는 사람들에게 모범을 보이지 못한다면 리더의 역할이 무엇이겠는가?

*

하는 일 덕분에 나는 온갖 유형의 지도자들―정치, 기업, 교육, 군사, 종교 분야―에게 다가갈 수 있었다. 그들 중 다수가 공통적으로 리더십 위기를 설명해 준다. 학위와 지적 자본을 모으느라 오랜 시간을 보냈음에도 불구하고, 분노를 경험하고 있는 사람들이나 자신이 부당하게 대우받고 있다고 느끼는 사람들이나 인정받지 못해 생긴 불만 때문에 호전적으로 바뀐 사람들과 대면했을 때, 그들은 좀처럼 자신감을 갖지 못한다. 달리 말하면, 지도자들 또한 무지의 영역을 공유한다. 그들도 당연히 극도로 감정적인 사건일 수밖에 없는 존엄 침해를 겪은 사람들과 대면했을 때, 어떻게 해야 할지 모르기 때문이다.

존엄 침해가 미치는 강력한 영향력에 대해 깨달아 가는 사이에 나는 내가 만나는 사람들 대부분이 감정적 동요를 다루는 데 얼마나 준비가 부실한지 알 수 있었다. 그들의 초기 반응은 전반적인 상황을 통제하기 위해 권위와 지위가 가진 힘을 사용하는 것이었는데, 많은 경우 감정을 상한 사람들은 더 분노하고 더 화가 난 상태로 남겨지게 된다. 그들에게는 조직 내에서 맡고 있는 책무나 역할을 통해 기꺼이 전력을 다하고자 하는 노력이 결여되어 있었다.

몇몇 지도자들에게서 나타나는 초기 반응이 권위를 행사하여 폭발 직전의 상황을 통제하게 되는 또 다른 이유는 그들이 두려워하기 때문이라는 것이다. 그 두려움을 그들은 두 가지로 설명했다. 그들은 잘못된 조처를 취하거나 흠이 있는 방침을 세움으로써 당황하고 난처해지는 것을 두려워한다. 그리고 누군가가 아물지 않은 감정을 드러낼 때 어떻게 해야 할지 모르기 때문에 두려워한다.

나는 그렇지만 않으면 탁월했을 지도자들이 감정을 어떻게 처리해야 할지 알지 못한다는 이유로 새로울 것도 없는 그 모든 함정에 걸려드는 것을 보았다. 그들은 고의적으로 자신이 이끄는 사람들의 삶을 더 힘들게 하려고 하는 나쁜 사람들이 아니다. 단지 자신의 것이건 타인의 것이건 간에 존엄 침해가 야기하는 감정의 동요를 헤치고 길을 찾아 나가게 해 줄 지식과 자각과 기술을 갖고 있지 않을 뿐이다.

지도적 지위에 있는 사람들이 존엄—모욕을 받으면 상처받기 쉬운 인간의 취약함, 그리고 가치 있는 사람으로 확인받고 알아주고 이해받고 공감받는다고 느낄 때 그들에게 미치는 놀라운 영향 둘 다를 포함한다.—과 관련된 모든 사안에서 훈련되어야 할 필요성이 그 어느 때보다 절박하다. 타인을 공정하게 대하고 그들의 인간적 속성(가치와 취약성 모두)을 인정하게 되면 가족, 지역사회, 직장, 국가 등 인간이 무리 지어 모이는 어디에서나 헤아릴 수 없이 엄청난 이점을 지니게 된다. 사람들의 존엄을 존중하는 것은 그들의 좋은 점을 이끌어 내는 가장 손쉽고 빠른 방법이다. 그 반대 역시 마찬가지로 진실이다. 사람들을 마치 그들이 중요하지 않다는 것처럼 취급하는 것은 파괴적인 정서적 동요를 일으키는 원인이 된다.

지도자들이 품위 있는with dignity 리더십을 갖기 위해 요구되는 것은 어떤 모습일까? 품위 있는 리더십을 갖는다는 것은 누군가가 가치를 공격받아 갖게 되는 감정의 불안정에 대해 지도자들이 잘 알고 있다는 것을 의미한다. 품위 있는 리더십은 지도자들이 타인을 중요한 사람으로 대하는 법을 잘 알고 있을 것을 요구한다. 그들이 모욕을 당한 사람들을 어떻게 대해야 하는지, 타인을 모욕했을 때는 어떤 조치를 취해야 하는지 잘 알고 있을 것을 요구한다. 품위 있는 리더십은 특히 그렇지 않게 행동하도록 우리를 꾀는 수많은 유혹들에 직면했을 때 자기 자신의 존엄을 유지하는 법을 잘 알고 있다는 것을 의미한다. 어디를 가나 사람들은 그들의 지도자들이 품위 있게 행동하기를 얼마나 절실하게 원하는지 들려주었다.

《존경: 잊힌 미덕의 회복Reverence: Renewing a Forgotten Virtue》의 저자 폴 우드러프Paul Woodruff는 이 점을 이야기한다. 그는 우리에게 존경이라는 의식―자신보다 더 위대한 힘에 대한 외경과 깨달음의 상태에서 갖는 느낌―을 되살릴 것을 열렬히 호소한다.[1]

존경을 체험하는 것은 결정적으로 중요한데, 그것은 내면에서 자신을 우월한 존재로 여기는 우리의 '너무나도 인간적인' 성향과 온갖 종류의 상처 주는 행동을 정당화할 수 있는 태도에 대해서 검사를 할 수 있게 하기 때문이다. 우리 자신보다 더 위대한 무언가가 있다는 느낌이 없다면, 우리는 감히 우리의 한계를 못 보게 된다. 더 위대한 어떤 것은 종교를 가진 사람들에게는 신이 될 수도, 계몽운동기 철학자들을 사로잡은 진실과 정의 같은 이상 혹은 무신론자 리처드 도킨스를 무릎 꿇게 하기에 충분한 우주의 장엄함일 수도 있다.[2]

우드러프는 존경을 특히 지도자들이 중요하게 여겨야 한다고 주장한다. 고대 그리스철학과 공자의 가르침에 대한 자신의 이해에 근거해 우드러프는 통치자들이 존경을 과시했던 그리스와 중국 양쪽에서 존경이 다 중요시되었다고 지적한다. 그렇지 않았다면 자신들이 이끌던 사람들에게 너무 큰 통제력을 발휘하고 싶은 유혹을 받았을 것이기 때문이다. 우드러프가 말하듯, "존경은 인간이 신처럼 행동하려고 시도하지 않게 해 주는 미덕이다. 우리가 그저 인간일 뿐이라는 사실을 망각하는 것, 우리가 신처럼 행동할 수 있다고 생각하는 것, 이것이야말로 존경과 정반대의 것이다. 고대 그리스 사람들은 폭정을 불경irreverence의 극치라 여겼고, 그래서 그들은 폭군들의 어리석은 행위에 교만hubris이라는 꼭 알맞은 이름을 붙여 주었다. 불경한 영혼은 오만하고 뻔뻔스러워, 자신보다 더 고상한 것들 앞에서 경외심을 가질 수 없다. 그 결과, 불경한 영혼은 자신보다 더 낮다고 여기는 사람들—평범한 사람들, 죄수들, 아이들—에게 존중하는 감정을 갖지 못한다."[3] 고대 중국에서, 전쟁이나 흉작, 여타 다른 대재앙에 의해 통치권이 약화된 군주, 자신의 백성이 굶주리거나 부당한 처사로 고통을 겪는 군주는 "천명mandate of Heaven"을 상실했다. 그는 더 이상 미덕의 귀감이 아니게 되어 사실상 군주의 지위를 내려놓을 것을 요구받았다.

우드러프는 존경에 관해 중요한 주장을 하나 더 한다. 진정한 존경은 믿음이 아니라 느껴지는 체험이다. 존경의 미덕을 체현한 사람들은 옳은 일을 하고 싶어 하는 사람들이며, 도덕 관념은 사람들이 착하게 행동하게 만드는 핵심이기 때문이다.

훌륭한 리더십의 특성 가운데 하나가 자신보다 나은 것에 대한 외경과 경탄을 느낄 줄 아는 능력이며, 이 느낌이 오만을 억누르는 작용을 한다. 존경을 느낄 줄 안다는 것은 그 이상의 효과를 갖는데, 누군가의 권력을 남용하여 타인에게 상처를 주고 이용하고 권리를 빼앗고 싶은 유혹을 벗어나는 데 필요한 겸손이라는 의식을 만들어 낸다.

6장
공정함

사람들을 공정하고 공평하게
합의된 법률과 규칙에 따라 공명정대하게 대하라.
차별하지 않고 부당하지 않게 대할 때,
사람들은 내가 자신의 존엄을 존중한다고 느낀다.

스리랑카로 떠난 2주간의 여정이 마무리될 즈음, 나는 동료 윌리엄 바이스버그William Weisberg와 시드니 실바Sydney Silva와 함께 인간의 비극을 더 이상 담아낼 수 없을 만큼 넘치도록 목격했다. 타밀 호랑이 반군과 스리랑카 정부가 교전 중이었다. 우리는 타밀, 무슬림, 싱할라 부족의 대표들을 대화 자리에 불러 모으게 될 워크숍의 예비 참가자들을 인터뷰하느라 그 나라의 이 지역 저 지역을 돌아다녔다. 쉼 없이 계속되는 교통 체증과 공해, 참을 수 없는 더위 속에서 스리랑카 전역을 다니는 일로, 하루 일과를 마칠 때쯤이면 우리는 완전히 녹초가 되어 있었다.

어느 날 우리가 신호등에 멈춰 섰을 때, 녹색 군복을 입은 싱할라 소년들을 가득 태운 트럭 한 대가 보였다. 여느 소년들처럼, 그들도 서로를 떠밀며 쾌활하게 장난을 치고 있었다. 나는 시드니와 윌리엄을 바라보며 말했다.

"저 아이들이 자기네가 몸담고 있는 곳이 뭘 하는 데인지 알기는 할까요? 하루나 이틀 후면 저 아이들은 타밀 호랑이와 전투하러 북부 전선에 가 있을 게 거의 확실한데 말이에요."

시드니가 대답했다.

"부당해요. 저 아이들은 전쟁터에 나갈 게 아니라 크리켓 놀이를 해야 마땅해요."

우리는 트럭이 떠나는 것을 지켜보며 말없이 앉아 있었다.

체류가 거의 끝나 가던 어느 날, 직접 목격한 모든 것들에 기진맥진하고 감정적으로도 지친 상태에서, 우리는 스리랑카 섬 북부의 타밀 호랑이 반군과 접근할 수 있을지 알아보고자 수도 콜롬보를 중심으로 활동하는 비정부기구인 가톨릭구제회의 국장과 만났다.

당시 가톨릭구제회는 구제 노력의 대부분을 아동에게 집중하고 있었고, 우리가 들어간 사무실 벽마다 난민 수용소와 작은 마을, 그리고 교전 지대 임시 학교에 있는 아이들 모습이 담긴 벽보들로 뒤덮여 있었다. 시드니가 우리가 겪은 딜레마에 대해 국장에게 설명하는 것에 귀를 기울이면서 나는 벽보 속 아이들의 얼굴을 살펴보고 있었다. 음식을 받으려고 줄을 서 있는 다섯 살쯤 되어 보이는 한 작은 소년에게 내 눈이 멈췄다. 내 안의 뭔가가 툭 끊어지는 느낌이 들었다. 지난 2주 동안 내내 견제해 왔던 그 모든 슬픔이 갑자기 닥쳐왔고 나는 울음을 터트리고 말았다.

방을 벗어나 복도로 나갔다. 그리고 거기 서서 어디로 가야 할지 알지 못한 채 왼쪽 그리고 다시 오른쪽을 두리번거리고 있었다. 입구 쪽 문으로 고개를 돌렸을 때, 나는 어떤 노 수녀님과 정면으로 맞닥뜨렸다. 그녀가 내 손을 잡아 자기 사무실로 데려갔다. 그리고 내가 우는 동안 양손을 무릎에 포갠 채 말없이 앉아 있었다. 잠시 후, 나는 그녀를 올려다보며 말했다.

"아이들 때문이었어요."

그녀는 팔을 벌려 나를 안아 주었고, 나는 편안하게 나를 맡기고 웃음을 지었다. 울음을 그쳤을 때 나는 간신히 이렇게 말했다.

"고맙습니다."

우리는 함께 일어섰다. 그녀가 두 손으로 내 얼굴을 감싸 주며 바라보더니 미소를 지었다. 잠시 후 나는 물러나서 문 쪽을 향해 걸어가다 멈춰 섰다. 어깨 너머로 찰나의 순간에 그녀가 손등으로 눈물을 닦고 있는 모습이 눈에 들어왔다. 얼굴에 미소를 띠며 그녀가 손을 흔들어 주었고, 나는 방을 나섰다.

그때 나는 충분히 울고 난 뒤에 찾아오는 명료한 감각으로 아이들이 최악의 부당함을 겪고 있다는 것을 깨달았다. 아이들이 부당한 대우를 받는 것이 전쟁 상황에 의해서이건 아니면 가정 내 갈등에 의해서건 간에, 아이들이 고통을 받는 것은 옳지 않다. 아이들에게 상처를 입히는 것은 특히 우리가 그것을 막을 수 있는 힘을 갖고 있을 때는 최악의 모욕적 대우이다. 살아가는 내내 가지고 있어야 할 안전하다는 느낌과 스스로 가치 있는 사람이라는 느낌을 비틀어 버리는 잠재력을 가진 모욕적 대우를 겪어 마땅한 아이는 아무도 없다.

나의 스리랑카 방문기는 아동에게 가해진 부당한 행위들에 초점이 맞추어지지만, 공정함이라는 이슈는 존엄의 나머지 아홉 가지 필수 요소 중 그 어느 것과도 관련된 모든 침해의 근저에 있다. 예를 들어 누군가가 배제될 때, 인정받지 못할 때, 오해받을 때, 혹은 열등하게 취급될 때, 그것은 과연 공정한가? 인종주의는 공정한가? 그리고 성차별, 불평등, 종교적 불관용, 동성애 혐오증, 계급적 차별, 장애를 가진 사람들에 집중된 모욕적 대우는 또 어떤가? 무지에서 기인하는 행동 때문에 정면으로 비난받는 입장에 서는 것은 공정한가? 존엄이라는 이슈가 그토록 오랫동안 진지하게 다루어지지 못한 것은 공정한가? 상처 입기 쉬운 감정적 취약함에 대해 분명하게 조명하기를 꺼림으로써 우리 모두가 그토록 큰 내면의 고통과 괴로움을 겪는 것은 공정한가? 리더십이 너무 부패해서, 옳지 않은 사람들의 손에 쥐어진 권력이 그토록 많은 삶을 파괴하는 것은 공정한가? 우리가 다른 형태의 힘—우리가 타인의 존엄을 인정할 때 발휘되는 광활한 힘—을 놓치는 것은 공정한가?

부당하게 대우받음으로써 생기는 반응은 일찌감치 우리 안에 깊이 침투해 영향을 미친다. 아이들은 본능적으로 부당함을 알아보는 것 같다. 어떤 엄마가 두 어린 자녀에게 사탕을 주는 시나리오를 상상해 보자. 아이들 대부분이 하는 첫 번째 일은 자신의 형제나 자매가 얼마나 큰 사탕을 받는지 비교하며 살펴보는 것이다. 조금이라도 균형을 이루지 못하는 상황이 주어진다면, 아이는 그것을 엄청나게 모욕적인 대우라고 지적할 것이다.

공정함은 당연히 인생 전체를 관통하는 이슈이고, 사탕을 나눠 주는 것보다 훨씬 더 큰 규모로 작용한다. 예를 들어 루이지애나, 앨러배마, 미시시피, 플로리다 주의 해안가 지역사회에서 경제적, 사회적, 문화적, 생태적 보전 문제가 멕시코 만에서 석유가 대량으로 유출되는 것에 의해 위험에 처하는 것은 공정한가? 생계를 어업이나 여타 바다와 관련된 산업에 의존하는 사람들이 이러한 상황에 분노하는 것은 공정한가? 무고한 수많은 사람들이 이 재앙으로 무한정 고통을 받게 되는 것은 공정한가? 피해를 입은 해양 생물을 비롯한 여타 야생 생물들은? 환경에 미치는 단기, 중기, 장기적 영향은 또 어떤가?

 이 책에서는 관심 대부분을 인간의 모욕적 대우에 초점을 두고 있기는 하지만, 존엄 관념은 인간에 그치지 않는다. 우리가 다른 종들과 환경에 함부로 저지르는 모욕적 대우 또한 마찬가지로 주목받아 마땅하다. 우리가 지구상의 모든 형태의 생명 및 지구 그 자체를 대하는 방식에 대해 존엄의 각도에서 사고하는 것은 우리 자신을 우리를 둘러싼 세계와 감정적으로 관계 맺는 방식이다. 우리 자신이 행위의 결과—우리가 서로에게뿐 아니라 모든 생명에 입히는 피해—를 느끼게 함으로써, 우리는 기후변화를 비롯하여 지구에 영향을 끼치는 모든 인간 행위에 대한 다른 관점을 갖게 될 것이다. 공정함에 대한 감정은 확장되어 자연계를 포괄하게 될 것이고, 인류만이 아닌 모든 살아 있는 존재들이 헤아릴 수 없을 만큼 귀중하고 소중하고 대체할 수 없는 존재라는 사실을 우리가 떠올릴 필요가 없게 될 것이다.

7장
호의적 해석

신뢰하는 마음으로 사람들을 대하라.
사람들이 선한 의도를 가졌으며
진실하게 행동하고 있다는 전제에서 출발하라.

인간 존엄이라는 주제를 붙들고 씨름해 온 오랜 시간 동안 내가 인간 존엄이 가장 위대하게 발현된 장면과 만난 것은 넬슨 만델라가 남아프리카공화국에서 아파르트헤이트 정권에 의해 27년 가까이 갇혀 있다가 감옥에서 걸어 나와 자신의 가슴속에는 백인을 향한 분노가 없다고 선언했을 때였다. 앞서 말했듯, 그것은 만델라에게 큰 존경을 가져다주었다. 자서전 《자유를 향한 머나먼 길Long Walk to Freedom》에서 만델라는 석방 다음 날인 1990년 2월 12일 가진 첫 번째 기자회견에서 자신의 소회를 표현했다. 한 질의에 답하면서 만델라는 이렇게 말했다.

"내가 마음속에 백인들에 대한 분노를 품고 있으리라고 사람들이 예상하고 있다는 것을 잘 압니다. 하지만 그렇지 않습니다. 감옥 안에서, 백인들을 향한 내 분노는 서서히 줄어 갔지만, 이 시스템에 대한 증오는 커 갔습니다. 내가 우리를 서로 적으로 만들어 버린 이 시스템을 증오하는 반면에 적들마저 사랑한다는 사실을 남아프리카 공화국이 알기를 바랐습니다."

만델라는 백인의 두려움과 흑인의 희망 사이에 중간 지점middle ground이 있으며, 아프리카민족회의ANC, African National Congress가 그 지점을 찾아낼 것이라고 단언했다.

"백인들은 같은 남아공 동포입니다."

그는 이어서 말했다.

"그들이 이 나라의 발전을 위해 기여한 노력의 진가를 우리가 인정한다는 사실을 이해하고 안심하기를 바랍니다."[1]

말할 것도 없이, 이것은 내 생애에서 인간성이 빛난 가장 위대한 장면 중 하나였다. 우리들 나머지 인간들이, 자신을 그토록 모욕적으로 다루었던 사람들을 향해 복수는 아닐지라도 가장 인간적으로 행하게 되는 분노 반응을 그가 어떻게 버릴 수 있었는지 완전히 이해할 수 있을지 잘 모르겠다. 내가 끊임없이 되돌아 오는 곳은 존엄—그 자신의 존엄에 대한 만델라의 해석—이다. 다음은 그가 말한 것이다.

"감옥과 당국은 모든 사람으로부터 존엄을 빼앗으려 도모합니다. 존엄은 그 자체로 내가 살아남으리라는 것을 확신하게 해 주었는데, 내게서 존엄을 빼앗으려 하는 그 어떤 사람이나 제도도 실패할 수밖에 없는 까닭은 무슨 일이 있어도, 어떤 압력 아래서도 내가 존엄을 양보할 리 없기 때문입니다."[2]

자서전 말미에서, 만델라는 모든 인간은 마음속 깊이 연민의 정과 관용을 품고 있다는 것을 늘 알 수 있다고 썼다.

"누구도 피부색이나 배경 혹은 종교를 이유로 다른 사람을 증오하도록 태어나지 않았습니다. 사람들은 증오하는 법을 습득해야 합니다. 만약 증오하는 법을 습득할 수 있다면, 사랑하는 법 또한 배울 수 있을 것입니다. 사랑은 그 반대의 것보다 인간의 마음에 더 자연스럽게 다가오기 때문입니다. 나를 비롯한 동지들을 한계로 내몰던 감옥 안에서 가장 가혹한 시기를 보낼 때에도, 나는 교도관 중 한 사람에게서 인간성이 희미하게 빛나는 것을 보았고, 그것은 아마 아주 잠시였겠지만 내가 자신감을 갖고 버텨 나가게 해 주기에 충분했습니다. 인간의 선량함은 덮어서 가릴 수는 있어도 결코 꺼지지 않는 불꽃입니다."[3]

만델라가 가진 인간성 존중은 결코 흔들리지 않았다. 그것은 그가 자신을 가두었던 가장 잔혹한 인물마저 호의적으로 해석할 수 있게 했던, 견고하게 뿌리내린 하나의 진실이었던 것 같다. 대다수가 상처 주는 사람들을 악마화 하도록 내몰리는 환경에서 만델라는 다르게 행동했다. 그는 자신을 가둔 자들에게도 선량함과 유연함이라는 역량이 있다는 사실을 의심하지 않았다. 마치 그들이 자신의 내면에서 보지 못하는 어떤 것을 만델라가 알아본 것 같다. 그는 더 크고, 더 위대하고, 더 신성한 어떤 것을 보았다. 바로 그들의 존엄을 보았던 것이다. 여기서 교훈은 무엇일까? 타인에게서 호의적 반응을 끌어내기 위해서는 우리가 존중받을 만한 사람이라는 사실을 스스로 알고 있어야 한다는 것을 그가 우리에게 입증하고 있는 것 아닐까? 우리가 타인을 학대하도록 부채질하는 것은 우리 안에 자리 잡은 자기 회의, 스스로 가치 없는 인간이라 여기는 감정이 아닐까?

넬슨 만델라에 대해서는 멀리서만 감탄해 왔지만, 남아공이 인종주의에서 벗어나서 민주주의로 비폭력적 전환을 이루는 데 공헌한 또 다른 거인 데즈먼드 투투 대주교는 직접 만나 볼 수 있었다. 투투 대주교와는 2005년 가을에 북아일랜드의 치유되지 않은 갈등이 낳은 상처를 다루는 것을 목표로 한 BBC의 한 프로젝트에서 함께 일했다. 가톨릭과 신교도 간의 분쟁에 공식적 종결을 가져온 '성 금요일 협정Good Friday Agreement'이 1998년에 조인되었음에도 불구하고 7년이 지난 시점에도 여전히 사람들, 특히 분쟁 중에 사랑하는 이들을 잃은 사람들의 일상생활에서 긴장이 감지되고 있었다. BBC는 과거를 종식시키기 위해 그 상실감을 다루어야 할 필요성을 인식했다. BBC가 제안한 것은 3부작 시리즈물 "진실 대면하기"로 분쟁의 피해자와 가해자를 대화 자리에 함께 불러내는 것이었다. 그 만남을 투투 대주교보다 더 잘 주재할 수 있는 사람이 있겠는가? 그는 남녀 3만 명이 상실과 고통의 사연들을 털어놓을 수 있게 한 남아공의 '진실과 화해 위원회'에서 의장을 맡아 활동했던 사람이었다.

나는 이 책 후반에 벨파스트에서 40마일 떨어진 볼리월터라는 작은 마을에 있는, 던리스 집안이 소유한 아름다운 집에서 투투 대주교와 함께했던 시간들을 묘사할 것이다. 내가 강조하고 싶은 것은, 모든 인간이 선천적으로 지닌 존엄을 알아보고 그것을 받아들일 뿐 아니라 체현할 줄 아는 역량을 넬슨 만델라와 데즈먼드 투투 모두 가졌다는 사실이다. 그들은 사람들을—그들의 행동이 아무리 극악무도하다 해도—호의적으로 대하는 일에 자연스럽다.

BBC는 내게 투투 대주교, 르완다 제노사이드 희생자의 아내 레슬리 빌린다Lesley Bilinda와 함께 그 만남을 공동으로 진행해 줄 것을 요청했다. 오랜 기간 세계 곳곳의 분쟁 당사자들과 함께 일해 왔지만 이 프로젝트는 겁이 났다. 예전에 내가 진행해 왔던 대화들의 초점은 본질적으로 정치적이었다. 갈등이 인간 감정에 초래하는 대혼란 속으로 더 깊이 침투해야 할 필요성을 느꼈기 때문에 나는 그러한 만남에서 비록 종종 좌절하기도 했지만, 이렇게 현실적이면서 한편 놀라운 방식으로 내 바람이 실현되리라고는 꿈도 꾸지 못했다. 이제 나는 남편을 잃은 한 여인과 그 여인의 남편을 살해한 남자의 첫 만남을 진행할 예정이었다. 그들은 서로에게서 한 팔 거리만큼 떨어진 채 테이블 앞에 마주하고 앉아 있었다.

나는 두 가지 문제로 초조했다. 내가 감정적으로 격해지기 쉬운 그러한 만남을 진행할 수 있을 것인가? 저 남자를 비롯해 가끔씩 일어나는 잔인한 살해 행위에 책임이 있는 사람들에게 마음을 터놓을 수 있을 것인가? 나는 그들을 호의적으로 대할 수 있을 것인가?

BBC 제작팀은 프로그램이 촬영되기 며칠 전 던리스 저택에서 나를 만났다. 시차를 극복할 시간이 필요한 것과 별개로 진행 팀에 속한 우리 모두가 서로 친해지고, 다가온 거대한 도전에 어떻게 대처할지 공통의 이해를 만들어 내고자 했던 것이다.

그러한 촬영 전 회합을 되돌아보면, 나는 우리를 무조건 수용한 투투 대주교 때문에, 즉 대주교가 우리 모두에게 호의를 보이면서 암묵적으로 존엄을 존중했기 때문에 모두가 안도감을 느꼈다고 확신한다. 그와 눈을 마주치면, 우리는 그가 완전히 집중하고 있다는 것을 느꼈는데, 그 체험은 압도적이었다. 레슬리 빌린다는 남편이 죽었을 때 느꼈던 절망에 대해 이야기했고, 남편을 죽인 사람들을 찾으러 르완다로 돌아가고 싶다는 맹렬한 욕망을 묘사했다. 나는 특히, 아이를 갖지 못하는 무능함에 대해, 내가 평소에 거의 공론화하지 않는 상실감에 대해 공개적으로 이야기함으로써 스스로도 깜짝 놀랐던 게 기억난다. 왜 그때 그것을 언급하게 되었는지 잘 모르겠다. 아마도 존재를 확인받고, 관심을 받고, 모두가 경청하고 있는 상태와 관계가 있었던 것 같다. 솔직함openness은 사람들에게 호의적으로 해석될 기회를 부여하고 부여받을 수 있는 수많은 놀라운 결과들 가운데 하나이다. 사람들은 안전한 느낌에서 상처받기 쉬운 취약함을 내보이게 된다.

사람들을 무조건 호의적으로 대하는 것이 넬슨 만델라와 데즈먼드 투투가 함께 공유하는 자질이다. 그들에게는 공통된 점이 더 있다. 그것은 자신이 가치 있는 사람이라는 사실을 받아들인다는 점이다. 로벤 섬에서 교도관들이 수인들에게서 그들의 존엄을 빼앗으려 했지만, 만델라는 어느 누구도 그에게서 시련을 이겨 내고 살아남게 해 주는 존엄을 빼앗을 수 없다는 사실을 잘 알고 있었다. 만델라가 럭비 팀을 지원하고 힘을 북돋아 줌으로써 백인 아프리카너들의 마음을 얻는 과정을 그린 영화 〈인빅터스Invictus〉에는 만델라가 존엄에 대한 확신을 갖는 데 영향을 준 "인빅터스Invictus"라는 시 이야기가 나온다. 이 시는 19세기 영국 시인 윌리엄 어니스트 헨리Willam Ernest Henley가 썼는데 만델라는 이 시에서 존엄에 대한 영감을 얻었던 것이다. 다음은 만델라가 27년 넘는 시간을 관통해 존엄을 유지하게 해 주었던 시다.

인빅터스

온 세상이 지옥처럼 캄캄하게
나를 엄습하는 밤에,
나는 그 어떤 신이든 신에게 감사한다
내게 굴하지 않는 영혼을 주셨음을.

생활의 그악스러운 손아귀에서도
난 신음하거나 소리 내어 울지 않았다.
우연의 몽둥이에 두들겨 맞아
머리에서 피가 흘러도 고개 숙이지 않는다.

분노와 눈물이 넘치는 이곳 너머로
어둠의 공포만이 희미하게 모습을 드러낸다
그러나 끝나지 않을 듯한 오랜 위협 속에서도
두려움에 떨지 않는 나를 보게 될 것이다.

천국의 문이 아무리 좁아도
저승의 명부가 형벌로 가득 차 있다 해도
나는 내 운명의 지배자요
내 영혼의 선장인 것을.

투투 대주교의 경우, 자신의 존엄에 단단히 뿌리내리는 방법이 달랐지만 결과는 같았다. 그는 자신에게 어떤 일이 닥치더라도 스스로 가치 있는 사람이라고 느꼈다. 그 또한 타인을 호의적으로 대할 줄 알았다.

BBC와 촬영을 하면서 특별히 더 힘들었던 하루가 끝나 갈 무렵이었다. 투투 대주교가 두 참가자에게 자신이 그들로 인해 "몹시 겸허해졌다"며, 폭탄을 던지는 대신에 서로에게 다가설 줄 아는 그들의 능력이 선량함에 대한 믿음을 강화해 준다고 말하면서 그 만남을 마무리 지었다. 그의 마지막 말은 "상처받기 쉬운 약한 모습을 드러내 주어서 고맙습니다."였다. 두 참가자의 얼굴이 만족감으로 빛났다. 투투 대주교가 옳았다. 그들은 그날 활짝 웃었다.

그토록 힘든 회합을 주재하고 두 참가자가 마음이 넓어진 느낌으로 걸어 나갈 수 있도록 마무리를 한 그의 능력에 대해 곰곰이 생각했다. 내가 물었다.

"대주교님, 어떻게 그렇게 하실 수 있죠? 정말 인상 깊은 마무리였습니다. 분명히 준비하지도 않으셨는데, 어떻게 가능했던 겁니까?"

그가 웃으며 천장에 달린 전구를 가리켰다.

"네?"

내가 물었다.

"나는 전구와 같아요. 전원에 연결되면, 빛이 나지요."

8장
이해

사람들이 중요하게 여기는 것들에 신뢰를 보이라.
그들에게 그들의 견해를 설명하고 표현할 기회를 부여하라.
그들을 이해하기 위해 적극적으로 경청하라.

"우리가 남성과 여성 사이에 평등을 얻게 된다면, 다른 수많은 '주의'들이 사라지게 될 것입니다."

인권배움운동의 국장 슐라무스 쾨니히가 그렇게 말한 것은 옳지만, 인류 역사의 이 시점에서 우리는 아직 갈 길이 멀다. 쾨니히는 다른 모든 관계에서 무대가 되어 주는 것이 남녀 사이 관계의 질이라고 믿는다. 만약 부모들이 서로를 존엄하게 대하는 것을 본다면, 아이들은 다른 모든 사람들이 어떻게 대우받아야 하는지에 대해 두뇌에 어떤 인상을 발전시키게 될 것이다. 그 사고는 심사숙고할 만한 가치가 있다.

안타깝게도, 남성과 여성에 대한 대우가 현저하게 불공평한 상황은 아주 흔히 볼 수 있다. 나는 역사적으로 남성들이 리더십을 발휘해 온 어떤 조직의 상담을 맡은 적이 있다. 그 조직은 일치단결해서 고위직 역할에 더 많은 여성을 포함시키려는 노력을 기울여 왔다. 거기서 나는, 그 회사를 일하기에 불쾌한 곳으로 만들고 있는 기능 장애를 식별하기 위해 존엄 렌즈를 사용하여 워크숍을 진행했다.

나는 시작할 때, 참가자들에게 만약 기능 장애와 리더십 실패 두 가지 모두를 알 수 있는 손쉬운 방법을 원한다면, 사람들이 고통받고 있는 지점이 어디인지를 찾아내는 것으로 충분하다고 설명했다. 그들은 아마도 거기서 쌓여 있는 산더미 같은 존엄 침해 사례를 발견하게 될 것이기 때문이다. 제기된 첫 번째 이슈는 여성 직원들의 고통이었다. 여성들은 여성이라는 이유로 리더십을 발휘할 지위가 주어지지 않은 것이 존엄에 대한 침해라는 사실을 지적했다. 여성들은 엄청나게 많은 처리되지 않은 사연들과 공감되지 못한 헤아릴 수 없는 고통에 대해 설명했다. 불만을 제기할 때마다, 그들이 당한 모욕적 대우에 대해 말하고 이를 경청하는 과정은 주어지지도 않은 채 남성들이 그 문제를 해결하겠다고 달려들었다는 것이었다. 그들이 얻고자 하는 것은 인정과 이해였는데, 남성들에게는 듣는 게 어려운 일이라고 했다.

그 집단 남성들이 여성들이 이야기하는 사연들에 귀를 기울이기는 했지만 거기에 어떻게 대응해야 하는지는 알지 못한다는 느낌이 들었다. 그들은 어려운 처지에 놓여 있었다. 그토록 많은 동료들이 견뎌야 했던 아물지 않은 체험들에 대해 듣는 일이 편치 않았을 것이다. 사연들은 그들과 결부된 엄청난 고통을 담고 있었고, 남성들은 그 고통을 어떻게 다루어야 할지 확신이 서지 않았다. 차분히 시간을 내서 느끼기보다는 문제 해결 모드로 전환하는 게 그들에게는 더 쉬웠다.

참가자들이 누군가의 마음에 상처를 입히지 않고 대화를 하는 법을 알지 못하기 때문에 흔히 일어나는, 이해가 결여된 상태를 워크숍 중에 일어난 한 사건이 보여 주었다. 공개적으로 회사 여성들의 고통과 괴로움이 논의된 적이 한 번도 없었음에도 불구하고 그 이슈는 잘못된 방식으로 끊임없이 화제에 올랐다. 여성들은 이등 계급으로 대우받으면서 쌓인 엄청나게 많은 분노로 숨이 막힐 지경이었기 때문에 논의 대부분에서 말투가 부정적이었다. 그 부정적 목소리가 특별히 누군가를 겨냥하지는 않았어도, 그런 기운은 퍼져 있었다. 그것은 심지어 어떤 이슈가 논의 테이블에 오르기 전부터 남성들로 하여금 수세적 태도를 갖게 했다. 남성들은 종종 공격을 기다리고 있기도 했는데, 자신들의 존엄이 위험에 처할까 봐 두려워하고 있었다.

안타까운 일은 적어도 워크숍에 온 남성들은 여성들의 곤경에 대해 관심을 가졌다는 사실이다. 그들 역시 여성들이 힘 있는 자리에 오르지 못하는 것은 부당하다고 느꼈다. 하지만 그 이슈의 불안정성과 그에 수반된 감정적 비난 때문에 자리에 모여 앉은 사람들은 바야흐로 존엄 침해자가 되는 상황이었다. 단 한 번의 실수에도, 남성들과 여성들 모두 일격을 가할 태세가 되어 있었다.

한 여성이 목소리에 날이 선 채 자신의 상관에게 권력의 문제를 제기하기가 얼마나 힘들었는지 이야기하고 있을 때, 한 남성이 그녀에게 시비를 걸었다.

"당신이 누구 이야기를 하고 있는지 잘 알아요. 당신은 그가 완전히 잘못되었다고 몰아가고 있어요. 그 사람은 분명히 당신이 염려하는 것을 듣고 싶어 했을 겁니다. 당신은 그를 오해하고 있어요. 당신은 불난 데 부채질을 하고 있을 뿐입니다."

턱을 치켜든 그녀가 탁자에 몸을 바짝 기울이며 말했다.

"내가 겪은 것을 알고서 이야기하고 있는 건가요? 정말로 당신이 더 잘 알고 있다고 생각해요?"

그것은 존엄 모델을 설명하는 완벽한 순간이었다. 존엄이라는 렌즈를 통해 상황을 보면 상호 침해로 가득 찬 토론을 피할 수 있다.

나는 논쟁자들에게 잠시 중단할 수 있는지, 존엄 모델이라는 도구를 사용하여 그 이슈에 대해 다른 방식의 토론을 해 볼 용의가 있는지 물었다. 두 사람 다 동의했다. 다른 참가자들이 서로 수군거리기 시작했는데, 내가 진행하려고 하는 것에 대해 염려하고 걱정스러워 하는 게 분명했다. 긴장됐지만, 나는 다른 토론 방식을 쓰면, 역학 관계가 바뀌고 두 사람이 서로 존재를 확인하고 경청하고 있다고 느끼게끔 이야기할 수 있다는 것을 잘 알고 있었다.

나는 마이크(가명)에게 좀 전에 일어난 일에 대해 테이프를 다시 감아 볼 용의가 있는지 물었다. 그리고 방어적으로 행동하면서 그녀가 상관을 오해하고 있다고 비난하는 대신, 모니카(가명)에게 그녀가 하고 있던 말을 자신이 잘 이해하지 못했다고 말해 볼 것을 제안했다. 나는 그에게 모니카에게 그녀가 상사와 대화할 때 어떤 느낌인지 좀 더 이야기해 줄 수 있는지 물어보라고 힘을 북돋아 주었다. 마이크가 그렇게 했다. 그가 말했다.

"모니카, 나는 당신이 하는 말을 잘 이해하지 못했어요. 내가 당신의 상사를 겪어 본 것과는 완전히 다르거든요. 당신이 그에게 다가가는 게 어떤 느낌인지 내게 좀 더 말해 주지 않겠어요? 나는 그에 대한 당신의 체험을 정말로 이해하고 싶어요."

모니카가 마음을 추스르며 잠시 말없이 앉아 있더니, 여성이며 유색인인 자신이 조직의 권력 구조와 어떻게 대면하는지에 대해 이야기를 했다. 그녀는 똑똑하지만(아마도 웬만한 사람들보다 총명할 것이다.) 정체성과 결부된 수치심이 자신을 옹호할 수 없게 하는 세상에서 자란다는 것이 어떤 것인지를 가장 상처받기 쉬운 취약한 상태가 되어 설명했다. 그녀의 의견은 경청되지 않았다. 그녀는 일생을 통해 수치심과 싸워 오고 있다고, 분노와 적의가 내면에서 독처럼 느껴지지만 그것을 어찌해야 할지 모르겠다고 말했다. 무엇보다도 그녀는 자신을 믿고 그에 따라 행동하기 위해 내면의 힘, 즉 존엄을 찾고 싶어 했다.

"화가 나서 죽을 것처럼 괴로워요."

그녀가 말했다.

"마이크, 나는 당신이 나를 이해하기를 바라고, 나도 당신을 이해하고 싶어요. 그리고 나는 당신이 내게 귀를 기울여 주었으면 싶고, 그러면 당신은 동정은 아닐지라도 나에 대해 그리고 내 삶이 어떠했는지에 대해 궁금증을 갖게 될 거예요. 나는 당신이 당신 안에 있는 것과 똑같은 존엄을 가진 한 인간으로 나를 봐주기를 바랍니다."

눈물이 얼굴을 타고 흘러내리는 채 그녀가 말했다.

"나는 당신이 내가 말하는 것이 진실이라고 호의적으로 해석해 주길 원해요. 그러면 나도 당신에게 똑같이 할 수밖에 없을 거예요."

남자가 의자에서 일어나 그녀가 앉은 자리로 건너오더니 그녀를 껴안았다. 치유의 대화가 시작되었다.

누군가가 현실에 대해서 우리의 이해와 일치하지 않는 어떤 이야기를 할 때는 성급하게 결론을 내리려는, 즉 우리가 더 잘 안다고 생각하려는 유혹이 생긴다. 잠시 멈추어 그 이야기에 우리가 쉽게 알 수 있는 정보보다 더 많은 게 있을지도 모른다고 생각해 보는 대신, 우리는 계속해서 방어적이 되는 경우가 많다. "당신이 틀렸어요."라고 말하는 대신에 "당신이 겪은 것에 대해 좀 더 이야기해 봐요."라고 어떤 사람에게 말하는 단순한 행동이 대화의 역학 관계를 완전히 바꿔 준다. 그 사람은 방어적으로 되는 대신에, 이제 자신이 존재를 인정받고 사람들이 자신에게 귀를 기울이고 있다고 느낄 수 있다. 더 많은 정보를 요청함으로써 잃을 것은 아무것도 없다. 반응이 어떻든 상관없이 그것은 우리의 이해를 풍부하게 할 것이고, 우리가 질문을 했고 그 사람의 견해가 우리에게 중요하다는 것을 보여 주었기 때문에, 그 사람은 좀 더 이해를 받는다고 느낄 것이다. 이해를 추구하는 것은 존엄을 존중하는 가장 손쉬운 방법 중 하나이다. 사람들이 이해받는다고 느끼게 해 주는 것은 짧은 한 문장 차이이다.

"좀 더 말해 줘요."

9장
자주성

사람들이 자신의 삶에 대한 결정권이 자신에게 있다고 느끼고
희망과 가능성의 의미를 체험할 수 있도록
자신의 의지로 행동하도록 격려하라.

전쟁은 힘으로 차이를 해결하려고 할 때 발생하는 불가피한 결과이다. 지배와 통제가 전쟁의 목표이다. 포로로 잡힐 수 있고, 국제법이 금지하고 있음에도 불구하고 심문받을 때 고문을 받는 것이 드문 일이 아니라는 것도 우리는 잘 알고 있다.

하버드에서 있었던 교전 중인 양측 간의 갈등 해결 워크숍이 끝나 갈 무렵, 나는 자신이 속한 공동체에서 지도적 역할을 하는 참가자 한 명과 함께 그가 정치 포로로 감옥에서 보낸 시간에 대해 개인적으로 대화를 나누었다. 내밀한 대화를 나누려던 것은 아니었다. 우리는 저녁 식사 자리에 서로 옆자리에 앉게 되어 한동안 가벼운 이야기를 나누었다. 친해지기 위해 그는 내게 질문들을 던졌는데 그것은 힘 있는 사람들이 자주 하는 일은 아니다. 힘 있는 사람들은 자신 이야기를 들려주느라 분주하기 때문이다. 어느 순간, 그가 농

담 삼아 감옥에서 보낸 시절에 대해 언급했다.

그가 포로였던 적이 있었다는 말에 깜짝 놀라 그때 어떠했는지 물었다. 그는 내 얼굴을 한참을 주의 깊게 관찰했다. 그가 무엇을 알려고 했던 건지 잘 모르겠지만, 잠시 후 그는 자기 자녀들보다 어린 간수들에게 매일매일 학대와 심문을 받는 동안 느낀 굴욕에 대해 이야기를 털어놓기 시작했다.

그가 들려준 한 가지 이야기는 내게서 영원히 지워지지 않을 것이다. 나는 그에게 굴욕을 당할 때 어떻게 반응했는지 물었다. 그가 말했다.

"어렸을 적부터 어머니는 누군가가 나를 부당하게 대할 때는 결코 대응해서는 안 된다고 가르치셨습니다. 이성을 잃어서는 안 된다는 것이었죠. 누군가가 내게 말로 상처를 입히건 몽둥이로 상처를 입히건 그건 중요하지 않다고 어머니는 말씀하셨어요. 그들이 너에게 상처를 입히고 있다는 사실을 그들에게 결코 알리지 마라. 게다가 그게 다가 아니었어요. 어머니는 얼굴에 미소를 유지해야 한다고 말씀하셨는데, 그것은 내가 그 사람이 내 권위를 손상시켰다고 여기는 만족감을 갖기를 원치 않기 때문이었어요. 내 존엄에 대한 결정권을 가진 것은 상처를 입힌 그 사람이 아니라 나니까요."

마지막 구절이 급소를 찔렀다. 나는 마음속으로 되새겼다. 나는 그가 말한 것이 옳다는 것을 깨달았다. 비록 우리 의지에 반하여 억류되어 있다 할지라도 우리 자신의 존엄을 결정짓는 것은 궁극적으로 우리 자신이다. 내 저녁 식사 동료가 해 준 말은 엘리너 루스벨트Eleanor Roosevelt가 했던 말을 상기시켜 주었다.

"누구도 허락 없이 우리를 열등하게 느끼도록 할 수는 없습니다."

한 시간 가까이 그의 이야기에 열심히 귀를 기울였던 대화가 끝나 갈 무렵, 나는 그에게 말했다.

"당신이 어떻게 그렇게 할 수 있었는지 잘 모르겠습니다. 나는 당신이 겪은 일을 그렇게 품위 있게 견뎌 낼 힘은 갖지 못할 것 같습니다."

그가 나를 물끄러미 바라보더니 울음을 터뜨렸다. 아주 잠시였지만, 그는 울었다. 그는 재빨리 진정하고, 잠시 손을 내 손 위에 올리고 나서는 반대편에 앉아 그의 어깨를 조용히 두드려 주고 있던 동료에게로 몸을 돌렸다.

"○○ 씨, 웨이터가 디저트로 뭘 드실 건지 묻네요. 크렘 브륄레 아니면 초콜릿 가토?"

이 이야기는 전쟁의 비인간적인 면과 그것이 어떻게 우리의 자유를 빼앗는지에 관한 것이지만, 타인을 통제하고 지배하려는 충동은 전쟁에 한정되지 않는다. 전쟁의 충동—타인에게서 힘을 빼앗기 위해 힘을 사용하려는—은 일상생활에서도 흔히 보는 충동이다.

많은 경우 소수집단은 지배적인 문화의 기준에 의해 자신들의 자유가 제한받고 있다는 사실을 깨닫게 되는데, 그 제한은 심각한 정치 불안을 유발하기에 늘 충분하다. 소수집단 성원들은 자기 자신과 자신들의 고유한 정체성을 드러내고자 한다. 강압 없이는, 자유롭게 자신의 언어를 말하고 종교 생활을 하고자 하는, 그들에게 의미 있는 방식으로 스스로의 삶을 살고자 하는 어떤 집단의 갈망을 꺾을 수 없다.

단지 국가적 수준에서만이 아닌 대부분의 관계에서 우리는 타인의 자유를 제한하고 싶어 하는 충동을 볼 수 있다. 아내를 통제하고 군림하려는 남편, 딸이 자신의 꿈을 이루어 가는 자주적 존재로 스스로 체험하는 일의 중요성을 알지 못하는 과잉 보호하는 엄마, 혹은 권위를 잃지 않을까 두려워 직원들의 고민을 경청하지 않으려 하는 경영진.

위압이나 통제domination가 갖는 진짜 문제점은 그것이 어떤 사람의 자주성을 빼앗고, 그럼으로써 존엄의 필수 요소 중 하나를 침해한다는 사실이다. 다른 모든 존엄 침해와 마찬가지로, 어떤 사람의 자주성을 빼앗는 것은 분노를 야기한다. 분노는 관계에 악영향을 미쳐 상대를 적으로 바꾸는 토대가 된다. 반면에 타인에게 자신감을 주기 위해 힘을 사용하는 것은, 그들의 자유를 보증하고 우리 자신의 자유를 지킬 뿐 아니라 타인과 관계 맺고자 하는 우리의 근원적 열망을 이루기 위해 내딛는 한 걸음이다.

10장
책임성

자신이 한 행위를 책임지라.
다른 사람의 존엄을 침해했다면 사과하라.
상처 주는 행동을 바꾸겠다고 약속하라.

9·11 사태가 있은 지 몇 달 후, 나는 동료 윌리엄 바이스버그와 함께 뉴욕 시에서 기독교계 성원 일부와 불교와 힌두교, 무슬림 종교계의 대표자들이 참여하는 이종교 간 대화의 자리를 이끌어 달라는 요청을 받았다. 긴장감이 팽팽했고, 갈등이 고조되었다. 그날 하루가 어떻게 진행될 지 모두가 초조한 마음이었다.

다양한 여러 종교에 대한 잘못된 생각들을 바로잡기 위해 준비된 오전 세션이 순조롭게 흘러가면서 진행자들은 큰 안도감을 느꼈다. 그런데 그 토론이 끝날 즈음, 기독교 목사 중 한 명(남성)과 한 명문 대학 무슬림 종교 고문(여성)이 이슬람 법 해석에 관한 논쟁을 시작했다.

두 사람은 커다란 타원형 테이블 반대편에 마주 앉아 있었다. 그들이 앞서거니 뒤서거니 하면서 토론을 주도하던 중, 무슬림 여성이 테이블 쪽으로 몸을 바짝 기울여 앉으며 기독교 목사를 똑바로 바라보면서 거의 속삭이는 소리로 말했다.

"지금 당신이 이슬람에 대해 나보다 더 많이 알고 있다고 말하는 건가요? 내가 지금껏 배운 모든 것들에 거슬러서 이슬람 법에 대한 당신의 해석을 받아들여야 한다고 말하고 있는 겁니까?"

목사는 당황하여, 일부러 공손한 척하는 말투로 그녀에게 말했다.

"그렇다면 당신은 이슬람 법에 대해 알고 있는 분은 당신뿐이라고 생각한다는 거지요? 그런데 나도 그것에 대해 조금은 알게 되었거든요."

인내심을 잃은 여성이 의자를 테이블 바깥쪽으로 빼고는 팔짱을 끼고 앉으며 말했다.

"가망이 없군요. 나 자신과 내가 알고 있는 것에 대해 존중받지 못한다면, 이런 식의 토론은 못 하겠어요."

참가자들이 자리를 고쳐 앉았다. 윌리엄과 나는 서로 눈짓을 주고받은 다음 휴식을 요청했다.

모두가 긴장된 상태로 커피를 마시는 동안, 나는 그 기독교 목사가 양손을 호주머니에 넣고 고개를 떨군 채 방 뒤편을 서성거리고 있는 모습을 보았다.

5분 후, 우리는 테이블로 돌아왔다. 다른 누군가가 입을 열기 전에, 그 목사가 자신이 먼저 이야기를 해도 되겠냐고 물으며 우리 모두에게 발언 신청을 했다. 그는 잠시 말없이 앉아 있더니 의자 끝에 엉덩이만 걸친 자세로 옮겨 앉아 양손을 테이블 위에 포개 올렸다. 그 무슬림 여성을 바라보며 그가 말했다.

"○○ 씨, 휴식 직전에 내가 그런 식으로 행동한 것에 대해 사과하고 싶습니다. 당연히, 당신이 이슬람에 대해 나보다 더 많이 알지요. 그리고 이 문제를 정확히 하자면, 이슬람 법에 대해 당신에게서 배울 사람이 바로 나입니다. 휴식 전에 벌어진 일을 당신이 이해할 수 있으려면 나에 대해 알아야 할 게 좀 있어요. 나는 남성 우월주의를 벗어나게 된 남성이고, 일상에서 내가 가진 남성 우월적 태도를 제어하기 위해서는 노력이 필요합니다. 그러니 부탁드립니다. 당신에게 용서를 구합니다."

○○ 씨는 깜짝 놀랐다. 그녀는 또 다른 공격에 대비하고 있었던 것으로 보였는데, 그의 사과에 깜짝 놀랐던 것이다. 그가 한 말이 접수되기까지는 몇 초가 흘러야 했다. 그녀가 심호흡을 하고 한숨을 내쉬었다. 표정이 부드러워지면서 그녀가 차분히 말했다.

"당신의 사과를 받아들일게요."

이 사례는 그 일이 일어난 날이 마치 오늘인 듯 내 머릿속에 지금도 생생하다. 휴식 중에 그 목사가 서성거리는 것을 보면서 나는 그가 어떤 반응을 보일지 전혀 알지 못했다. 동료 윌리엄과 함께 그 이슈를 준비하면서도 우리는 적잖은 두려움을 가졌다. 스스로 상처 입기 쉬운 취약한 상태가 됨으로써, 최선을 다해 자신을 드러내고 자신이 한 행동을 책임진 그의 모습은 우리 모두를 놀라게 했다.

사과가 매우 드물게 일어나는 일이라는 사실은 긴 분쟁을 벌여 온 교전 당사자들이 계속해서 보여 주고 있기 때문에, 우리의 놀라움은 컸다. 나중에 다시 다루겠지만, 체면을 세우고 싶은 욕구는 인간 진화의 유산에서 가장 근원적인 것 중 하나이고, 그것은 마음속 깊은 곳에서 내면의 한 속성이 옳다고 인식하고 있는 행위를 하지 못하게 가로막으면서 우리 존재에 엄청난 해를 끼친다. 체면을 세우려는 충동과 맞서 싸우는 데는 막강한 힘이 필요하다. 자신이 한 일이 잘못되었다고 인정하는 사람은 극히 드물다. 타인의 눈에 형편없어 보일지 모른다는 두려움과 존엄을 잃을지 모른다는 두려움을 이겨 내는 건 불가능에 가깝다. 그 역설은 주목할 만하다. 그 목사가 자신이 잘못했다는 것을 인정하고 용서를 구했을 때 그는 존엄을 잃지 않았을 뿐 아니라 오히려 그것을 획득했다. 우리 눈에 모두의 기분을 불쾌하게 하고, 교만해 보였던 그가 고상하게 여겨졌다. 그는 상처 입기 쉬운 취약한 상태를 드러냄으로써 우리 모두가 마음을 열게 했다.

신경과학자들이 우리 인식에 일어난 변화를 어떻게 설명할지는 잘 모르겠다. 우리가 그의 취약함을 느끼도록 해 준 것이 실수에 대한 그의 진심 어린 인정이었을까? 우리가 그에게 마음을 열고 감동하게 한 것은 우리의 거울 뉴런이었을까? 우리의 뉴런은 누군가의 뉘우침이 거짓이 아닐 때 알아챌 수 있을까? 바로 몇 분 전에 존엄을 침해받았던 그 무슬림 여성은 왜 사과를 받아들일 수 있었던 것일까?

그 목사의 주목할 만한 화해 시도는 자신의 존엄을 되찾아 주었고 무슬림 여성의 존엄도 동시에 영예롭게 했다. 그가 한동안 성차별적 사고와 씨름을 벌여 왔던 것 또한 분명하다. 스스로를 방어하지 않고 인정하는 타인의 모습에는 강렬한 무언가가 있다. 그 목사는 자신의 Me를 제쳐 놓고 I를 불러냄으로써 존엄하고 정당한 것을 행하는 데까지 한 발 더 나아갔다.

그의 행동은 왜 우리를 감동시켰을까? 아마도 입장을 철회하고, 사과하고, 실수를 책임지는 일이 얼마나 어려운 일인지 우리가 잘 알기 때문일 것이다. 상처 입기 쉬운 상태가 되는 데는 지독한 용기가 필요하다는 사실, 형편 없이 보이는 것, 아마도 더 심하게는 불쌍해 보이는 것을 무릅쓰는 데는 힘과 의지가 필요하다는 사실을 우리는 잘 알고 있다. 그렇지 않으면, 우리는 어쩌면 사람들이 자신이 한 행동, 특히 곤란한 상황에서 책임지면서 옳은 일을 하는 것을 보게 되면, 우리가 그렇게 되고자 하는 모습을 떠올리기 때문일지도 모르겠다. 감동을 받게 되면, 우리 또한 가장 최선의 생존 본능—자신이 될 수 있는 최선의 모습을 향해 떨리는 한 걸음을 내디딘 누군가에게 힘을 북돋아 주고 싶은 충동—에 반응하게 된다.

2부

존엄을 침해하는 열 가지 유혹

*

미끼 물기 Taking the Bait

미끼를 물지 마라. 타인의 잘못된 행위가 나 자신의 행위를 결정짓지 않게 하라. 자제하는 것은 존엄의 거의 전부다. 보복하는 것을 정당화하지 마라. 상처를 입힐 일이라면, 그들이 내게 했다고 해서 그대로 하지 않도록 하라.

체면 세우기 Saving the face

체면을 세우고 싶다는 유혹에 무너지지 마라. 거짓을 말하거나, 사실을 덮거나, 자신을 속이려 하지 마라. 자신이 한 일에 대해 사실을 이야기하라.

책임 회피하기 Shirking Responsibility

타인의 존엄을 침해했을 때 책임을 회피하지 마라. 실수했을 때 그것을 인정하고, 누군가에게 상처를 입혔을 때 사과하라.

그릇된 존엄 추구하기 Seeking False Dignity

찬성을 얻고 칭찬을 듣는 식으로 외부로부터 인정을 받으려는 욕구를 경계하라. 만약 우리가 우리 가치를 입증하는 데 타인들에게만 의존한다면, 그릇된 존엄을 추구하고 있는 것이다. 진정한 존엄은 우리 안에 있다. 그릇된 존엄을 추구하려는 유혹에 빠지지 마라.

그릇된 안전 추구하기 Seeking False Security

관계 맺고자 하는 욕구 때문에 존엄을 양보하지 마라. 존엄이 일상적으로 침해되는 관계를 유지한다면, 관계에 대한 욕구가 존엄을 지키려는 욕구를 능가한다는 것이다. 그릇된 안전을 위해 타협하고 싶어 하는 유혹에 저항하라.

갈등 회피하기 Avoiding Conflict

자신의 권리를 옹호하라. 존엄이 침해되었을 때 대결을 피하지 마라. 행동에 나서라. 어떤 침해 행위가 일어나는 것은 관계의 어떤 면에서 변화가 필요하다는 징조이다.

피해자 자처하기 Being the Victim

문제가 있는 관계 안에서 자신이 무고한 피해자인 척하지 마라. 마음을 열고, 그 문제의 원인을 스스로가 제공했을 수도 있다고 생각해 보라. 타인이 나를 보듯 자신을 바라볼 필요가 있다.

타인의 비판적 견해에 저항하기 Resisting Feedback

타인의 비판적 견해에 저항하지 마라. 나는 내가 무엇을 모르는지 잘 모르는 경우가 많다. 누구에게나 맹점이 있어서, 우리는 모두가 본의 아니게 품위 없는 행동을 하게 된다. 자기 보호 본능을 이겨 내고 건설적 비판을 받아들여야 한다. 피드백은 성장할 기회를 준다.

죄책감을 벗기 위해 타인을 비난하고 모욕하기
Blaming and Shaming Others to Deflect Your Own Guilt

죄책감에서 벗어나기 위해 타인을 비난하고 모욕하지 마라. 타인을 형편없는 사람으로 만들어서 자신을 방어하려는 충동을 통제하라.

그릇된 친밀감에 빠져 험담 나누기
Engaging in False Intimacy and Demeaning Gossip

타인을 비하하는 험담을 나누면서 관계를 맺으려는 경향을 경계하라. 그 자리에 없는 누군가를 비판하고 평가하는 것은 해롭고 품위가 떨어지는 행동이다. 다른 누군가와 친밀한 관계를 맺고 싶다면 자신에 대해, 내면세계에서 일어나는 것들에 대해 진실을 이야기하고 상대도 나처럼 하게 하라.

존엄 모델을 만들 때, 나는 우리가 1부에서 살펴본 존엄의 열 가지 필수 요소를 개발했다. 그 모델의 목표는 한편으로는 존엄성을 존중하는 것이 어떤 모습일지, 또 한편으로는 자신의 존엄이 침해되거나 타인의 존엄을 침해하는 것이 어떤 모습일지 분명하게 그림을 보여 주려는 것이었다. 존엄 침해 행위들을 설명하려면, 추상의 영역에서 존엄이라는 개념을 가져와 그것을 우리 일상생활의 일부로 만들 필요가 있다. 또한 열 가지 필수 요소들은 존엄에 대해 대화를 나눌 수 있는 언어를 제공해 준다. 열 가지 요소들을 알게 되면 사람들은 마음이 상해 돌아선 누군가와 상호작용 중에 일어난 일에 이름을 붙일 수 있게 되고, 그 체험을 인정받게 된다.

열 가지 필수 요소에 관해 몇 차례 워크숍을 가진 후, 나는 퍼즐 한 조각이 빠져 있음을 깨달았다. 우리들 자신이 존엄을 침해하는 방식 또한 우리 안에 내장된 본능에 포함되도록 존엄 모델이 확장될 필요가 있다고 느꼈다.

존엄을 침해하는 열 가지 유혹은 내가 진화심리학에서 얻은 통찰로부터 나왔다. 이미 지적했듯, 우리가 가진 수많은 자기 보호 본능들은 물리적 생존이 최우선 관심사였던 시절에 우리 선조들에게 큰 도움이 되었다. 누군가가 우리에게 해를 입힐 때 맞서 싸우거나 도망가는 본능은 그러한 본능 중 하나이다. 하지만 생각도 하기 전에 행동하도록 내장된 본능들은 그 밖에도 수없이 많다.

체면을 세우고 싶고, 타인이 우리에게 호의적 견해를 갖게 하고 싶은 욕구는 생존에 보탬이 되도록 발달되어 온 하나의 심리적 기제이다.[1] 다른 모든 유산들과 마찬가지로, 체면을 세우려는 반응 역시 우리의 체면을 살려 주기보다는 오히려 더욱 곤란한 상태에 빠지게 한다. 잘못된 행동을 했을 때 은폐하려는 행위는 21세기를 살아가는 우리에게 별 도움을 주지 못한다. 이 책의 2부에서는 맞서 싸우거나 도망가려는 충동 말고도 우리의 진화적 유산이 문제를 일으키는 열 가지 모습을 소개할 것이다. 오늘날 현실에서 시대에 뒤진 반응들은, 우리가 그러한 반응들을 통제하거나 그에 맞서지 않는다면 우리들 스스로가 자신의 존엄을 침해하게 할 수 있다.

진화심리학은 우리가 그런 성향을 가졌다고 해서 우리가 영원히 그런 운명에 처하는 것은 아니라고 말해 준다. 《잃어버린 혁명: 사회과학자들을 위한 다윈주의Missing Revolution: Darwinism for Social Scientists》의 저자 제롬 바코Jerome Barkow가 말하듯, "우리가 묵살하지 않는 한, 생물학은 과학이다."[2]

첫 단계는 우리가 직면하고 있는 것들을 인식하는 것이다. 그런 다음 우리는 그것을 우회할 조치들을 취할 수 있다. 진화적 유산이 우리 행동에 어떻게 영향을 미치는지 터득하게 될 때까지 우리는 거기에 속박되어 있게 될 것이고, 우리가 최선의 존재로 되어 가는 과정이 억제될 것이다.

우리가 물려받은 유산—우리의 인간성 중 우리가 첫 호흡을 하기 전 억겁의 시간이 투입된 측면들—에 대해 터득해야 할 것이 정말로 많다.[3] 이 지식 없이 우리 사고는 현재의 우리 모습에 대해, 생애 동안 우리에게 가능한 것이 무엇인지에 대해 중대하고 파괴적인 왜곡을 만들어 낼 가능성이 크다. 본성 대 양육nature versus nurture의 문제를 비롯한 우리를 인간이게 해 주는 것과 관련한 모든 문제들로 여전히 씨름을 벌이고 있는 터라, 결국 우리는 어떤 것들에 대해서는 너무 심하게, 또 어떤 것들에 대해서는 너무 경미하게 개인의 문제로 받아들이게 된다. 예를 들어, 어떤 것이 우리의 과실이고 어떤 것이 우리의 책임인지 결정하는 데 우리는 많은 경우 고유하게 인간적인 부분—최소로 저항하겠다는 방침이 최대의 파괴로 이끄는 방침이 될 수도 있다는 것을 알고 있는 속성—대신 근원적 생존 본능을 가진 부분이 의사 결정을 좌우하게 하면서 최소 저항의 방침을 택한다.

누군가가 존엄을 침해할 때, 우리는 그것을 개인의 문제로 받아들이는 경향이 있다. 그것이 우리에게 일어났기 때문에 기분이 나쁘고, 그 때문에 자신에 대해 속상해한다. 그 침해 행위는 자기 회의를 불러일으킨다. 상처받기 쉬운 타고난 인간적 취약함으로 인해 우리는 자신의 가치를 손상시키면서 열등하게 혹은 하찮게 다루어지는 것에 반발한다. 하지만 만약 우리가 그러한 침해 행위에 반응하는 유전적 메커니즘을 이해한다면, 예컨대 낮아진 지위에 따른 무기로서 수치심이 발달했을 것이라는 것을 안다면 우리는 그러한 것들을 그토록 심하게 개인의 문제로 받아들이지 않을 것이다. 인류의 초기 발달 단계에서, 지위를 얻는 것은 생존의 더 나은 기회와 더 나은 재생산 파트너를 확보하는 방법이었다. 물론 그것은 오늘날에도 어느 정도 여전하다.[4] 강력한 내면의 정신적 메커니즘이 경쟁에서 완전한 승리를 거두도록 진화한 것은 전혀 이상한 일이 아니다.

만약 우리가 우리 모두에게 경향성으로 존재하는 즉각적인 반응들에 대해 제대로 알고 있다면 우리는 그에 대한 올바른 관점을 가질 수 있다. 우리의 잘못이 아님에도 진화해 온 생물학적 특성들 상당 부분은 현재를 살아가는 우리에게 잘 작동하지 않는다. 좋은 소식은, 우리가 유산으로 물려받은 반응들을 분간하여 그것을 회피할 수 있다는 점이다. 우리는 본연의 우리 모습에 대한 진실—사는 동안 어떤 일이 일어나건, 어떤 일을 하건 간에 우리 모두가 가치 있는 인간으로 태어났고 가치 있게 죽을 것이라는—을 직시할 수 있다. 최선의 인간이 되어 가는 과정은 가치 있는 사람이라는 사실을 깨닫고 받아들일 것을 요구한다.

존엄을 침해하는 열 가지 유혹은 모두 우리가 스스로 통제할 수 있는 성향들이다. 때로 우리는 자제해야 하고, 즉 본능에 따라서만 행동하는 것을 삼가고, 때로는 아무런 행동도 하지 않으려는 충동을 이겨 내야 한다. 모든 인간은 이러한 성향들을 공유한다. 종 차원의 문제이기 때문이다. 다른 문화에서 살아가는 사람들은 다르게 반응하지만, 궁극적으로 이러한 경향들은 우리에게 공통되는 유전적 성질이다.

내가 워크숍에서 그 열 가지 유혹들을 소개하면, 사람들은 마치 보통 스스로에 대해 인정하고 싶어 하지 않는 내면의 어두운 뭔가를 드러냈다는 듯 자기도 모르게 불편함을 느낀다. 바로 그 즉각적인 수치심 섞인 반응은 우리가 극복해야 하는 또 한 가지 종 차원의 장애물이다. 그 유혹들이 우리 모두가 인간이라는 이유로 공유하는 어떤 것이라는 사실을 깨닫는다면, 그것들을 내면의 일부로 인정하고 수용하는 데서 오는 곤혹스러움을 받아들일 수 있게 된다. 우리의 본능이 자신들이 더 잘 안다며 전면에 나설 때, 그 유혹들에 대처하면서 존엄을 지키려면 당혹스러운 공포를 반드시 통제할 필요가 있다. 일단 당혹감을 비켜갈 수 있다면, 본능이 우리를 지배하기 전에 우리가 먼저 통제하는 법을 배울 수 있다. 이제 열 가지 유혹이 어떤 모습인지, 어떻게 하면 우리가 완강하게 버티는 진화적 유산을 알아볼 수 있는지, 자신과 타인의 존엄을 침해하려는 유혹을 저지하기 위해 무엇을 할 수 있는지 알아보자.

11장
미끼 물기

미끼를 물지 마라.

타인의 잘못된 행위가 나 자신의 행위를 결정짓지 않게 하라.

자제하는 것은 존엄의 거의 전부다.

보복하는 것을 정당화하지 마라.

상처 입힐 일이라면, 그들이 내게 했다고 해서 그대로 하지 않도록 하라.

지하철 종점은 혼잡했다. 열차가 들어오자, 또 한 차례 이리저리 밀치면서 사람들이 쏟아져 나왔다. 아이팟을 귀에 꽂은 한 청년이 플랫폼에 서 있던 남자와 부딪혀 남자가 넘어질 뻔했지만 바로 뒤에 서 있던 여자 덕분에 그 사람은 넘어지는 것을 면할 수 있었다. 아이팟 청년이 즉시 미안하다면서 자신이 주의를 기울이지 못했다고 말했지만, 그가 부딪혔던 남자는 너무 화가 나서 싸우려 들었다. 그는 폭언을 퍼부었고, 함께 있던 두 사람이 그가 주먹을 휘두르지 못하도록 말렸다.

아이팟 청년이 대응하지 않으려고 애쓰는 것을 알 수 있었다. 그는 몇 차례 심호흡을 하더니 아이팟 화면에 나온 곡 목록에 시선을 고정한 채 움직이지 않고 서 있었다. 청년이 불현듯 덤벼들 거라는 생각이 들었다. 그런데 그는 이어폰을 귀에 꽂고, 배낭을 바로잡고, 그 자리를 떠나 버렸다. 상대 남자는 열차 문이 등 뒤에서 닫히고 열차가 출발하는 동안 청년에게 계속해서 고함을 쳤고, 군중들은 이내 흩어졌다. 아이팟 청년이 출구 경사로를 걸어 올라가 시야에서 사라질 때까지 친구들이 그 남자를 여전히 진정시키려 애쓰는 모습을 나는 내내 지켜보았다.

이 이야기는 우리를 부당하게 대우한 타인에게 맹렬하게 반격을 하고 싶어 하는 강렬한 유혹에 관해 설명해 준다. 그 반응은 타고난 것이어서 우리는 위협적인 상황에서 자신을 보호하려 한다.

어떤 위협에 위협으로 반응하고 싶은 유혹은 이를테면 미끼를 무는 것처럼, 아마도 거울 뉴런의 부정적 측면에 대한 설명이 될 것이다. 이 책의 앞 부분에서, 다른 사람이 느끼는 것을 느낄 수 있게 해 주는 우리 두뇌의 이 특별한 세포들의 발견에 대해 설명했다. 이 뉴런들은 타인의 감정 체험을 읽을 수 있게 해 준다. 어느 누군가가 슬픔을 느낄 때, 이 뉴런들이 자동적으로 내 안에 있는 같은 뉴런들을 자극하여 같은 슬픔을 느끼게 한다. 이 뉴런들이 우리로 하여금 연민을 느끼게 해 주고, 근원적 공감으로 타인과 관계를 맺게 해 준다. 하지만 뉴런들은 다른 누군가가 느끼는 분노와 증오, 그리고 부정적 태도를 우리 내면에 일으키는 힘 또한 갖고 있다.

위 이야기에서 명백한 것은 아이팟 청년과 부딪힌 남자에게 가해진 위협이 비교적 사소했다는 점이다. 그가 보인 격렬한 반응은 아이팟 청년이 맹렬하게 반격에 나서도록 자극해서 두 사람 모두를 위기로 몰고 갈 수도 있었다. 하지만 아이팟 청년은 미끼를 물지 않았다. 그는 반격에 나서려는 자신의 강렬한 본능과 싸워 이겼다. 그리고 그가 이겼기 때문에, 그는 자신이 어떻게 행동할 것인지 선택을 할 수 있었다. 그의 I가 사태를 장악했고, 그는 결국 자신의 존엄을 온전히 지켜 냈다.

부딪힌 남자의 반응은 오늘날 우리가 행하는 자동 반사 반응이 과다하게 나타나는 모습을 설명해 준다. 타인의 위협적 행동이 우리를 압도할 때 우리가 보이는 반응은 많은 경우 애초의 도발만큼이나 옳지 않지만, 그렇게 반응하는 것이 정당하다고 느끼기 때문에 그것이 옳지 않다는 생각을 하지 못한다. 당시에나 어쩌면 나중에라도, 자각하지 못하고 우리는 상처 입힌 사람들에게 상처를 주는 것은 괜찮다고 생각한다. 실제로 부지불식간에 우리는 온갖 미묘한 방식으로 인지한 공격에 대해 복수와 보복을 하려 한다.

언젠가 나는 약국에 약을 받으러 가는 친구와 동행했다. 친구가 한 번에 1회 분량 이상의 약을 받을 수 있는지 순진한 질문을 했을 때, 약사가 친구에게 짜증을 냈다.

"그건 불가능해요. 딱 한 차례 분량만 드릴 수 있어요. 다시 오셔야 해요."

내 친구의 마음을 상하게 한 것은 그녀의 말보다는 멸시하는 듯한 부정적 말투였다. 나는 친구가 즉각 반발하는 것을 볼 수 있었다. 얼굴이 붉어지고 목소리에 날이 섰다. 그는 화가 나서 그녀의 책임자를 만나겠다고 요구했다. 약사는 책임자가 자리에 없다고 대답했다. 나 역시 마음이 상하기 시작했는데, 친구가 화를 가라앉히지 못하고 있었기 때문이다. 진정시키려 했지만, 그는 마치 내가 그 자리에 있지도 않다는 듯이 행동했다. 마침내 약국을 나섰을 때, 우리는 벌어진 일에 대해 의견을 주고받았다. 그는 그런 식으로 반격하지 않았어야 했다는 것을 인정했다. 이야기는 그렇게 마무리된 것 같았다.

나중에 나는 친구가 다음 날 약국에 전화를 걸어 그 책임자에게 약사를 해고하라고 요구했다는 사실을 알게 되었다. 안타깝게도 내 친구는 성공을 거두었다. 약사가 해고 통보를 받았던 것이다. 몇 주가 지나서 나는 친구에게 거울을 비춰 주면서 그 사건을 들여다 보게 했다. 나는 앙갚음하고자 하는 그의 욕구가 그 가련한 여성의 일자리를 잃게 했다는 것을 지적했다. 나는 그 약사가 친구의 질문에 퉁명스럽게 대답했다는 사실은 인정하지만 친구의 행동도 마찬가지로 품위를 잃었다는 사실을 알려 주었다. 그는 미끼를 물었던 것이다. 독선은 우리가 가진 최선의 자아를 점령해서 타인에게 상처 입히는 것이 어떻게 정당화되는지 볼 수 있는 능력을 약화시키는 힘을 갖고 있다.

위의 사례들은 우리가 가진 강렬한 인간적 본능들을 이해하는 것이 얼마나 중요한지 보여 준다. 우리가 진화적 유산, 즉 위협의 근원을 제거하고 싶게 만드는 본능들에 대해 인식하지 않는다면, 우리는 그것의 노예가 된다. 하지만 우리는 본능이 우리의 좀 더 선한 판단을 대신할 때 자제할 수 있는 역량을 갖고 있다. 우리는 반발을 멈추고 변화를 가져올 수 있다. 우리 모두가 삶 속에서 수없이 많은 모욕적 행위들로 고통을 받는다. 인간은 본능적 반응으로 가는 길로는 수월하게 나아가게 되어 있다. 우리가 서로의 인간적 취약함을 인정하는 것을 배우고, 자기 보호를 위해서 서로에게 엄청난 상처를 입힐 수 있는 능력이 있다는 사실을 잘 알게 될 때까지, 우리는 모욕적 행위를 끝없이 거듭하는 악순환의 고리에 갇혀 있게 될 것이다.

자제는 존엄을 이루는 거의 전부이다. 우리 모두 미끼를 물지 않고 자신을 억제할 수 있다. 우리에게 선택의 여지가 있음을 인식해야 한다. 우리의 정체성을 이루는 다른 부분들, 즉 Me와 반대되는 I는 우리가 타인에게 상처를 입힐 때 자신에게도 상처를 입힌다는 사실을 인식한다. 자각의 힘은 본능이 우리를 위기로 몰고 갈 때 그것을 사용할 수 있다는 데 있다.

분쟁 시기에는 자기 보호 본능을 자제하는 것이 특히 더 어렵다. 나는 그것을 국제분쟁들 속에서 목도하고 있다. 한 집단이 일반인들이 다니는 분주한 거리에 자살 폭탄 테러범을 보내고, 상대편은 보복에 나서 폭탄으로 무고한 사람들을 죽인다. 우리의 본능은 적으로 인식된 그 사람들을 전멸시키려고 할 뿐이다.

한 저명한 파키스탄 외교관에 따르면 중동과 무슬림 세계에서 여전히 만연한 반미 감정은 미국이 9·11 테러 여파로 저지른 심리적 모욕 행위들에 기인한 것일 수 있다. 상처 입은 존엄을 회복하려고 미국은 외교정책을 통해 대부분의 무슬림 세계에 막대한 모욕을 주었다. 설상가상으로, 미국 정부는 그 정책을 추진한 것을 정당하다고 여겼다.

자기 보호 본능의 본거지인 Me는 문제를 해결하는 것, 상대방의 관점을 취하는 것, 공감을 느끼는 것에 대해서는 아무것도 알지 못한다. 안타깝게도 I만이 우리가 단행한 보복 욕구가 상대를 제거할 뿐 아니라 폭력의 악순환을 초래한다는 사실을 인식한다. 하지만 자각의 언어, 즉 I와 Me를 불러냄으로써, 우리는 타인의 옳지 않은 행동에 반응할 때 누가 일을 처리하는지 식별할 수 있다. I 아니면

Me, 누가 의사 결정권자가 되기를 원하는가?

　우리는 타인의 옳지 않은 행동에 대해 어떻게 행동할지 부지불식간에 결정하도록 스스로를 방치해서는 안 된다. 이것이 바로, 자기 보호 본능이 우리를 분노와 보복으로 몰아갈 때 존엄을 지키기 위해 자제심을 사용하는 의미이다. 폭력과 상처는 더 많은 폭력과 상처를 야기할 뿐이다. 내 친구가 약사가 제공한 미끼를 물었다는 사실을 알기까지는 오랜 시간이 걸렸다. 그 약사가 친구에게 짜증을 부림으로써 부당하게 행동했던 것은 사실이다. 만약 내 친구가 벌어지고 있는 상황, 요컨대 약사가 존엄을 침해했을 때 본능이 반격할 태세를 갖추고 있다는 것을 인식했더라면, 그는 자제할 수 있었을지도 모른다. 하지만 그러는 대신 그는 모욕을 주는 방법으로 빠져들어 상처를 되돌려 주었을 뿐 아니라 오히려 상처를 막대하게 키우기에 이르렀다.

　존엄 모델에서 얻은 몇 가지 통찰, 즉 어떻게 하면 그가 자제하여 존엄을 손상시키지 않을 수 있었을지를 공유한 후에, 그는 자신이 뒤섞인 감정 상태에 있었다는 사실을 인정했다. 비록 그의 Me는 기뻐했을지 몰라도, 그의 I는 부끄러워했던 것이다. 이것은 복잡할 뿐 아니라 종종 전투 중인, 우리 내면에 있는 두 속성의 치열한 실상을 보여 주는 완벽한 사례이다.

12장
체면 세우기

체면을 세우고 싶다는 유혹에 무너지지 마라.
거짓을 말하거나, 사실을 덮거나, 자신을 속이려 하지 마라.
자신이 한 일에 대해 사실을 이야기하라.

체면을 세우고 싶은 유혹은 공격 도피 본능 fight-or-flight instinct 만큼이나 강렬하지만, 어쩌면 우리는 타인의 눈에 좋게 보이고 싶은 만큼 그 유혹이 얼마나 자동적이고 그 충동이 얼마나 뿌리 깊은지 인지하지 못하는지도 모른다. 우리가 마음 상하게 하는 말과 행동이 드러날 상황 혹은 위기에 직면하고 그것을 시인할 준비가 되어 있지 않을 때, 이 본능은 우리에게 거짓을 말하라고, 진실을 숨기라고, 자신을 보호하기 위해 필요한 것이라면 무엇이라도 하라고 가르친다. 우리의 결점과 무능, 혹은 도덕성의 결여가 알려질 것에 대한 공포는 우리를 거짓말쟁이로 바꿔 놓기에 충분하고, 따라서 우리는 우리 자신의 존엄을 침해하게 된다. 역설적이게도 우리는 존엄을 보호하기 위해 거짓말을 하지만, 그 결과 존엄 침해도 심화시킨다는 것이다.

탁월하고 존경받는 사람들이 그런 상황에 직면했을 때 자신의 나쁜 행동에 대해 거짓을 말하는 것을 얼마나 수없이 보아 왔던가? 심지어 미국 부통령 후보였던 존 에드워즈John Edwards는 내연녀가 아이를 가진 사실을 은폐했다. 그는 마치 거짓말이 크면 클수록 사람들이 자신을 믿게 될 가능성이 더 커지기라도 한다는 듯 터무니없는 거짓말을 했다. 자신의 경솔한 행동의 증거에 이론의 여지가 없어졌을 때, 그는 공개적으로 용서를 구했다. 그는 완전히 노출되는 처지가 되었다. 결국 그는 최후까지 최악의 공포 상태로 지냈다.

자신의 내연녀를 만나러 아르헨티나로 여행에 나선 사실이 드러났을 때 사우스캐롤라이나의 마크 샌포드 주지사 역시 같은 실수를 저질렀다. 혼외정사를 은폐하려는 것이 그의 초기 충동이었다. 그는 애팔래치아 트레일Appalachian Trail로 도보 여행에 나섰던 것이라고 발표했다. 쌓여 가는 증거로 인해 거짓말이 드러나자, 그는 텔레비전에 나와 간통한 사실을 자백했다. 그런 경우 대중은 대부분 역겨워하기 마련이다. 만약 샌포드가 처음부터 정직하게 잘못된 행위를 시인했더라면, 대중은 동정심을 보냈을지도 모른다. 우리의 거울 뉴런은 진심 어린 반성과 실토를 감지할 수 있다.

우리가 체면 세우기 유혹의 희생물이 되는 정치인같이 될 이유는 없다. 체면을 세우려는 욕구는 지나치게 반발하는 자기 보존 본능과 연결되어 있는 직접적 고리를 상징한다. 우리는 모두 그 점에 취약한데, 그것이 우리가 가진 공통된 인간성의 일부이기 때문이다. 어떤 문화에서 살아가는 사람들은 다른 사람들보다 훨씬 더 취약하다. 내 워크숍에 함께했던 한 일본인 참가자는 좌중에게 일본인 남성의 경우 약점이 드러나는 치욕보다는 차라리 자살을 택하는 것이 드물지 않다고 말했다.

우리가 사실을 시인하고 스스로를 노출시킬 때, 그러한 시인의 효과는 자기 보호적인 Me가 예상했던 것과는 반대인 경우가 많다. 노출한다는 것은 힘을 필요로 하고, 타인들은 우리가 솔직하게 행동하면 감동을 받는다. 우리는 체면을 세우고 싶은 충동을 이겨 내는 데 노력이 필요하다는 것을 잘 알고 있다. 정직하다면, 우리는 속임의 덫에 사로잡힌 사람들에게서 자신을 볼 수 있고 우리가 정당한 일을 하고자 하는 도덕적인 꿋꿋함을 가질 거라는 희망을 품을 수 있다.

존엄을 위한 투쟁은 내면에서 I와 Me 사이의 전투에 직면하게 한다. I는 자아를 드러내고 잘못을 시인할 때 따르는 두려움과 맞서 싸우기 원하고 Me는 숨기고 거짓말하려 한다. 그 투쟁은 두 가지 인간적 진실 모두를 인정할 때까지 우리를 모순된 감정 상태에 놓아 둔다. 그리고 우리가 존엄을 유지하도록 정당한 근거로 옳은 선택을 하게 한다.

모욕당하는 것에 대한 인간적 공포는 매우 강렬해서, 우리가 저지른 행위에 대한 진실과 대면하는 것뿐 아니라 성장과 발전을 지속하는 데서도 엄청난 장애물이 된다. 어리석거나, 무능하거나, 불성실하거나, 혹은 어떤 면에서든 뒤떨어져 보일지 모른다는 공포는 우리로 하여금 현재 수준의 자각을 넘어설 수 없도록 방해한다. 다양한 역기능이 우리를 계속해서 노예로 만들 수 있다. 우리의 존엄은 물론이고 타인과 맺는 관계마저 위기에 처하게 된다. 타이거 우즈는 여성들 사이에서 있었던 문제 있는 행위를 잘 처리하지 못함으로써, 자신의 명성은 물론이고 결혼 생활과 가정에마저 손상을 입혔다. 몇

개월이 지나서야 그는 기자회견에서 자신의 부정행위를 인정했다.

체면을 세우려는 충동은 기관들에서도 나타난다. 가톨릭교회가 은폐한 사제들 사이에 만연한 소아애를 시인하는 데 얼마나 걸렸는지, 미군이 이라크 아부그라이브 교도소에서 있었던 수감자 학대를 시인하는 데 얼마나 걸렸는지 생각해 보라. 교회도 정부도 고결하지 않게 보이는 것을 원치 않는다.

진화적 견지에서, 우리가 비행을 드러내거나 실수를 시인하면, 우리는 집단에서 추방되는 상태에 이르게 된다. 자기 방어 본능의 힘은 일단 활성화되면 우리로 하여금 거짓말, 자기기만을 비롯한 모든 형태의 은폐 행위를 포함하여 체면을 세우기 위해서라면 어떤 수단이라도 다 사용하라고 지시한다.[1] 진화에 따른 이렇게 강렬한 힘들은 진실을 말하고 대면하는 데 실질적인 장애물이 되어 갈등을 해결하기 어렵게 만든다. 부당하게 취급당했다고 느꼈을 때, 사람들은 그 부당한 행위에 대한 인정을 받기 원한다. 하지만 잘못을 저지른 사람들은 이 힘에 의해 진실을 말하지 않도록 억제된다. 이 역학 관계는 개인들의 상호 관계에서뿐 아니라 정치적 차원에서도 마찬가지로 그대로 벌어지는데, 그것이 인류라는 종 차원의 현상이기 때문이다. 그것은 인간들이 관여하는 모든 갈등에 영향을 미친다.

자기 보존을 위해 우리 자신의 존엄을 위험에 빠뜨리는 모든 본능처럼, 체면을 세우려는 본능 역시 단기적 관점에서는 모욕당할까 두려워하던 감정에서 우리를 지켜 줄지 모르지만, 장기적 관점에서는 이해관계에 도움이 되지 못한다. 본능적 반응들은 결과나 전략에서는 중요한 요인에 포함되지 않는다. 저서 《행복에 걸려 비틀거리다 Stumbling in Happiness》에서 대니얼 길버트 Daniel Gilbert는 우리가 미래를 상상할 때 어떤 감정을 느끼게 될지 정확히 예측하는 데 시종일관 실패한다는 사실을 지적한다.[2] 그 실패는 우리 두뇌의 작용이다. 우리가 지닌 자기 보호 본능들은 목전에 있는 위험에 반응하도록 되어 있다. 존엄이 위태로워졌다고 감지할 때, 체면을 세우려는 감정의 견인력에 사로잡힐 때, 장기적 관점으로 전진하는 기능은 움츠러들고 두려움에 떠는 기피 반응이 앞에 나서게 된다. 일단 직면한 전투에 대해 파악하고 나면 우리는 맞서 싸울 불굴의 정신을 발달시킬 수 있다.

이 싸움에서 최고의 무기는 자각self-knowledge이다. 우리가 무엇에 직면하고 있는지 아는 것, 우리에게는 본능에 의해 반응하는 것보다 훨씬 더 큰 역량이 있다는 사실을 아는 것이다. 우리는 정해진 반응을 극복할 힘을 가지고 있다. 그렇게 하는 건 힘든 일이지만 불가능하지는 않다. 노력해야 한다. 반응을 다루는 법을 배우기로 마음을 정해야 한다.

하지만 정한다는 것은 초콜릿과 바닐라 아이스크림 사이에서 무엇을 고를지 결정하는 것과는 다르다. 그보다는 인간성의 실체와 대면하는 것이다. 우리는 이러한 본능적 반응들이 존엄을 위태롭게 할 수 있다는 사실을 깨달아야 하고, 우리 자신을 보호하려는 유혹에 맞서 싸워야 한다. 결국, 그 선택은 체면을 세우기 위한 것이 아니라 우리의 존엄을 지키기 위한 것이다. 그러한 결정을 하는 일이 우리에게 주어져 있다는 것, 그러한 고귀한 선택은 저절로 오지 않으며 내면 투쟁을 요구한다는 사실이 우리가 계속 발전하기 위한 도전의 핵심이다.

13장
책임 회피하기

타인의 존엄을 침해했을 때 책임을 회피하지 마라.
실수했을 때 그것을 인정하고,
누군가에게 상처를 입혔을 때 사과하라.

타인에게 상처를 입혔을 때 책임을 회피하고 싶은 유혹은 체면을 세우려는 본능적 반응과 흡사하다. 우리는 고통스러운 사건을 최소화하고 그에 대한 기억이 사라지기를 바란다. 그 문제를 덮어 두는 것은 자기 보호 본능인 Me의 선택이다. Me는 우리가 책임지게 하고 행동을 변화하게 하기보다는 잘못된 행위를 부정하게 한다.
   이 강렬한 충동을 어떻게 극복할 것인가? 상황이 분명히 요구할 때, 어떻게 하면 내면에 초기화된 상태를 방어적 상태에서 책임지는 상태로 전환할 수 있을까? 우리가 보존하고 있는 자아가 변화를 절실히 필요로 할 때, 어떻게 하면 우리는 자기 보존 성향에 초연할 수 있을까?
   보스턴에 살고 있는 중동 출신 학생들을 위해 동료들과 함께 조직했던 대화 워크숍에서 처음 한 시간 동안 한 어린 팔레스타인 학생(그녀를 라히마라 부를 것이다.)이 거의 말을 하지 않고 있었다. 그녀의 팔레스타인 친구와 앞으로 내가 돈이라 부를 이스라엘 학생이 팔레스타인 사람들이 서안 지구와 이스라엘 사이의 국경을 건너려 할 때 받는 대우에 관해 논쟁을 벌이는 동안, 라히마는 귀를 기울이며 미동도 없이 앉아 있었다. 단지 눈동자만 대화자 사이를 오고 갈 뿐이었다. 그녀의 팔레스타인 친구는 점점 더 낙담하고 있었다. 그가 이스라엘 학생에게 말했다.

"만약 당신이 우리가 검문소에서 오물처럼 취급되는 게 아니라고 생각한다면, 아랍인처럼 차려입고 직접 국경을 건너 보세요."

아무런 진전도 없이 논쟁은 계속되었다. 그 세션을 주재하고 있던 내 친구가 막 개입하려던 순간에 라히마가 두 남학생 사이에 끼어들면서 발언을 해도 되겠는지 물었다. 방 안이 조용해졌다. 그녀는 이스라엘 학생 돈을 바라보더니, 아무런 판단도 담지 않은 목소리로 말했다.

"당신이 내 친구가 하는 말을 쉽게 믿지 못한다는 걸 알겠어요. 그 친구가 당신한테 전달하고자 하는 바를 이해하는 데 도움이 될지도 모르는 이야기를 하나 해 드릴게요."

"여섯 살 때였어요. 할아버지께서 내게 오랫동안 만나지 못한 친구를 방문하러 함께 예루살렘에 갈 거라고 말씀하셨어요. 그때 나는 할아버지 나이가 많다고 생각했기 때문에 할아버지께서 작별 인사를 하려고 친구한테 가고 싶어 하시는 게 아닌지 궁금해했던 기억이 납니다. 할아버지를 무척 사랑했기 때문에 그 생각에 슬퍼지기는 했지만, 여행길에 할아버지와 동행하게 되어 신이 났어요.

할아버지는 우리 라말라 지역사회에서 저명한 분이셨어요. 모두가 할아버지를 존경했거든요. 나이에 상관없이 사람들이 와서 조언을 구했어요. 비공식적인 조정자셨죠. 나는 할아버지 손녀라는 게 자랑스러웠어요.

우리가 국경에 도착했을 때, 한 젊은 이스라엘 군인이 할아버지에게 차에서 내리라고 했어요. 나는 겁이 났어요. 그 군인은 큰 총을 갖고 있었고, 무슨 일이 벌어지고 있는지 알 수가 없었으니까요. 어느 순간, 그 군인에게 뭔가를 설명하려 애쓰고 있는 할아버지를 보았는데, 그 군인은 할아버지가 거짓말을 한다고 비난하면서 큰소리를 치기 시작했어요. 믿을 수가 없었어요. 나는 차에서 뛰어내려 그 군인에게 가서 '뭐 하시는 거예요? 저분이 누군지 알아요? 우리 할아버지란 말이에요! 할아버지한테 그렇게 말해서는 안 돼요.'라고 말했어요."

방 안에 침묵이 흘렀다. 라히마가 양손으로 얼굴을 감싸고 흐느꼈다. 우리는 기다렸다.

첫 번째로 말을 꺼낸 사람은 돈이었다. 그는 라히마 쪽으로 몸을 돌려 할아버지와 그녀가 그런 모욕을 견뎌야 했던 것에 미안하다고 말했다. 라히마의 이야기를 받아들이기가 얼마나 힘든지 설명하는 그의 목소리가 떨리고 있었다.

"이스라엘 국민의 한 사람으로서 나는 우리가 유대 정체성과 유대 사람들을 위한 미래를 지키기 위해 싸워야 하는 고통스러운 전쟁을 치르고 있는 좋은 사람들이라는 것을 마음속 깊이 믿고 있어요. 나는 우리 주장이 정당하다고 느껴요. 내가 당신이 말한 것을 받아들인다면, 우리가 정당하지 않은 방식으로 근본적으로 당신과 당신네 사람들에게 상처를 입히는 방식으로 이 싸움을 하고 있다는 것을 받아들이게 되면, 나는 내 정체성에 대해 돌아보아야 하고 이렇게 말해야 합니다. '나는 누구지? 나는 지금 무엇을 하고 있는 거지?' 당신의 경험을 받아들이면서 동시에 내 정체성에 대한 의식을 원래대로 유지할 수는 없습니다. 이제 나는 당신이 말하는 것이 진실임을 전혀 의심하지 않기 때문에 쓰라린 진실을 삼켜야 합니다. 지금껏 내 정체성을 만들어 온 방식이 팔레스타인 사람들에게는 엄청난 고통의 원인이 되고 있다는 진실 말입니다."

이전에 내가 진행해 왔던 모든 대화를 통틀어, 그런 용감한 모습을 목격한 적이 없다. 돈은 동료 이스라엘 사람들 앞에서, 좌중의 팔레스타인 사람들 앞에서, 나머지 참가자들 앞에서 상처받기 쉬운 취약한 모습을 노출시켰다. 우리 모두 말이 없었다. 할 말이 남아 있지 않았다. 그런 존경스러운 순간에 말은 어울리지 않는다. 우리는 워크숍을 마쳤다. 그러자 일찍이 돈과 논쟁을 벌였던 팔레스타인 청년이 그에게 다가가 악수를 했다. 그들은 소지품을 챙겨 말없이 방을 떠났다.

그 세션 이후로 20년 가까이 흘렀다. 다행히 그 일은 내 경력 초반에 일어났고, 나는 인력의 범위 내에서 가능한 것들에 대한 믿음을 새롭게 하기 위해 그 기억을 여러 차례 불러내고 있다.

같은 분야에서 일하는 사람들 중에는 정체성은 신성불가침이라고 주장하면서, 그렇기에 사람들에게 정체성과 관련된 측면들을 변화시키라고 요구하는 것은 정당화될 수 없다고, 어떤 경우에도 그것은 불가능하다고 말하는 이들이 있다. 비록 인간 본성 때문에 우리가 변화하는 게 힘든 일이기는 할지라도, 나는 결코 그렇게 믿은 적이 없다. 진화적 유산의 일부는 심지어 자아가 스스로 불리하게 행동하고 있을 때조차 자아를 보존하게 되어 있다.

타인과 자신에게 입힌 상처를 책임지는 것은 진화의 과제가 아니다. 진화가 중요시하는 것은 생존이다. 옳은 일을 해야 한다는 고려는 우리를 고유하게 인간이게 하는 속성인 I에게 맡겨진 일이다. 스티븐 핑커는 우리를 지속적으로 살아 있게 하고 번식하게 하는 일을 과제로 삼고 있는 진화에는 양심이 없다는 사실을 일깨워 준다.[1] 하지만 우리에게는 있다. 우리는 본능에 의해 노예처럼 되어서 타인뿐 아니라 자신의 성장과 발전마저 손상시키고 있는 방식을 인지하는 데 필요한 것을 가지고 있다.

통상의 조건 아래서, 인간 발달의 다른 모든 측면과 마찬가지로 우리 정체성은 점차로 진화하고 변화해 간다.[2] "통상의 조건"이란 성장을 뒷받침하고 북돋우는 환경이나 관계를 의미한다. 하지만 환경이 적대적일 경우, 인간의 자아에 대한 인식이 건강하게 발전하도록 허용하는 기제들이 자기 보존을 위해 닫히게 된다.

어느 누구든 발전할 수 있는 안전하고 안정된 느낌을 요구한다. 안전과 안정이 결여된 채로는 본연의 모습에 대한 의식은 시간이 지나면 굳어진다.[3] 변화의 가능성을 쉽게 받아들이는 것은 너무 위협적이고 심리적으로도 너무 파괴적이다. 우리는 위협을 물리쳐 줄 안정적인 내면의 기반이 필요하다. 우리가 자신을 방어하고 있을 때는 우리가 타인에게 미치는 행동의 결과를 고려할 시간이 없다.

행복에 대한 위협들이 기본이 되면, 우리가 정신적인 성장을 통해 스스로를 심사하고 새로운 지식을 받아들이기 힘들어지는 것이 당연하지 않겠는가? 세상을 이해하는 방식이 생존 모드에 붙들려 있게 되기 때문이다. 우리가 실패한 관계를 만드는 데 제공했을지도 모르는 원인을 바라보게 되면 불안정해질 것이기에, 책임에서 벗어나는 것이 초기 반응일 것이다. 비켜 가는 일은 상대에 대해 수많은 인지 능력 왜곡을 일으키고 나아가 우리의 자기 반성 능력도 제한한다.[4] 비난과 책임을 벗어나는 것은 효과적인 대응이 되어 우리 정체성의 정상적 발전을 무기한 멈추게 한다.

내가 하버드 워크숍 중 돈이 행한 중재를 매우 주목할 만하다고 본 것은 자신의 굳어 버린 정체성을 방어하려는 자기 보호 충동을 이겨 냈다는 점이었다. 모든 사람 앞에서 그는 자신의 정체성이라고 생각했던 것을 부정하는 고통스러운 사실을 받아들였다. 라히마의 이야기가 지닌 감정의 힘이 자신에 대한 방어보다 더 강렬했다. 그녀가 이야기를 하는 내내 돈을 바라보고 있었다는 점은 주목할 만한 가치가 있다. 그때는 몰랐지만, 관계 맺고 싶은 욕구를 타고난 인간의 본성에 대해 더욱 깊은 이해를 하게 된 지금, 나는 그들 사이에 일어난 것이 서로 공감할 수 있는 능력의 회복이었다는 것을 깨닫는다.[5] 그들의 거울 뉴런이 재가동되었고 일치되었던 것이다. 라히마가 그 이야기를 자세히 설명한 방식이, 마치 그때 그곳으로 되돌아간 것처럼 돈으로 하여금 그 현실감을 느끼게 해 주었다.

그 방에 있던 팔레스타인 사람들 역시 돈에게 마음을 열었다. 정체성이 굳어 버린 측면, 즉 이스라엘 사람 모두를 나쁘고 비난받아야 하는 사람들로 보고 싶어 하는 측면 또한 조금씩 녹아 내렸다. 양측이 모두 마음이 열리면서 각자 정체성 형성 과정을 다시 시작할 수 있는 잠재력 이상을 회복했고, 그것은 적어도 그 방 안에서는 이스라엘-팔레스타인 관계에 인간성을 회복시켜 주었다.

라히마가 자신의 이야기를 털어놓고 돈이 자신의 감정을 드러냈을 때 그 방 안에 있던 파괴적 역학관계는 금세, 몇 초도 지나지 않아 바뀌었다. 하지만 압도적으로 내게 남은 느낌은 우리의 정체성이 얼마나 무너지기 쉬우며 동시에 위협 앞에서 얼마나 완고해질 수 있는가 하는 것이었다. "굳는다frozen"는 것은 딱 들어맞는 은유적 표현이다. 다른 사람과 공감하는 능력이 없을 때 우리를 하나로 묶어주는 온기는 사그라지고, 우리는 각자 고립 속으로 굳어져 간다.

일단 돈과 라히마 사이에 공감의 채널이 열리고 라히마가 어린 소녀로서 사랑하는 할아버지가 부당하게 대우받는 상황을 지켜보면서 느꼈던 감정을 돈이 체험하게 되자, 그는 그녀에게 마음을 쓰기 시작했다. 그녀가 그렇게 감동적으로 이야기를 하고 났을 때, 그는 더 이상 그녀의 고통과 자신의 공동체가 거기서 한 역할을 부정할 수 없었다. 감정적으로 그는 자신이 여태껏 보지 못했던 어떤 측면을 받아들이지 않을 수 없었다. 하지만 그가 자신의 눈을 떠야만 했던 것은 그 순간에 그가 그녀에게 마음을 썼기 때문이었다.

나는 그 워크숍에서 이루어진 관계에서 캐시 로스-도케Kathy Roth-Douquet가 한 이야기를 떠올렸다. 나는 그 이야기를 하버드 신학교에서 있었던 어떤 회합에서 들었는데, 그녀는 "우리가 마음을 쓰게 되면 터득하게 되기" 때문에, 우리가 사람들이 서로 마음을 쓰는 강력한 관계를 구축해야 한다는 간단하면서도 심오한 주장을 폈다.[6] 우리가 싸움을 하고 있을 때 이 경우, 아마도 모든 경우에서 무엇보다 필요한 것은 마음을 쓰는 환경을 조성하는 것이다. 타인의 관점을 인지적으로 이해하는 것만으로도 우리는 그것을 해낼 수 있다. 마음을 쓰는 것은 우리가 세계와 상호작용을 하면서 중요한 정보를 받아들이고 우리가 누구인지에 대한 인식을 확장하는 발달 과정을 재개하는 감정적으로 중요한 사건이다. 적대감이 진심 어린 마음으로 바뀔 때, 우리가 타인에게 어떻게 상처를 입히고 있는지에 관해 타인이 전하는 정보를 받아들일 수 있게 되고, 새로운 눈으로 자신을 바라볼 수 있게 된다.

마음을 쓰면 터득하게 된다When we care, we learn. 이 통찰력은 어쩌면 돈과 라히마의 이야기에도 적용될 수 있을 것이다. 진심 어린 인간적 관계가 갖는 힘은 가장 상처 입은 관계에서조차 우리의 자기 보호 본능들을 이겨 낼 수 있다. 우리가 타인에게 어떻게 상처를 입혀 왔는지 터득하는 것은 다음 단계의 설득력 있는 통찰력—제대로 알고 나면 책임지게 된다Once we are aware, we are responsible—을 얻는 전주곡이다. 만약 우리가 알지 못하는 사이에 타인의 존엄을 침해했다면, 우리가 한 행동에 대한 책임을 회피하기는 쉬운 일이다. 하지만 일단 타인에게 상처를 입히는 것이 어떤 의미를 갖는지 터득하고 나면, 더 이상 무지를 핑계로 댈 수는 없게 된다. 책임진다는 것은 우리 행동, 특히 타인에게 상처가 되는 행동에 대해 책임진다는 것을 의미한다.

14장
그릇된 존엄 추구하기

찬성을 얻고 칭찬을 듣는 식으로
외부로부터 인정을 받으려는 욕구를 경계하라.
만약 우리가 우리 가치를 입증하는 데 타인들에게만 의존한다면,
그릇된 존엄을 추구하고 있는 것이다.
진정한 존엄은 우리 안에 있다.
그릇된 존엄을 추구하려는 유혹에 빠지지 마라.

시나리오 1

나는 빈번하게 우울증 증세를 겪는 친구(이후 마우라로 부를 것이다.)가 있다. 언젠가 위기를 맞았을 때, 그녀는 자신은 전혀 유능한 사람이 아니라는 느낌이 든다고 말했다. 자신의 결함을 생각하면 힘들고, 의식 내부에서 일어나는 대화가 자기 회의로 가득 차 있다는 것이었다. 외부에서 보면, 그녀가 그러는 이유를 상상하기가 쉽지 않다. 그녀는 영리하고 매력적인 데다 높은 지위의 직업을 갖고 상당히 많은 보수를 받고 있기 때문이다.

그녀의 개인적인 삶이 엉망진창인 것은 사실이다. 어떤 관계를 유

지하기 힘든 원인을 그녀는 지나치게 많은 것이 요구되는 직업 탓으로 돌린다. 왜 그렇게 장시간 일을 하는지 물었더니, 그녀는 사무실이 자신에 대해 자신감을 가질 수 있는 유일한 공간이라고 고백했다. 행복감 대부분이 여성 실업가인 그녀의 지위에서 나오는 것이었다. 그녀는, 자신이 가치 있는 사람이고 행복하다는 느낌을 갖게 해주는 주요 원천인 직업을 잃을 거라는 생각에 겁을 내고 있었다.

시나리오 2
내가 아는 많은 성공한 남성들은 공통된 상투어를 가지고 있다.
"내가 해낸 겁니다. 나는 필요한 돈을 다 갖고 있고, 원하는 곳은 어디든지 갈 수 있으며, 원하는 일은 뭐든지 할 수 있고, 어느 누구의 명령에 따르지 않아도 됩니다."
내가 앞으로 제리라고 부를 한 친구는 모든 외적 척도에서 높은 단계로 성공했음에도 불구하고, 여전히 안심하지 못한다. 그는 타인에게 열등감을 느끼는 경우가 많고, 의지가 약해 상처를 잘 받고 걱정이 많은 자신의 진짜 모습을 사람들이 결국에는 알아차리게 될까봐 두려워한다. 그는 사람들이 그를 유쾌하고 붙임성 있고 즐거움을 주는 사람으로 여기는데도 사회적 상황에서 거북함을 느끼는 경우가 많다. 그는 사람들, 특히 그가 존경하는 사람들과 함께할 때 편안해지기 위해 열심히 일해야 한다.

시나리오 3
메이와 라비니아(둘 다 가명이다.)는 매사추세츠 주에 있는 여자 기숙학교에 입학한 첫해에 만났다. 그들은 둘 다 열네 살이었고, 홍콩 출신 유학생이고 동기였다. 라비니아는 저명한 건축가와 변호사, 아이비리그 졸업생들을 배출한 집안, 특히 계층 분리가 명확히 받아들여지는 홍콩의 엘리트 집안 출신이었다. 반면에 메이는 블루칼러 노동자와 농부 가족 출신이었다. 그녀는 집안에서 대학에 최초로 진학한 인물이었다.

메이와 라비니아가 10년간 교류하는 사이에 계급과 관련된 존엄 침해가 발생했다. 메이에 따르면, 홍콩 사회에서 라비니아가 갖는 높은 지위는 라비니아가 다른 평범한 노동자보다 자신이 더 우월하다고 믿으며 성장했다는 것을 뜻했다. 라비니아는 그들의 상호작용 대부분에서 우월 의식을 드러냈고, 메이는 종종 다른 친구들 앞에서 굴욕감을 느꼈다.

라비니아가 메이를 깎아내리려고 가장 즐겨 쓰는 방법은 미국인 친구들과 함께 있을 때 메이의 중국식 액센트를 웃음거리로 만드는 것이었다. 영국인 유모 손에서 자란 라비니아는 탁월한 영어를 구사했다. 그녀는 메이의 농부 가족에 대해 농담을 하면서 자기 아버지라면 손을 더럽힐 생각은 하지도 않았을 거라고, 그런 종류의 일은 무지하고 교육받지 않은 사람들 손에 맡길 거라고 말했다. 공부는 잘하고 있었지만, 메이는 라비니아 때문에 괴로웠다. 메이는 자신의 계급 배경 때문에 평생 열등감을 느껴야 하는 운명인 것인가?

*

이 세 가지 시나리오는 어떻게 우리가 그릇된 존엄의 유혹을 받아 진짜 존엄을 손상시키게 되는지 보여 준다. 그릇된 존엄은 우리의 가치가 외부적 요인들에서 온다는 신념이다. 그리고 그것은 여러 가지 모습으로 나타난다. 만약 우리가 자신감을 갖기 위해 타인에게 동의를 얻고 칭찬의 말을 들으려고 하거나 성공했다는 것을 입증하기 위해 높은 지위를 얻으려 한다면, 어떤 사람들이 특별한 계층이나 인종, 민족 집단에 태어났다는 이유로 우월하다고 믿는다면, 우리는 존엄에 대해 그릇된 의식을 품고 있는 것이다. 자존심이 우리 외부에서 온다고 생각할 때 우리는 그릇된 존엄을 구하려 하는 위험한 상태에 빠져 있는 것이다. 우리가 본질적으로 가치 있는 사람이라는 사실, 우리의 가치가 외부의 승인에 의존하지 않는다는 사실, 우리가 인간으로서 중요하다는 사실을 보지 못할 때, 우리는 진짜 존엄이 우리 손에서 빠져나가도록 방치하는 것이다. 우리의 Me가 의식을 지배하도록, 우리가 I만이 줄 수 있는 안정과 기초를 저버리도록 방치할 때, 존엄은 위태로워진다. 우리가 타인의 동의와 칭찬, 인정이 가치 있다고 느낀다면, 그릇된 존엄은 왔다가 곧바로 사라지고 만다.

    진짜 존엄은 우리 존재가 기적이라는 사실을 온전히 받아들일 때 온다. 진짜 질문은 이런 것이다. 왜 우리는 본래 우리 모습에 대한 이렇게 중요한 진실, 즉 우리 모두가 정당한 대우를 받을 만한 가치가 있다는 사실을 보지 못하는가? 왜 대다수가 그릇된 존엄을 얻으려고 하는 약점을 갖고 있는가?

    인류 역사의 현시점에서 우리 대다수는 여전히 감정적 강점과 약점을 인식하고 수용하는 능력을 발달시킬 필요가 있으며, 그러한 강점과 약점이 내면세계를 어느 정도 통제하는지 깨달을 필요가 있다. 우리는 아직 신탁이 예언한 곳, 델포이에 있는 아폴로 신전 벽에 새겨진 "너 자신을 알라know thyself"는 격언을 제대로 알지 못한다.

감정 발달이 정지된 상태로 있기 때문에, 우리 대부분에게는 억제되지 않고 따라서 수많은 존엄 침해를 일으키게 되는 자기 보존 본능들이 있다. 우리는 스스로 반응을 이해하지 못하기 때문에 누군가가 우리에게 상처를 입힐 때 보복하거나 움츠러드는 것 말고는 거의 아무런 선택지를 가질 수 없다. 우리의 무지가 엄청난 고통을 야기하고 있다. 그리고 타고난 가치를 육성하고 존중하는 법을 알지 못하기 때문에, 우리는 내면이 불안한 상태로 살아간다.

어린 시절에 존엄하게 대우받지 못했기 때문에 우리 대다수는 자신에게 있는 가치와 분리되었다. 우리를 돌봐 주는 사람들은 존엄을 존중하는 것이 중요하다는 것과 존엄을 존중하지 않음으로써 지속적으로 미치는 영향에 대해 알지 못한다.

이제 아동 발달 분야의 전문가들은 아이들이 타고난 가치에 대한 감각을 획득하기 위해서는 어린 시절부터, 요컨대 자궁을 막 벗어난 상태부터 거울을 보듯 자신에게서 타고난 가치를 볼 수 있어야 한다는 사실을 잘 알고 있다.[1] 아이들은 돌봐 주는 사람들이 그들을 바라볼 때 그 눈에서 기쁨과 사랑을 볼 수 있어야 한다. 자신의 가치를 느끼는 체험은 돌봐 주는 사람이 아이에게 관심을 기울이고, 미소 짓고 달콤하게 속삭여 주는 매 순간, 아이가 울 때 반응하는 매 순간 쌓여 간다. 아이가 신체적으로 건강하도록 돌보는 만큼이나 아이에게 애정을 쏟아야 한다. 이것은 한 아이가 살아가는 동안 계속되어야 한다. 아이가 성장해 나가는 과정은 다른 형태로 나타나지만, 대체로 사랑은 돌봄이다.[2] 사랑이 어떤 모습일까? 내 견해로는 타인을 존엄으로 대하는 것과 같다. 사랑은 감정을 넘어서는 것이다.

만약 우리가 어릴 때 "충분히 훌륭한" 반영mirroring을 경험한다면, I는 발달할 것이다.[3] 충분히 훌륭한 반영을 체험한 아이들은 심한 자기 회의를 겪지 않고 자라난다.

내가 아는 사람들 중에는 강한 I를 갖고 있고 자신의 타고난 가치를 잘 인식하고 있는 사람들이 있다. 하지만 그들은 예외에 속한다. 하나의 종으로서, 우리는 존엄을 존중하는 일의 중요성을 거의 인식하지 못한다. 아직도 우리가 어린 시절에 필요로 했던, 타인의 눈길에서 비치는 사랑과 호의를 찾고 있는 사람들도 있다. 우리는 Me가 지배하는 의식을 발달시켜 왔다. 따라서 우리는 업적을 쌓거나 높은 지위를 얻은 후에야 자신에 대해 자신감을 가질 수 있다고 믿는다. 아동기에 제대로 육성되지 않았다는 이유로 인해 성인기에 I가 결여된 이 현상은 역설인데, 우리의 I는 타고난 권리에 속하지만, 그것이 우리 존엄을 안정시키는 원천이 되려면 아동기에 강화되어야 하기 때문이다.

마우라는 그릇된 존엄, 즉 자신의 업무 수행이 스스로에 대한 자신감의 유일한 원천이라는 믿음의 유혹을 받았다. 훌륭한 치료사에게 도움을 받은 후, 그녀는 자신이 진정으로 원했던 것이 공감과 인정이라는 사실을 깨달았다. 그녀가 업무 수행을 통해 자신감을 얻으려 했던 어린아이 같은 생각은, 그녀가 자랄 때 함께하지 못했던 일 중독 아버지에게 관심을 끌려는 헛된 노력에서 비롯된 것이었다. 특히 그녀를 혼란스럽게 만든 것은 아버지가 늘 그녀에게 사랑한다는 말을 했던 것이었다. 왜냐하면 아버지는 늘 곁에 있지 않았기 때문에, 그녀는 스스로를 둘러싼 세계를 이해하는 어린아이 같은 방식으로 두드러진 성취를 통해 아버지의 주목을 받아야 한다고 생각하게 되었던 것이다. 자신감을 갖기 위해서는 뛰어난 사람이 되어야 한다는 믿음이 생기고 오랜 시간이 흐른 후에야 그녀는 자신이 무슨 일을 하고 있으며 그 일을 왜 하고 있는지 깨달았다.

내 친구 제리 역시 그릇된 존엄에 사로잡혀 있었다. 평생 동안 성공을 통해서 존엄을 추구한 결과, 그가 알게 된 것은 자신이 잘못된 곳을 들여다보고 있었다는 사실이었다. 자신이 가진 수백만 달러짜리 은행 계좌에서는 존엄을 찾을 수 없었다. 제리 역시 존엄 침해로 가득 찬 어린 시절을 보냈다는 점을 알게 되는 것에 놀랄 필요는 없을 것이다.

내게 제리는 어린 시절에 귀가 아프도록 들었던 말이 "아이들은 얼굴은 보이되 입은 다물어야 한다."였다고 했다. 이 말은 존엄의 요소를 너무 많이 침해하고 있다. (다른 사람들과 마찬가지로) 아이들 역시 말하는 것이 경청되고 공감과 이해와 응답을 받아야 한다. 만약 침묵하도록 요구받는다면 아이들은 자신들이 겪은 것들을 전하지 못한다. 그들은 자신의 감정과 체험이 중요하지 않다고 배우게 된다. 아이들에게 그것은 "나는 중요하지 않은 사람이야."로 해석된다. 그리고 내가 중요한 사람이 아닐 때는 Me 말고는 아무것도 남지 않게 된다. 제리의 Me는 여전히 존엄을 얻으려 나아가고 있다. 다시 한 번 말한다. 사랑은 돌봄(주의를 기울이는 것)이다.

그렇다고 해서 아이들이 원하는 모든 것이 허용되어야 한다고 말하는 것은 아니다. 내 견해로는, 아이들에게 무제한의 자유를 허용하면서 부모의 삶을 지배하게 하는 것은 방치하는 것만큼이나 위험한 일이다. 확인받고 응답받고 경청되고 이해받는 것만큼이나, 훈육은 존엄에 대한 교육이 이루어지는 데 중대한 역할을 한다. 아이들은 자제도 배워야 한다. 아이들이 느끼는 유혹은 노골적이고 원초적이다. 아이들이 원하는 것을 무엇이든 다 주는 것은 아무런 도움이 되지 않는다. 그것은 자제는 물론이고 자기 비판도 할 줄 모르는 자아도취적 성인을 만드는 것이다.

세 번째 시나리오에서 라비니아와 메이는 둘 다 자신의 가치를 외부에서 찾았다. 라비니아는 메이보다 우월하다는 느낌을 갖기 위해 자신의 계급적 지위를 이용하고 있었다. 반면에 메이는 자신이 태어난 환경, 즉 그녀의 낮은 사회 계급 때문에 열등하다는 잘못된 개념을 받아들였다. 둘 다, 자신의 존엄이나 존엄의 결여가 사회적 지위에 의해 설명된다는 유혹에 굴복했다.

그릇된 존엄의 유혹 외에도 세 가지 시나리오에는 공통점이 또 하나 있다. 그들 중 어느 누구도 행복한 관계를 맺지 못하고 있다는 점이다. 마우라와 제리는 각자 인생의 동반자를 고대하고 있지만 찾을 수 있을 것 같지 않다. 그들은 관심이 가는 누군가를 만났을 때 늘 관계를 끝낸다. 반면에 메이는 건강하지 않은 관계에 머무른다.

이는 부분적으로는 우리가 물려받은 진화적 유산 때문이다. 이미 언급했듯, 우리는 안전에 닥치는 위협에 반응하도록 타고났기 때문에 맞서 싸우거나 아니면 달아난다. 이러한 반응들은 개인의 생존을 보장하고 유전물질이 다음 세대에서 살아남도록 보장해 주었다. 하지만 우리에게는 타인과 관계 맺고 살도록 타고난 본능 또한 있는데, 관계를 맺는 것 또한 먼 옛날 선조들의 생존에 도움이 되었기 때문이다. 사람들이 혼자이기보다는 집단을 이루는 것이 위협을 막는 데 더 수월했던 것이다.

이렇게 진화적 유산은 우리가 맺는 관계에 재앙을 가져올 수 있는 잠재력을 가졌다. 생존을 위해 우리에게 필요한 것(어떤 집단과 맺는 관계)이 생존에 가해지는 가장 큰 위협의 원천(관계가 피해를 줄 때)으로 느껴질 수도 있다. 서로 잘 어울려 지낼 때는 이 두 가지 현실이 나란히 존속하기 쉽다. 그러나 서로의 존엄을 위협할 때, 즉 어떤 관계가 즐거움 대신 고통의 원천이 될 때는 문제가 발생한다.

타인과 관계를 맺고 싶은 근원적 열망과 상처를 줄 수 있는 타인의 공격으로부터 자신을 보호하려는 타고난 본능 사이의 이 극적인 긴장감은 관계가 왜 그토록 힘든지 설명해 준다. 엘리자베스 길버트 Elizabeth Gilbert는 《결혼해도 괜찮아Committed》에서 새 남편과의 관계를 이렇게 묘사한다.

"필립과 나는 괴로운 진리, 즉 모든 친교에는 최초의 아름다운 외양 아래 어딘가에 똬리를 틀고 앉은 철저한 파국에 이르게 하는 수단들이 비밀리에 함께하고 있다는 진리를 몸소 터득한다."[4]

타인을 꾀어내기도 하고 또 쉽게 타인에게 꼬임을 당하기도 하는 우리의 감수성과 취약함이라는 진화적 유산의 두 측면은 우리로 하여금 관계 안에서 투쟁을 준비하게 한다. 개인이 가진 자기 보호를 위한 욕구가 관계에 대한 욕구를 능가할 때 관계는 깨진다. 만약 관계가 위협적이라고 느껴지기 시작하거나 정당하게 대우받고자 하는 개인적 열망에 부응하지 않을 때, 우리는 정치적이거나 혹은 개인적인 어떤 관계에서 벗어나 버린다. 자기 보존 본능은 관계 맺기보다는 관계 끊기를 선호하는 경향이 있다. "나중에 후회하기보다는 조심하는 게 낫다better safe than sorry." 친교가 위협적으로 느껴지는 건 당연하지 않겠는가? 상처받을 수 있는 취약한 상태를 드러내는 것은 우리가 부당하게 대우받거나 또다시 상처 입는 것에 대비할 수 있게 해 준다.

관계에 대한 욕구가 자기 보호 욕구를 능가할 때는 개인의 존엄 역시 양보된다. 관계를 유지하기 위해, 말하자면 침해를 받았지만 반발하지 않음으로써 우리는 얼마나 무수히 존엄을 양보하는가?

마우라와 제리 두 사람 다 자기 보호를 위한 욕구가 관계를 맺고자 하는 욕구보다 더 강했다. 둘 다 어린 시절에 관심을 받지 못하고, 공감받지 못하고, 인정받지 못하고, 사람들이 자신의 말을 경청하지 않았던 유사한 체험들이 있었다. 그들은 어떤 관계를 맺는 것이 기쁨과 상호 이해의 원천이라는 사실을 배우지 못했다. 그들은 어린 시절에 입은 상처를 보호하는 일에 마음을 빼앗기고 있었고 또다시 상처 입을까 봐 걱정하고 있었다.

메이의 경우는 달랐다. 어린 시절 체험으로 인해 메이는 라비니아와의 관계가 고통스럽다 해도 그 관계 안에 머물러 있기로 했다. 열등감이 내면화된 메이는 자신이 "우월한" 계급 출신 누군가와 친구가 되면 존엄을 얻을 수 있다고 확신했다. 메이는 라비니아와 함께하면서 고통스럽더라도 (그릇된) 존엄의 상실을 감수하고 관계 안에 머물러 있는 편을 택했다.

그릇된 존엄의 유혹은 강렬하다. 단기적 차원에서 봤을 때 획득, 즉 칭찬을 받거나 공감을 통해 얻게 되는 매우 기분 좋은 느낌은 설사 중독은 아닐지라도 강렬한 만족감을 준다. 인정을 갈망하고 만족할 줄 모르는 탐욕이 살고 있는 Me가 만족하게 하고, 그것을 만족시키지 못한 것에 대해 괴로워하느라 우리는 소중한 에너지를 소비한다. 안정을 유지하는 무조건적인 가치를 지닌 I가 우리를 평정하지 않으면 우리는 조화를 이룰 수도 바깥 세계와 화합할 수도 없다.

15장

그릇된 안전 추구하기

관계 맺고자 하는 욕구 때문에 존엄을 양보하지 마라.
존엄이 일상적으로 침해되는 관계를 유지한다면,
관계에 대한 욕구가 존엄을 지키려는 욕구를 능가한다는 것이다.
그릇된 안전을 위해 타협하고 싶어 하는 유혹에 저항하라.

존엄 워크숍 참가자인 마리아(가명)는 전 남편 빌(가명)과의 관계에 갇혀 있었다. 오랜 시간을 그렇게 보낸 후에 그녀가 깨닫게 된 것은, 혼자 힘으로 삶을 꾸려 나가야 한다는 두려움이 자신을 문제 있는 관계 안에 가두어 두었을 뿐 아니라 삶에서 꿈과 목표를 성취하지 못하도록 방해했다는 것이다. 빌은 오래도록 다른 여성과 연인 관계를 가져 왔었는데, 그들의 결혼 생활에 문제가 있었던 부분이 단지 그것만은 아니었다. 일단 존엄의 필수 요소들을 파악하고 나자, 마리아는 빌이 그녀의 존엄을 침해하고 있던 여러 측면들, 그중에서도 특히 고통을 주었던 한 가지를 명확히 표현할 수 있었다. 말다툼을 하다 흥분했을 때, 빌은 종종 그녀의 정체성(그녀는 멕시코계 미국인이었다.)에 대해 조롱하면서, 그녀가 결코 "진짜" 미국인이 되지 못할 거라고 주장했다. 이 말이 특히 상처가 되었던 것은 실제로 그녀가 아웃사이더로 느꼈기 때문이었다. 빌이 던진 말은 어디에도 속하지 못한다는 그녀의 느낌을 더욱 심화시켰다. 하지만 그녀는 자신이 그 잔인함을 맞받아칠 수 있었다고 시인했는데, 그녀 역시 그의 존엄을 종종 침해했던 것이다. 그녀는 미끼를 물었던 것이다.

그녀는 왜 빌과 이혼하지 않았던 것일까? 혼자 힘으로 삶을 꾸려갈 만큼 충분히 안전하다고 느낄 수 없었기 때문이다. 아이러니하게도, 마리아가 가장 공포스러워했던 것은 빌이 없다면 자신이 느끼게 될 거라 상상되는 불안감이었다. 결혼 생활에서 끊임없이 이어진 존엄 침해는 그녀가 빌을 떠날 만한 충분한 동기를 부여하지 못했다. 어머니가 방문하면서 마침내 마리아는 그 관계 안에 남아 있음으로써 스스로 존엄을 손상시키고 있던 모습을 환기할 수 있게 되었다. 그녀가 매달리고 있었던 그러한 안전하다는 느낌은 그릇된 안전감이었다. 실제로 그녀는 추가로 발생하는 감정의 학대로부터 자신을 보호하기 위한 행동을 취하지 않음으로써 스스로 심리적 안전을 위태롭게 하고 있었다.

대니얼 골먼Daniel Goleman의 책 《SQ 사회 지능Social Intelligence: The New Science of Human Relationships》의 중심 주제는 인간은 관계를 맺도록 타고났다는 것이다. 그는 우리 두뇌에는 우리가 서로 동조하게 하고, 서로에게 긍정적으로도 부정적으로도 영향을 미치면서 서로의 감정을 느낄 수 있게 하는 신경 기제(거울 뉴런)가 장착되어 있다고 설명한다. 우리가 깊이 마음을 쓰는 누군가와 함께할 때, 그 느낌은 대체로 즐겁다. 하지만 타인과 함께 있을 때 연쇄적으로 부정적인 감정이 일어나고 기분이 나빠지는 것 또한 신경 기제 때문이다. 누군가를 향해 갖는 느낌이 긍정적이건 부정적이건 간에, 어느 쪽으로든 우리는 관계를 맺고 있다. 우리 두뇌는 시시각각의 느낌뿐 아니라 신체 상태 전반에도 작용하면서, 무수히 타인과 조화를 이루도록 작용하게 되어 있다.

"두뇌 간 연결은 우리가 똑같은 농담에 큰 소리로 웃을 만큼 친절할 것인지 그렇지 않을 것인지 같은 문제, 혹은 박테리아나 바이러스의 침입에 맞서 쉼 없이 전투를 벌이는 면역 체계의 보병인 T세포에서 어떤 유전자가 활성화(혹은 비활성화)될 것인지 같은 난해한 문제들과 관련해 가장 견실하게 맺고 있는 관계를 드러내 준다."[1]

골먼은 이러한 사람과 사람 사이의 관계가 어떻게 해로울 수도 있고 도움이 될 수도 있는지 설명한다. 만약 어떤 관계가 건강하고 풍요롭다면, 그 관계의 당사자들은 서로의 건강과 행복에 기여하게 될 것이다. 하지만 그 관계가 건강하지 않다면, 한쪽 당사자가 상대 시스템에 독성을 주입할 수 있다. 골먼은 사회신경과학이라는 새로운 분야에서 나온 가장 중요한 통찰력이 "사회적 두뇌가 우리가 관계 맺는 사람들의 내면 의식 상태와 우리가 지속적으로 조화를 이루게 하고 또 한편 그것에 의해 영향을 받기도 하는 신체의 유일한 생물학적 시스템을 상징한다."고 한다.[2]

관계 맺을 수 있는 타고난 역량 때문에 우리가 타인의 내면 상태에 미치는 영향은 결코 과장될 수 없다. 이 새로운 지식에 더하여, 우리 두뇌가 어마어마한 "신경유연성neuroplasiticity"을 갖고 있다는 발견을 추가할 수 있다. 달리 말하면, 만약 우리가 긴 시간 동안 어떤 부정적 관계에 노출되어 있다면, 그로 인해 우리 두뇌는 재구성될 수 있다. 골먼이 말하듯, "우리가 타인과 관계 맺는 방식은 믿을

수 없을 정도로 중요하다."³

이러한 발견들은 이를테면 마리아가 존엄이 거듭 손상되는데도 관계를 끊는 일을 그토록 힘들게 느끼는 원인을 밝혀 준다. 마리아의 두뇌는 남편의 행동이 미친 유해한 영향에 익숙해졌던 것이다. 그녀는 그 관계에 머물러 있음으로써, 학대 행위를 허용하고 자신에게 상처를 입히고 있었던 것이다.

치료 전문가의 도움과 친구들의 지원으로 마리아는 결혼 생활에서 구제될 수 있었다. 그녀는 자신에게 진짜 안전이 의미하는 게 무엇인지 이해했을 뿐만 아니라 존엄 또한 되찾았다. 그녀가 표현한 것처럼 "다르게 생각하려고 아무리 자신을 속인다 하더라도, 일상적으로 존엄이 침해된다면 그 어떤 관계도 결코 안전한 관계라고 할 수 없다."

이 책의 목표에 따라 우리가 서로에게 영향을 미치는 생물학적 실체에 관한 훨씬 더 중요한 견해를 제시할 수 있다. 우리가 타인에게 긍정적으로 영향을 미치는 힘에 대해 인식하게 될 때, 자신의 삶뿐 아니라 우리가 접촉하는 사람들의 삶에도 중대한 변화를 가져올 수 있다는 것이다. 연구 결과들은 우리가 서로를 대하는 방식이 중요하다는 데는 의심의 여지가 없다는 것을 말해 준다. 문제는 이것이다. 타인을 그들의 건강과 행복에 기여하는 방식으로 대한다는 것은 어떤 것일까? 답은 이렇다. 그들의 존엄을 존중하는 것이다. 존엄의 열 가지 필수 요소들은 존엄을 존중하는 열 가지 구체적 방법들을 제시한다. 그리고 그 반대로 타인에게 부정적 영향을 끼치는 방법들에 대한 이해 또한 제시한다.

우리가 생물학과 서로에게 미치는 깊은 영향 둘 다를 이해하고 나면, 타인과의 만남을 생각 없이 가질 수는 없을 것이다. 우리가 어떻게 살아갈지, 타인에게 어떤 책임을 질지 선택하는 방식을 바꾸어 줄 잠재력이 그 이해에 있다. 골먼을 다시 한 번 인용하자면, "사람에게서 사람으로 전달되는 생물학적 영향은 훌륭한 삶의 또 다른 측면을 제시한다. 그 삶은 우리가 관계 맺는 사람들에게 눈에 띄지 않는 차원에서도 도움이 되는 방식으로 행동하는 삶이다. 관계는 그 자체로 새로운 의미를 띠게 되고, 따라서 우리는 근본적으로 다른 방식으로 관계에 대해 생각해야 한다. 그 결과는 이론상의 이해관계를 넘어서는 것에 그치지 않는다. 그것은 삶을 살아가는 법을 재평가하게 한다."[4]

비록 우리가 사람들을 그 자체로 목적으로 대하고 결코 수단으로 대하지 말라는 칸트의 도덕적 명령에 동의한다 할지라도, 신경과학은 그 문제를 도덕성을 초월하여 받아들이게 해서 우리가 서로를 어떻게 대할 것인가 하는 문제를 생물학적 필연성biological necessity으로 전환한다. 존엄을 존중하는 것은 그저 선해지는 것이 아니다. 심지어 그것은 생존의 문제마저 초월한다. 그보다는 우리가 삶을 서로의 신체적, 심리적, 영적 행복을 증진시키고 인간성을 확장시키는 방식으로 살아가는 것을 의미한다.

16장
갈등 회피하기

자신의 권리를 옹호하라.
존엄이 침해되었을 때 대결을 피하지 마라.
행동에 나서라.
어떤 침해 행위가 일어나는 것은
관계의 어떤 면에서 변화가 필요하다는 징조이다.

누군가가 내 존엄을 침해할 때 대놓고 말하기는 쉽지 않다. 일상에서 벌어지는 침해 행위들에 대해 말하지 않고 지나가는 일이 얼마나 빈번한가? 어떤 프로젝트를 진행할 것인지 여부와 관련하여 당신이 제기한 우려에 대해 동료가 거들떠보지도 않는다고 해 보자. 사람들은 대부분 회의를 중단하고 싶어 할 것이다. 하지만 동료는 당신의 견해를 파악하려고도 하지 않은 채 그 프로젝트 진행에 관해 논의를 지속해 나간다. 혹은 이런 경우를 생각해 보자. 당신이 직원회의에 참석했는데, 여러 사람을 반복적으로 힘들게 했던 한 직원의 인사 문제와 관련하여 당신이 내린 결정을 상사가 무효로 하겠다고 공표한다. 당신은 몇 주에 걸친 철저한 조사 끝에 그 직원이

퇴사해야 한다는 결정에 이른 것이었다. 결정을 뒤엎기 전에 상사가 그에 관해 당신과 아무런 얘기도 나누지 않았다는 게 당신은 믿기지 않는다. 혹은 배우자가 아이들 앞에서 당신에게 고함을 친다. 당신이 그러지 말 것을 수도 없이 요구한 일이다.

이런 유형의 상황에 직면했을 때, 내 경우는 함구하면서 핑계를 대고는 한다. "논쟁할 가치가 없어. 어차피 그 사람은 바뀔 리 없거든."이라거나 "그건 크게 문제 되지 않아."라거나 혹은 "아무튼 이런 관계가 나한테 실제로 얼마나 중요하겠어? 내가 정말로 불쾌해질 수도 있는 충돌을 원하겠어?"라고 하면서.

많은 경우 우리는 타인과 갈등을 빚을 가능성이 있는 공격에 나서기를 삼가는데, 그것은 전혀 놀랄 일이 아니다. 우리가 타인의 비판적 견해를 받아들이는 일에 거부감을 갖기 때문이다. 그리고 우리는 만약 우리가 한 말이 비난으로 받아들여질 경우, 그에 따른 보복적 공격에 노출될 수도 있다는 사실에 두려움을 갖는다. 이것은 구시대적 생존 본능의 일부가 우리가 맺는 관계에 어떻게 문제를 일으키는지 보여 주는 또 하나의 예시다.

우리가 감정을 상하게 하는 타인의 행동을 그냥 지나칠 때, 그것은 갈등을 피하는 것일 수는 있어도 상처 입는 것을 피하는 것은 아니다. 반복적으로 침해를 받을 수밖에 없는데, 무슨 대가로 그렇게 하는가? 우리가 간과하는 것은 우리의 존엄이 위태로워진다는 사실이다. 충돌을 피하고 싶다는 욕구가 지배하도록 방치함으로써, 우리는 타인이 우리에게 상처를 입히도록 허용하고 있다.

우리의 권리를 침해하는 사람들과 충돌하는 것은 특히 그것이 심각한 결과를 가져올 수 있을 때는 정말로 힘든 일이다. 일자리나 우정, 사업 동료, 혹은 배우자를 잃을 수도 있다. 따라서 우리는—현명하게도—침해를 가한 사람에게 아무 말도 하지 않은 채 그 행위를 그냥 지나치는 편을 택하는 경우가 있다. (이를 테면 방금 나온 상사처럼) 가해자가 권력을 가진 사람인 경우에, 우리가 그 사람에게 맞서기를 꺼리는 것이 진화적 유산에 기인한 것만은 아니다. 거기에는 그 이상의 심각한 현실적 중요성이 있다. 우리에게 다른 선택지가 있는가?

전부를 얻거나 모두를 잃거나 하는 접근법, 즉 아무 말도 하지 않고 묵묵히 고통을 견디거나, 대놓고 말하는 위험을 감수하거나 하는 접근법은 이 유혹에서 손실 회피가 어떻게 갈등 회피와 같은 중대한 역할을 하는지 보여 준다. 안정을 희구하는 욕구와 변화를 추구하는 욕구 사이에 존재하는 미묘한 균형을 설명해 주기 때문이다. 상실에 대한 이 두 가지 공포의 근저에 놓인 것들은 우리를 위험으로 몰아갈 수도 있는 감정적 폭발성을 잠재하고 있어서, 우리의 본능은 설사 존엄이 위태로워질지라도 자신을 보호하라고 지시한다. 이 생존 논법은 우리로 하여금 대안에는 눈을 감게 한다. 하지만 대안이 없지 않다.

선택지를 살펴보기 전에, 앞서 했던 주장으로 되돌아가 보자. 우리가 타인과 상호작용을 할 때, 우리의 사회적 두뇌는 우리들 사이에 신경 가교neural bridge를 세운다. 신경 회로는 감정을 활성화하고, 우리가 타인에게 빈번하게 노출될수록 활성화되는 감정의 힘은 더 커진다.[1]

우리가 타인이 긍정적이고 삶의 질을 높여 준다고 느낄 때, 좋은 감정 에너지가 분출된다. 우리가 상호작용을 즐기는 동안 방출되는 호르몬을 비롯한 여타 화학물질들이 우리 건강에 유익한 결과를 가져온다는 것이 밝혀졌다. 《관계의 연금술Love and Survival》에서 세계적으로 저명한 의사인 딘 오니시Dean Ornish는 심각한 심장 질환도 생활양식의 변화로 호전될 수 있다고 보고한다.[2] 오니시가 제시하는 생활양식 변화에는 다이어트와 운동도 포함되지만 더 놀라운 결과는 사랑과 긍정적 인간관계가 병을 이겨 내는 데 수행하는 역할이다. 좋은 관계는 병을 낫게 할 수 있다.

부정적 영향을 주는 사람들과 거듭해서 만날 때 문제가 발생한다. 대니얼 골먼은 우리의 면역 체계가 유해한 사람들에게 장기적으로 노출되면 "효력이 서서히 나타나는 독약slow poison"이 표출되는데, 결국은 이 독약에 손상을 입게 된다는 것을 보여 주는 연구에 대해 기술하고 있다.[3] 인간관계가 주는 영향에 대해 알고 나면, 우리는 묻지 않을 수 없다.

"나는 내 존엄을 반복적으로 침해하여 내 정신적 건강뿐 아니라 육체적 건강마저 위태롭게 하는 사람들에게 스스로를 얼마나 많이 노출하는가?"

생물학적 결과의 현실 또한 우리가 진화적 유산을 받아들일 수밖에 없게 한다. 우리에게 해를 끼치는 사람들과의 충돌에서 한 발 물러서려는 충동을 인정하고 관리하게 되면 선택을 고려할 여지가 생긴다. 내 워크숍에 참가했던 로라의 이야기는 존엄 모델이 제공하는 대안을 보여 주는 하나의 예시다. (이 이야기에 나오는 이름들은 참가자들의 실명이 아니다.)

구내식당에서 점심 식사를 하던 중 로라는 전날 일어난 사건과 관련해서 직장 상사 마크에게 맞서 보려고 생각하고 있다는 이야기를 친구이자 동료인 에릭에게 들려주었다.

"로라, 정말 그렇게 하고 싶어?"

에릭이 물었다.

"그건 무모한 일이야. 마크가 당장 널 해고하면 어쩌려고 그래? 설사 그렇게까지는 안 한다 해도, 네 직장 생활을 비참하게 만들 수도 있어."

전날 오후에 로라의 비서 레이철은 마크가 그날 중으로 필요로 했던 로라가 작성한 보고서를 편집하고 있었다. 등을 복도 쪽으로 향한 채 컴퓨터 앞에 앉아 있던 레이철은 어느 순간 마크가 자신의 등 뒤에서 모니터를 응시하면서 화면에 떠 있는 보고서를 읽고 있다는 것을 알아차렸다. 그녀가 말을 꺼내기도 전에, 그가 말했다.

"어떻게 된 겁니까? 국장실로 보낼 보고서의 서식도 몰라요? 완전히 틀렸군요! 그 자료를 내 비서한테 보내요. 그녀라면 제대로 해낼 테니. 그거 알아요, 레이철? 이런 불경기에는 당신 자리에 박사학위 가진 사람을 채용할 수도 있다는 거?"

그는 그녀가 초안 작업을 하고 있는 중이었으며, 최종 보고서에는 적합한 양식을 쓰려는 생각을 분명히 갖고 있었다는 것을 설명할 기회를 주지 않았다. 마크가 한 말에 담긴 내용이 고통스러웠던 만큼이나 그의 신랄한 말투로 인해 모욕은 더욱 커졌다. 게다가 복도 근처에 서 있던 두 사람이 마크의 가혹한 말들을 듣지 않을 수 없었다. 레이철은 공개적으로 창피를 당했다고 느꼈다.

마크는, 그가 종종 행하는 모욕적 언동으로 인해 역시 고통을 받아 왔지만 그와 충돌하는 것을 두려워하던 직원들이 점심시간에 하는 대화에서 수없이 화제가 되는 인물이었다. 마크에게 이야기한다면 경력이 끝장나는 상황을 초래했을 것이고, 설령 그렇지 않더라도 직원들 대부분은 그렇게 믿었다. 그들은 일자리가 필요했고, 따라서 마크의 행동에 체념했다.

"그건 그가 사는 방식일 뿐이야."

6개월 전 직책을 맡게 된 이래 로라는 늘 마크의 행동에 맞섰다. 마크는 직원회의에서 부적절한 농담으로 그녀를 당혹스럽게 했고, 종종 다른 사람들 앞에서 그녀의 판단을 문제 삼기도 했다. 회의에서 보이는 비꼬는 태도는 거의 참기 어려운 환경을 만들었다.

마크와 충돌할 것에 대한 생각만으로도 로라는 마음이 상했다. 레이철이 얼마나 우울할지 알기에 그녀는 더욱더 화가 났다. 그날 벌어진 일을 설명하던 중 레이철은 눈물을 쏟았다. 그녀는 상사로서 레이철을 보호할 책임이 있었다. 그녀는 자신에게 도덕적 딜레마처럼 느껴지는 감정과 싸우고 있었다.

바깥에서 보면, 로라가 마크에게 뭔가를 말해야 한다는 것을 쉽게 알 수 있다. 그의 품위 없는 행동에 대해 시정을 요구하지 않아서 그가 계속해서 해를 끼치는 데 그녀를 비롯한 직원들 모두가 중요한 역할을 하고 있는 것은 말할 것도 없었거니와 모두 일상적인 존엄 침해에 스스로 노출되어 있었기 때문이다. 마크의 편애가 있었기에 자신이야말로 마크에게 말을 하기에 어느 누구보다 나은 위치에 있다는 것을 잘 알고 있었지만, 로라는 여전히 그 충돌이 싫었다.

다행히 로라는 레이철을 위해 행동에 나서지 않는다면 자신이 상사로서의 책무를 회피하는 게 될 것임을 깨달았다. 비서의 존엄을 지켜 내지 않는다면 자신의 존엄마저 양보하게 될 것이었다. 로라에게는 어떤 선택지가 있었을까?

*

선택지 1 털어놓고 말하기
마크와 대면하기 전에, 로라는 자신의 의도를 명확히 해야 한다.
"나는 마크에게 상처를 입히고 싶지 않다. 그보다는 다른 사람들에게 상처를 주고 있는 그의 행동에 대해 다른 사람들이 어떻게 말하는지 그가 듣게 하고 싶다. 그는 자신이 피해를 주고 있다는 사실을 인식하지 못할지도 모른다."
이러한 의도에 충실하려면 자기 인식이 필요하다. 로라는 자신의 한 속성인 Me는 피해를 되갚아 주기를 원한다는 사실을 받아들일 필요가 있다. Me는 위협의 원천을 제거하고 싶어 한다는 것을 기억하라. 맞서 싸우려는 욕구는 현실적이어서 무시하기 어렵다. 그것을 이겨 내려면 로라는 그 욕구가 존재한다는 사실을 인정할 필요가 있고, 만약 Me에 따라 마크와 대화할 경우 마크가 존엄을 침해한 것처럼 로라도 마크에게 상처를 입히고, 그 과정에서 로라 자신의 존엄마저 침해하게 된다는 것을 인식해야 한다.
마크가 받아들일 수 있도록 그의 행동에 대한 피드백을 주기 위해서 로라는 비난하려는 욕구(이는 본능적이고 이해할 만한 것이다.)를 초월하여 볼 줄 아는 I 안에 자신을 자리 잡을 필요가 있다. 로라는 마크의 인간성뿐 아니라 자신의 복잡한 인간성(우리는 우리가 가진 본능 이상이기 때문이다.)까지도 잘 알고 있어야 한다. 그리고 자신이 말하려고 하는 내용을 친구들에게 이야기하고 실행에 옮겨야 한다. 자신을 침착하게 유지하고 I가 이야기를 이끌도록 해야 한다.

자신의 의도를 분명히 하는 것 외에도, 로라는 마크의 존엄을 인정해야 한다. 마크가 가치 있고, 중요하며, 약점을 가진, 한 사람의 인간이라는 사실에 지속적으로 초점을 맞추어야 한다. 그녀가 해야 할 일은 존엄한 대우를 받을 만한 가치가 있는 인간인 마크와 그의 행동 양식을 구분하는 것이다. 로라는 마크가 그녀가 하는 말을 경청할 능력이 있다고 호의적으로 대해야 한다.

로라가 대면할 준비를 마친 다음에는 마크의 공감 능력을 평가해 보아야 한다. 마크가 타인의 감정을 느낄 능력이 있고 자신의 행동이 타인에게 어떻게 영향을 미치는지 신경을 쓴다는 단서를 로라는 갖고 있을까? 만약 그렇다면, 마크의 행동에 대해 이야기함으로써 그가 성찰하고 변화하도록 이끌어 줄 가능성이 크다. 설령 확신이 서지 않을지라도, 타인에게 미치는 자신의 영향에 대해 마크가 고려할 것이라고 가정하는 게 낫다. 즉, 마크를 신뢰하고 호의적으로 대하는 게 나을 것이다.

반면에, 마크가 타인에게 미치는 영향에 대해 신경 쓰지 않고 타인을 자신과 분리해서 볼 수 없게 하는 자아도취적narcissistic 성향을 가졌을지도 모른다는 단서를 로라가 갖고 있다면, 상황은 더 어려워진다. 《나르시시즘: 진정한 자아의 부정Narcissism: Denial of the True Self》의 저자 알렉산더 로웬Alexander Lowen은 나르시시즘은 부모가 제대로 돌보지 않고 정신적인 지지를 충분히 하지 않아서 자아가

정상적으로 발달하지 못하고 왜곡된 결과라고 말한다.[4] 부모(혹은 돌봐 주는 사람)는 아이가 개체로서의 존재임을 인정하거나 존중하지 못하고, 그 아이를 특별한 모습으로 만들려고 할지 모른다. 그러면 그 아이에게 진정한 자아는 나타나지 않는다. 대신 이상적인 자아, 즉 늘 완벽한 자아의 이미지와 타인이 아이를 예정된 모습으로 보게 만들려는 부모의 욕구가 존재하게 된다. 진정한 자긍심과는 대조되는 그 이미지에 대한 투사는 나르시시스트narcissist의 특징을 만들어 낸다. 나르시시스트는 진짜 감정을 희생시키는 대신 그 이미지를 강화하기 위해 에너지를 쏟아붓는다.

본연의 가치를 타고난 한 개인으로서 관심을 받고, 응답을 받고, 존중되는 체험을 하지 못하면 아이는 자신이 가치 있는 사람이라는 내면화된 의식을 발달시키지 못한다. 존엄―그릇된 존엄―에 대한 의식은 자아 자체보다는 외형적인 이미지에서 나온다.

나르시시스트들에게 비판은 참기 어려운 일이다. 다른 사람들이 그들의 행동에 대해 피드백을 줄 때 그들은 깊게 뿌리내린 내면화된 자긍심이 없기 때문에 건설적인 말조차 부정적으로 받아들인다. 자신들이 가치 있는 사람이기 위해 그들이 의존하는 완벽한 이미지에 대한 일격으로 받아들이는 것이다.

내면의 자아 관념과 자신의 타고난 가치에 대한 인식을 발달시켜 온 상태일지라도, 맹점을 지적받게 되면 사람들은 불편함을 느낀다. 타인의 존엄을 침해하고 있다는 말을 듣는 것은 고통스러운데, 그들이 그 사실을 인지하지 못했을 때 더욱더 고통스러운 일이 된다. 우리들은 대부분 타인에게 어떤 영향을 미치는지 마음을 쓰기 때문에, (모르는 사이에) 타인에게 상처를 입혔다는 말을 받아들이기는 쉽지 않다.

자신의 맹점을 알게 되면, 우리는 앞서 내가 견딜 만한 수준의 수치심이라 일컬었던 것을 불가피하게 체험할 수밖에 없다. 자신의 존엄을 인식하고 수용하는 사람들이 수치심을 피하기는 어렵다.《감정과 폭력Emotions and Violence》에서 토머스 셰프와 수잰 레칭어는 수치심의 이러한 기능적 측면이 관계를 유지하는 데 중요하다고 설명한다. 그들은 또한 어떤 관계를 깨뜨릴 수 있는 병적인 수치심, 즉 단적이고 지나친 수치심이 있다는 사실도 지적한다.[5] 자신이 한 행동이 나쁘다고 느끼지 않는 한, 어떤 관계를 유지하기 위해 자신의 행동을 변화시키는 큰 노력이 요구되는 일은 내키지 않을 수 있다. 그 대신, 관련된 상대편을 비난하는 경향을 보이기 쉽다. 하지만 견딜 만한 수치심은 새롭게 자각한 바에 따라 행동하고 차후에는 같은 행동을 되풀이하지 않을 동기를 부여해 준다.

나르시시스트들은 피드백을 받아들이기가 매우 힘들기 때문에, 어떤 방식으로 전달한다 해도 피드백을 주기가 쉽지 않다. 피드백과 그것을 받는 사람을 떼어 놓고 생각하더라도, 나르시시스트에게 그 행위와 행위를 한 사람이 같지 않다는 것을 떠올리는 일은 묵살될 수밖에 없다. 당신이 나르시시스트에게 거울을 들어 비춰 주는 행위를 한다면, 이는 그 사람이 이 세상에 부적절하고 쓸모가 없다는 것을 드러내 보이는 것이 된다. 이는 나르시시스트가 생각하는 최악의 공포이다. 진정한 존엄에 기반한 I 없이, 존엄을 순전히 외부 요인들에서 찾는 Me가 지배하는 나르시시스트가 타인의 눈에 자신이 하찮게 보이는 것을 견딜 수는 없을 것이다. 나르시시스트는 수치심을 참을 수 없다.

만약 로라가 마크가 공감 능력이 있고, 그녀가 하게 될 말에 불가피하게 포함된 수치심을 견뎌 낼 만큼 충분히 강한 존엄 의식을 갖고 있다고 판단했다면, 그녀가 성공할 가능성은 매우 크다.

이 시나리오에서 로라는 마크가 공감 능력이 있고, 그가 사람들에게 미친 영향에 대해 마음을 쓴다고 판단했다. 그 결론에 도달하기까지 두 가지 이유가 문제적이었다. 하나는 그의 반응에 대한 그녀의 불안감, 또 하나는 그가 바뀔 수 없을 거라는 그녀의 믿음이다. 종합해 보면, 보통 이러한 믿음들 때문에 우리는 털어놓고 말하기 힘들어한다. 로라는 존엄 모델에 대해 알고 있었기에 자신을 보호하려는 진화적 본능이 유혹에 나서서 자신이 옳다고 여기는 것을 하지 못하도록 할 것을 잘 알고 있었기 때문에, 그녀는 불안을 떨쳐 낼 수 있었고 마크가 자신을 호의적으로 해석할 수 있는 기회를 줄 수 있었다. 로라는 자신이 해야 하는 말을 마크가 경청하기를 바라면서 용기를 내서 이야기할 시간을 내 달라고 요청했다. 마크는 반갑게 맞아 주면서 앉기를 권했다. 다음은 진행된 대화이다.

마크 자, 로라. 무슨 일이죠?

로라 네, 시간이 너무 많이 지나기 전에 말씀드리고 싶은 게 있어서요. 마크, 지금 하려고 하는 말이 제게는 쉽지 않다는 것을 아셨으면 좋겠습니다. 하지만 당신과의 관계가 저한테는 중요하고, 만약 제가 어제 당신과 레이철 사이에 있었던 일에 대해 이야기하지 않는다면, 그것이 우리가 함께 일을 잘 해 나가는 데서 걸림돌이 될 수도 있다고 생각합니다. 먼저, 제가 당신을 국장님으로 존경한다는 사실을 알아주셨으면 좋겠고, 저 또한 당신이 최선을 다해 일하고 있다는 사실을 잘 알고 있습니다.

마크 (의자에서 자리를 바꿔 앉으며) 아, 좋지 않은 이야기인가 보군요.

로라 아니에요, 마크. 정반대예요. 사실, 좋은 이야기입니다. 만약 제가 당신에게 마음을 쓰지 않았다면, 이 일을 그냥 내버려 뒀을 거예요. 하지만 저는 당신이 때때로 사람들에게 어떤 인상을 주는지 알지 못하고 있다고 생각하기 때문에 당신을 걱정하는 친구이자 동료로서, 제가 보기에 당신이 모르고 있다고 확신하는 어떤 점에 대해 알려 드리고자 하는 겁니다.

마크 (약간 격앙된 목소리로) 좋아요, 그게 뭐지요?

로라 어제 당신이 레이철에게 그녀가 작업 중이던 보고서에 대해 말했을 때, 당신이 레이철이 최종본 작업을 하고 있다고 짐작해서 그녀가 그 보고서를 잘못된 서식으로 작성한 것으로 여겼다는 이야기를 들었어요.

마크 그걸 크게 문제 삼겠다는, 그런 건 아니겠죠?

로라 아, 그건 레이철에게는 심각한 문제입니다. 당신이 그녀를 최악으로 간주하면서 경멸하는 투로 말해서 레이철이 당혹스러워했어요. 그리고 이어서 당신이 그녀가 일자리를 잃을 수도 있다는 의미의 말을 했을 때, 그녀는 정말로 당황했어요. 다른 사람들이 복도에 서 있었고, 그들이 그 상황을 모두 들었다는 것을 당신은 모르고 계셨을 거예요.

마크 (기분이 상한 것이 역력한 말투로) 어처구니가 없군요. 내 비서라면 레이철보다 훨씬 더 빨리 그 보고서를 완성했을 거예요. 레이철은 일이 서툴러요. 내가 이 대화를 계속해야 할지 모르겠군요.

로라 마크, 당신의 반응을 충분히 이해할 수 있어요. 만약 제 부하 직원이 저한테 와서 제가 한 말을 했다면, 저 또한 분명히 기분이 상했을 거예요. 저는 이 자리를 떠나기 전에 제가 여기에 온 이유를 말씀드릴 때 당신이 귀를 기울였다는 것을 믿고 싶습니다. 또한 제가 당신에게 관심을 갖고 있고 우리의 바람직한 업무 관계에 지장을 주는 어떤 것도 원치 않는다는 것도요. 그리고 어쩌면, 이게 훨씬 더 중요할 수도 있을 텐데 저는 당신이 때때로 어떤 인상을 주는지 인지하지 못하고 있다고 확신합니다. 제 남편은 저의 맹점들에 대해 늘 지적하는데요. 실상, 우리는 모두 인간인지라, 자신에 대해 인지하지 못하는 것들이 있습니다. 업무에 유능하다는 것이 당신에게 중요하다는 것을 잘 알고 있습니다. 저는 당신이 이 일을 훨씬 더 나아질 기회로 삼기를 바랄 뿐입니다. 저는 몇 가지 마무리할 일이 있어서 오늘 밤늦도록 있게 될 테니, 원하신다면, 퇴근 전에 제 사무실에 오셔도 됩니다. 괜찮으시지요? 그렇게 믿겠습니다.

마크 (생색내는 듯한 말투로) 그게 무슨 말입니까? 그럼요, 괜찮고 말고요.

로라 잘됐습니다. 이따 뵙기를 기대합니다.

로라는 일어설 때 힘이 쫙 빠진 것을 느꼈다. 그녀는 마크의 방어적인 자세로 인해 하마터면 균형을 잃을 뻔했다는 사실을 마크가 알아채지는 않을까 두려웠다.

사무실로 돌아오니, 에릭이 기다리고 있었다.

"어떻게 됐어?"

그가 물었다. 그녀는 있었던 이야기를 다 들려주었다. 그녀가 말을 마쳤을 때, 에릭의 입에서 나온 첫마디였다.

"내가 말했잖아. 이제 그가 어떻게 나올지 걱정 안 돼?"

"아니, 실제로 그렇지 않아. 물론 처음에 그는 방어적으로 나왔어. 내가 그의 반응이 이해할 만하다고 인정했더니, 약간 물러서는 것 같았어. 우리는 모두 맹점을 갖고 있다는 이야기를 했을 때는, 그가 뭔가를 생각하는 걸 느낄 수 있었어. 나는 오늘 퇴근하기 전에 마크가 내 사무실에 들를 거라고 장담할 수 있어."

"마크가 자신의 행동을 바꾸는 건 고사하고, 네가 한 말을 진지하게 받아들일 거라고는 상상이 안 돼. 네가 말을 꺼낼 용기를 낸 것은 감동적이지만, 이야기가 잘 끝났다는 건 믿기지 않는군. 상황이 생기면 알려 줘."

여섯 시 직전에, 마크가 로라의 사무실을 노크했다.

마크 들어가도 될까요?

로라 물론이에요.

마크 로라, 아까 당신이 한 말에 대해 곰곰이 생각해 봤어요. 그리고 내가 처음에 보인 반응은 당신이 말한 모든 걸 피하고 싶어서였다는 것을 인정해야겠어요. 사실, 오래전부터 아내가 가끔씩 사람들에게 말하는 방식에 대해 문제를 삼아 왔어요. 그것은 우리 부부 사이에 지금도 계속되는 문제예요. 다툴 때면 늘 불거지지요. 아내는 그걸 내 기분을 상하게 하는 무기로 씁니다. 그게 나를 짜증나게 한다는 걸 잘 알거든요.

하지만 오늘 오후에 당신이 내게 말했던 방식은 다르게 느껴졌어요. 당신이 나와 우리 관계에 마음을 쓰기 때문에 내게 얘기를 하고 싶은 거라고 말했잖아요. 쉽지 않았을 거라는 걸 알아요. 하지만 그것이 나를 돕고 싶어서였다는 것 또한 알 수 있어요. 내가 여기서 어디로 가야 할지 모르겠지만, 당신이 한 말에 대해 내가 심사숙고할 거라는 것만은 알려 주고 싶어요. 솔직히 말하자면, 어떻게 해야 할지 잘 모르겠어요. 당신의 도움을 필요로 할지도 몰라요. 마지막으로 한 가지만, 도대체 내게 와서 그런 얘기를 털어놓을 용기가 어디서 난 겁니까?

로라 솔직히 말하자면 마크, 가장 중요한 것은 존엄이에요. 당신의 존엄, 그리고 나의 존엄. 우리에게는 훨씬 더 많은 능력이 있다고 생각해요.

선택지 2. 바트나BATNA를 갖추고 털어놓기

만약 로라가 자신이 어떤 나르시시스트와 대면해야 하는데, 변화 가능성은 없다고 판단한 경우라면 어떨까? 설령 마크가 나르시시스트라는 로라의 판단이 옳다 해도 그녀가 마크에게 호의적으로 대하면서 피드백을 주려는 시도를 여전히 할 수 있을 것이다. 하지만 그 전에 로라가 해야 할 일이 한 가지 있다.

《예스를 이끌어 내는 협상법Getting to Yes》의 공저자 로저 피셔와 윌리엄 유리는 협상을 시작하려는 사람이라면 누구에게나 유용한 조언이 될 만한 것을 보여 준다. 그것은 "당신의 바트나BATNA, best alternative to a negotiated agreement를 개발하라"[6]이다. 피셔와 유리가 의미하는 바는, 어떤 협상을 시작할 때는 상황이 바라던 대로 되지 않을 수도 있다는 가능성에 대비해야 한다는 것이다. 위의 경우, 로라는 마크가 피드백을 이해하고 행동을 바꿀 것이라는 기대를 갖고 대화를 시작하려던 참이었다. 제1 목표의 달성이 실패할 것에 대한 최선의 준비는 감수할 만한 대안을 개발하는 것이다. 즉, 로라는 마음속으로 차선책을 갖고 있어야 했다. 마크가 그녀의 말을 진지하게 받아들이지 않고 행동을 바꾸지 않을 경우 다른 부서로 옮기는 결정을 할 수도 있고, 아예 직장을 그만두기로 할 수도 있다. 남편과 함께 자신들의 사업을 시작하는 것에 관한 이야기를 해 오고 있었기 때문에, 대화가 복잡하고 힘들어지면 그 방향으로 대담하고 단호한 걸음을 내딛을 수도 있었다. 바트나가 어떤 것이건 간에, 그녀는 자신이 감수할 만한 계획을 갖고 있다는 것을 마음속으로 분명히 할 필요가 있다.

바트나 없이 그렇게 위험이 수반되는 대화에 임하면, 로라는 취약한 상태에 놓이게 된다. 피셔와 유리에 따르면 대화가 잘 풀리지 않는 경우에 우리가 어떤 차선책을 받아들일 수 있다는 것을 알고 있을 때는 상처를 훨씬 덜 받고 자신감이 더 커진다. 나는 바트나 없이 입사 면접에 응한 많은 사람들이 차선책을 갖지 못했기 때문에 부지불식간에 자신들의 곤궁함과 취약성을 드러내서 결국 일자리를 얻지 못하는 경우를 보았다. 계획을 갖고 있으면, 비난이나 결과에 대한 두려움 없이 털어놓고 말할 수 있는 힘이 생긴다.

위의 시나리오에서 로라는 마크의 무례한 행동을 더 이상 참을 수 없다고 판단했고, 그에게 나르시시즘 성향이 있다는 걸 알고 있음에도 불구하고 여전히 피드백을 주어야 한다고 봤다. 그녀의 자아 한 측면이 단념하고 쉬운 길을 찾는 것을 편치 않아 했던 것이다. 그녀는 그에게 다가섰을 때 잃을 게 전혀 없다고 느꼈다. 자신이 바트나, 즉 면전에서 피드백이 실패한다 할지라도 감수할 수 있는 어떤 계획을 갖고 있는 지금은 특히 더 그랬다.

이 시나리오에서 로라가 마크와 나눈 대화는, 그녀의 기대치가 낮아질 것이라는 점만 제외하면, 첫 번째 시나리오에서 그들이 가진 대화와 완전히 똑같아 보였을 것이고, 그녀는 대화 중에 혹은 대화를 마친 후에 설사 어떤 일이 일어나더라도 자신에게 아무런 문제가 없을 것임을 잘 알고 있었을 것이다.

선택지 3. 아무 말도 하지 말되, 존엄을 지키기 위한 조치를 취할 것

로라의 세 번째 선택지는 마크에게 아무 말도 하지 않는 것이다. 그녀가 일자리를 잃을 위험이 너무 크다고 판단했거나, 그만큼의 보수를 받을 다른 일자리를 찾지 못할 것이라고 판단했을 수 있다. 그녀는 남편과 함께 이제 막 집을 샀고, 모기지 상환을 감당하려면 두 사람의 수입이 반드시 필요했다.

그녀의 세 번째 대안은 아무 말도 하지 않는 대신 마크의 존엄 침해 행위에 맞서 자신의 존엄을 지키기 위한 네 가지 조치를 취하는 것이다.

1. 모욕적 대우를 개인의 문제로 받아들이지 말 것
2. 일어난 일들을 재구성할 것
3. 자제할 것
4. 사회적 지지를 구할 것

설령 다른 사람들이 우리를 부당하게 대우해서 우리에게 상처를 입힐 힘을 가졌다 할지라도, 그들이 우리의 존엄을 빼앗아 갈 힘을 가진 것은 아니다. 그들이 우리의 존엄을 손상할 수는 있겠지만 파괴할 수는 없다. 이것은 혼동하기 쉽다. 누군가가 우리를 부당하게 대우하거나 배제할 때, 우리가 인간임을 인식하지 않고 인정하지 않을 때, 분명 그것은 우리가 가치 있는 사람이라는 것에 대한 공격처럼 느껴진다. 그렇다. 존엄을 침해하는 행위는 마음을 상하게 한다. 우리는 타인이 우리를 대우하는 방식에 따라 반응하는 본능을 타고났으며, 따라서 상처받기 쉬운 사회적 존재들이다. 비록 우리가 존엄의 침해가 주는 영향을 느끼는 것을 피할 수는 없을지라도 침해 행위가 일어난 후에 그것을 어떻게 이해할 것인가를 결정하는 것은 우리에게 달려 있다. 인간으로서 우리가 존엄의 구현체라는 진실에 단단히 뿌리를 내릴 책임은 우리에게 있다. 일단 우리가 이 사실을 명심하면, 그것에 도전하기가 쉽지 않다는 것을 다른 사람들이 알게 될 것이다. 우리가 가치 있는 사람이라는 것을 받아들이고 인정하는 것은 인간적인 취약함에 대한 최선의 방어이다.

존엄에 대한 모든 침해가 그렇듯이, 우리는 타인이 우리를 부당하게 대하면 자신이 가치 없는 인간이라고 생각하는 취약함을 드러낸다. 타인이 우리의 가치를 결정하지 않도록 우리는 일상의 삶 속에서 의식적으로 싸워 나가야만 한다. 로라는 마크가 자신에게 상처를 입힐 수 있는 힘을 갖고 있다는 사실, 하지만 그녀의 존엄은 신성불가침하다는, 즉 그 누구도 빼앗아 갈 수 없다는 사실을 되새겨야 했다.

비록 로라가 마크의 해로운 행동에 영향을 받을 수밖에 없었다 해도, 그녀는 그것에 대해 생각하는 방식을 재구성할 수 있었다. 콜롬비아 대학의 사회신경과학자인 케빈 오슈너Kevin Ochsner는 우리가 어떤 사건에 대해 생각하는 방식이 그것에 대한 우리의 감정 체험을 바꿀 수 있다는 것을 보여 주는 증거를 갖고 있다. 이러한 인지에 관한 재평가는 우리 뇌의 오래된 부분(편도체amygdala)의 개입을 감소시키고 우리가 느끼는 방식을 변화시키는 힘을 가진 우리 뇌의 새로운 부분(전대상피질anterior cingulate cortex)의 활동성을 증가시키는 방식으로 우리의 신경생물학에 영향을 미치고 있다.[7]

일어난 일을 재구성하는 것은 그 침해를 개인의 문제로 받아들이지 않는 것과 직접적으로 결부된다. 마크의 모욕적 행동을 개인화하는 대신(예컨대 마크가 직원회의 중에 로라에게 부적절한 농담을 했다고 치자.) 그녀는 비록 기분이 상하기는 했지만 그 침해 행위를 마크의 사회성이 결여된 결과—그는 누구에게라도 그런 농담을 할 수 있었을 것이므로—로 해석하자고 스스로 다짐할 수 있다. 로라는 그저 우연히 그 농담의 대상이 되었을 뿐이다.

그렇지 않으면, 마크가 훨씬 더 심하게 상처가 되는 행동을 했다고, 예컨대 마크가 제안한 계획에 로라가 동의하지 않는다는 이유로 그녀에게 고함을 쳤다고 해 보자. 제 아무리 충분한 이유를 대더라도 의견이 같지 않다고 해서 공격적인 돌발 행동을 하는 것을 정당화할 수 없을 것이다. 설령 그 모욕이 미치는 결과를 느낄 수 있다 할지라도, 그녀가 그것을 개인적인 문제로 받아들일 필요는 없다. 그 사건은 그녀의 행동보다는 그의 행동에 대해 더 많이 말해 준다는 것을 판단할 수 있고, 따라서 그 사건은 그녀의 결점이 아니라 그의 결점을 나타내 주기 때문이다.

만약 로라가 그 모욕을 개인적인 문제로 받아들여 그 사건을 마크의 문제로 재구성하지 않는다면, 그녀는 마크가 자신의 존엄을 강탈했다고 믿으면서 황폐한 감정에 휩싸일 수 있다. 하지만 그것을 재구성함으로써, 그녀는 비록 손상을 입었을지라도 자신이 가치 있는 사람인지 여부를 묻지는 않을 수 있다.

마크의 침해 행위를 개인화하지 않고 사건을 재구성함으로써, 로라는 존엄을 다치지 않고 보존할 수 있었다. 그녀는 또 하나의 중요한 성과―미끼를 물지 마라.―도 거두었다. 만약 로라가 마크의 잘못된 행동을 비난했더라면, 그녀는 상처를 되돌려 줌으로써 자신의 존엄을 손상시켰을 것이다. 하지만 그녀는 마크의 잘못된 행동에 휩쓸리지 않을 수 있었다.

비록 로라가 자신의 존엄을 지키는 데 불가결한 (개인화를 피하고, 재구성하고, 자제하는) 초기의 세 가지 조치를 취했다 할지라도, 현재 진행되는 모욕적 대우가 미치는 영향을 막기 위해서는 취해야 할 조치가 하나 더 있다. 그것은 일어난 일을 다른 사람들과 공유하는 것이다.

사회적 지지, 그리고 그것이 스트레스를 일으키는 상황을 조정하는 데서 수행하는 긍정적 역할에 대한 연구 결과는 명백하다. 타인과 강한 긍정적 관계를 맺고 사는 사람들은 그렇지 않은 사람들에 비해 스트레스를 일으키는 사건에서 좀 더 쉽게 회복된다.[8] 다른 강력한 증거가 인간이 공격하거나 도피하는 것뿐 아니라 타인과 관계를 맺는 것으로도 위협에 대처할 수 있다는 것을 나타내 준다. 우리가 존엄을 침해당했을 때, 그 피해가 주는 해로운 영향에서 회복되는 하나의 방안은 우리에게 관심을 갖는 타인들의 지지를 얻는 것이다. 우리가 관계가 만족스럽고 기운을 북돋아 주는 사람들 앞에 있을 때 기분이 좋아지는 이유에 대한 생물학적 설명이 있다. 유쾌한 감정을 만들어 내는 옥시토신oxytocin 호르몬이 방출되는 것이다. 그 호르몬은 존엄 침해가 주는 부정적 효과를 호전시키는 힘을 갖고 있는데 스트레스 호르몬 코르티솔cortisol을 감소시킬 수 있고, 혈압을 비롯한 모든 교감신경계 활동을 낮춰 준다. 간단히 말해, 우리가 해로운 사건을 겪을 때 유발되는 모든 반응들을 저지할 수 있다는 것이다.

그러므로 좋은 관계는 행복에 득이 된다. 하지만 로라의 경우 그녀를 비롯한 동료들은 마크의 거듭되는 존엄 침해에 직면해 있었고, 따라서 그들에게는 그 부정적 효과를 줄여 줄 강력한 지원 팀을 발달시키는 것이 무엇보다 중요했다. 그들은 상처 입은 어느 누구에게라도 도와 주러 갈 준비가 되어 있어야 했다. 있을 법한 최악의 시나리오 중 하나는 존엄 침해를 겪었지만 의지할 사람이 아무도 없는 경우일 것이다.

이 시점에서 존엄 침해에 대한 가장 치명적인 반응 중 하나가 수치심 반응이라는 것은 자명하다. 우리가 느끼는 수치심 때문에 우리는 타인의 존엄을 침해한 것에 대해 이야기하고 싶어 하지 않는다. 우리가 셰프와 레칭어로부터 이미 배웠고 경험으로도 알고 있듯, 창피함을 느낀다고 인정하는 것은 당혹스러운 일이다. 따라서 우리는 다른 사람들 눈에 형편없어 보이거나 약해 보이는 위험을 감수하고 만다. 하지만 수치심을 고려하지 않은 결과는 파멸적일 수 있다. 수치심은 우리의 도덕적 나침반을 잘못된 방향으로 인도하는 힘을 갖고 있다. 그것은 우리를 갈등의 길로 내몰 수 있고, 자기만 옳다고 정당화하면서 우리를 자극하여 온갖 해로운 행동들을 저지르게 할 수 있다.

사회적 지지가 가진 힘에 대한 연구 결과는 당혹감을 숨기거나 부정하고 싶은 유혹을 극복하는 것이 얼마나 중요한지 보여 준다. 관계가 만족스럽고 자신을 지지해 주는 사람들과 나누는 대화 한 번만으로도 수치심이 낳는 해로운 효과를 막아 낼 수 있다.

이 세 번째 선택지—해로운 행동에 대해 마크에게는 아무 말도 하지 않지만 그녀의 존엄을 지탱하기 위해 보조적인 조치들을 취하는—를 수행하는 과정에서 로라의 임무는 최악의 상황에서 최선을 만들어 내는 것이다. 우리의 신체적 건강과 정신적 건강에 해로운 관계가 미치는 효과를 연구한 뒤로 나는, 자신들이 만성적으로 타인에게 어떤 영향을 미치는지 인식하지 못한 채 살아가는 사람들에게 긴 시간 노출되는 것에 관심을 갖게 되었다. 내가 제안한 세 번째 선택지의 네 가지 조치는 아무것도 하지 않는 것보다는 낫지만, 장기적으로는 두 번째 선택지, 즉 털어놓기 전에 강한 바트나를 갖추는 것이나 차라리 네 번째 선택지인 관계를 끊는 것을 택하는 것이 나을지도 모른다.

17장
피해자 자처하기

문제가 있는 관계 안에서 자신이 무고한 피해자인 척하지 마라.
마음을 열고, 그 문제의 원인을
스스로가 제공했을 수도 있다고 생각해 보라.
타인이 나를 보듯 나 자신을 바라볼 필요가 있다.

늘 우리는 위협이 되는 정보가 유입되지 않도록 막을 태세가 되어 있다. 자기 보존 본능이 진가를 발휘하는 것이다. 애초에 본능이 물리적 위협에서 우리를 보호하려고 발달한 게 분명해 보이지만, 오늘날 우리는 심리적 위협―존엄의 침해―에 마치 생명이 위태롭다는 듯 반응한다. 명백한 사례 하나를, 어떤 관계가 잘못될 때 우리가 즉각적으로 피해자를 자처하는 모습에서 볼 수 있다. 설령 우리가 문제를 일으킨 원인이었다 할지라도 내면에 초기화된 설정은 문제의 원인을 외부로 돌린다. 타인을 가해자로, 자신을 무고한 피해자로 보고 싶은 유혹은 관계에 생긴 갈등을 푸는 데서 가장 힘든 장애물 가운데 하나이다. 옳은 편이고 싶으면서도 동시에 잘못된 행동을 저지르는 우리의 욕구는 오늘날 커다란 문제점들을 만들어 내는, 시대에 뒤떨어진 생존 전략이다.

우리는 내면의 초기 설정을 피해자 모드에서 자기 성찰적 모드로 바꿀 수 있다.

"내가 이 관계가 어긋나는 데 한 원인이 되었을 수도 있지 않을까?"

이게 어떻게 가능한지 설명해 보겠다.

하버드에서 사흘간 열린 이스라엘-팔레스타인에 관한 워크숍에 참석했을 때, 우리는 크게 절망한 채, 양측을 한자리에 불러 모으는 것이 이롭기보다는 해롭지 않은가 생각하고 있었다. 우리는 세션이 진행되는 내내 세션을 지배하는 힘—서로가 피해자라는 경쟁을 벌이는 듯했다.—을 깨뜨릴 수 없었다. 사실, 두 집단 사이의 힘은 비대칭적이었다. 이스라엘은 점령 지역들을 통제하고 있었고 팔레스타인 사람들은 그들의 지배 대상이 되어 있어서, 팔레스타인 사람들의 피해자 의식을 실제적이고 돋보이게 해 주고 있었다. 그런데 이스라엘 사람들 또한 피해자라는 감정을 갖고 있었는데, 팔레스타인 사람들은 이것을 이해하지 못했다. 각자가 상대편이 겪는 비극적이고 고통스러운 현실을 공감하지 못했기에 어느 쪽도 상대의 고통에 자신들이 기여했다는 것을 받아들이지 못했다. 참석자들의 의식은 자신들만의 고통스러운 경험에 지배되고 있었는데, 하버드 대학 정신과 의사 주디스 허먼Judith Herman은 이런 태도를 감정적인 트라우마의 주요 증상 가운데 하나로 묘사한다.[1]

어긋난 관계에서 눈에 띄게 두드러지는 것은 공감할 수 있는 정상적 능력이 없어진다는 것이다. 갈등의 외부에 있는 사람은 당사자들보다 훨씬 더 쉽게 그들이 어떻게 그리고 왜 서로에게 상처를 입히고 있는지 볼 수 있으며, 갈등으로 몰아가는 역학의 복잡성을 인지할 수 있다. 예를 들어, 서로가 상대의 잘못된 행동 때문에 무고하게 피해를 입었다고 주장하는 친구들을 관찰해 보면, 우리는 양측 다 문제의 원인이 되고 있다는 것을 알 수 있다. 어떤 경우에는 피해자와 가해자 사이에 선이 분명하게 그어져 있기도 하지만, 그 선이 뚜렷하게 파인 경우는 좀처럼 드물다. 보통은 관계가 어긋나는 데 양쪽 다 일정한 역할을 한다.

갈등에 휘말려 들었을 때, 우리는 왜 자신이 한 원인이라는 것을 보지 못하는 것일까? 《공감의 시대 The Age of Empathy》에서, 프란스 드 발은 생물학적 설명을 제시한다. 그는 심리적 유대가 사람들을 결속시켜 준다고 설명한다.[2] 서로 공감하고 상대에게 마음을 쓸 줄 아는 능력은 이기적이고 자신의 이해관계와 행복에만 신경 쓰는 능력만큼이나 인간 본성에서 큰 부분을 차지한다. 드 발은 영장류 세계에서 관계를 맺고자 하는 타고난 욕구의 사례들을 제시한다. 또한 그는 우리의 신경 회로가 관계를 맺고 있는 사람들과 느끼고 공감하도록 어떻게 사전에 프로그래밍 되어 있는지도 설명한다. 인류의 초기 역사에서 타인의 감정에 공감할 수 있는 능력은 자연스럽게 인연이 형성되도록 했고 사회적 집단의 책무를 창출했다. 집단을 이룬 사람들은 정글이나 사바나에서 홀로 배회하는 사람들보다 더 안전했다.

만약 타인과 관계를 맺기 원하는 것이 자연 상태이고 우리가 타인에게 공감하고 싶어 하는 본능적 성향을 가졌다면, 관계가 와해될 때 그 원초적 공감에 어떤 일이 일어나는 것일까? 이스라엘 사람들과 팔레스타인 사람들은 왜 공감할 수 없었던 것일까? 그들은 왜 자신들이 상대편에게 체험하게 했던 고통과 괴로움을 느끼지 못했던 것일까? 그들의 거울 뉴런에 무슨 일이 생긴 것일까?

드 발은 이렇게 설명한다.

"적대적인 대우를 받게 되면, 우리는 공감과 정반대의 감정을 보인다."[3]

신뢰가 붕괴되는 상황을 초래하는 안전에 대한 위협을 당할 때 또 다른 본능적 반응, 즉 공격 도피 충동이 원초적 공감을 대체한다. 우리가 방어하려고 할 때는 대뇌 변연계가 활성화되고, 감정적 반응을 이기고 이루어 낸 정상적 통제를 상실하게 된다.

공격을 받으면 우리의 감정 회로(편도체amygdale)는 광란 상태가 되고, 뇌가 느끼는 감정을 압도할 힘을 가진 부분이 무력해진다.[4] 우리의 감정 두뇌emotional brain, 특히 변연계의 기능 중 하나가 우리의 안전에 대한 잠재적 위협에 반응하는 것이다. 우리가 이미 보았듯, 그것은 공감이나 문제 해결에 대해서나 그리고 타인을 위협하는 것이 가져올 결과의 전망에 대해서도 전혀 아는 게 없다. 나머지 모든 두뇌 기능이 멎는다. 위협이 지속적일 때, 예컨대 팔레스타인과 이스라엘처럼 풀기 어려운 갈등 속에서 위협이 발생하면, 자기 보존 본능이 과열된 상태에 사로잡히게 되고, 그럴 때는 원초적인 인간적 유대를 회복할 희망이 거의 없다. 오래된 갈등 구조에 처한 양측이 자신들을 오직 피해자로만 보는 것은 당연하지 않겠는가? 상대편에게 인간미를 느낄 수 있는 능력을 관장하는 내부 기제가 영구적으로 멈춘 상태에 빠지기 때문이다.

팔레스타인-이스라엘 워크숍이 단 한 세션만 남겨 두었을 때, 속행할 방법을 찾기 위해 진행자들이 모였다. 그 워크숍은 허버트 켈먼과 내가 국제분쟁의 사회심리학적 측면에 관한 수업의 일부로서 마련한 것이었다. 우리가 팔레스타인 사람들과 이스라엘 사람들을 실제로 만남의 자리에 초청한 학기 말에는 학생들에게 보너스가 주어졌다. 거의 모든 시간, 학생들은 (참석자들이 인지한 상태에서) 보이지 않는 거울 뒤에 앉아 워크숍의 역동성을 관찰했다.

마지막 세션 직전에 가진 진행 모임에는 많은 학생들이 참석했고, 우리는 그들에게 함께 나눌 좋은 의견을 이야기해 달라고 했다. 호주 출신으로 차분하고 잘 나서지 않는 학생인 이안 워들리Ian Wadley가 말했다.

"양측이 자신을 피해자로 보고 있고 그러한 인식을 버리지 못합니다. 양측에 상대편이 믿을 만하다는 것을 증명하기 위해 어떻게 해야 하는지 묻는 것은 이치에 맞지 않아 보입니다. 이렇게 꼼짝 않는 역학 관계를 전환시키려면 양쪽 사람들에게 자신들이 믿을 만하다는 것을 상대편에게 증명할 수 있도록 직접 서로에게 이야기하게 하는 것이 한 가지 방법이 될 거라고 봅니다."

"바로 그거야."

모두가 알아차렸다. 스스로 피해자라 여기는 사람들이 자신들이 오래도록 가해자라 간주한 사람들을 어떻게 신뢰할 수 있겠는가? 자신들의 행동에 대해 상대편이 즉각적으로 신뢰할 수 있도록 가해자들이 말할 수 있는 것은 아무것도 없었던 것이다. 나는 이안을 바라보며 미소를 지었다.

워크숍 장소로 되돌아와서 우리는 양측이 해 주기 바라는 것, 즉 그들 스스로 상호 신뢰를 쌓기 위해 할 수 있는 일들을 이야기해 달라고 말했다. 양쪽의 사람들 모두 놀라는 표정이었다. 그들은 상대편에게 자신들이 원하는 것을 말하는 것에만 익숙해져 있었기에, 자신이 할 수 있는 일을 말하는 것은 큰 전환을 꾀하는 일이었다. 그 질문은 그들로 하여금 자신들의 행동을 돌아보는 것뿐 아니라 상대편의 입장은 어떨지, 자신들이 한 행동에 상처를 입는 것이 어떤 느낌일지 생각하게 만들었다.

이안 워들리의 훌륭한 질문은 두 가지를 이뤄 냈다. 우선, 당사자들이 대답하기가 거의 불가능한 직접적인 질문, "당신들이 지금 그 문제점의 한 원인이 되고 있지 않는가?"를 건너뛰었다. 그 질문을 우회하는 대신, 양측이 "모든 진실을 말하되 에둘러 말할" 수 있도록 해 주었다.[5] 둘째로, 상황을 전체적으로 볼 수 있도록 자극함으로써 서로에게 공감할 수 있는 모두의 능력을 회복시켜 주었다.

이스라엘 측의 한 참석자가 먼저 반응을 보였다. 그가 말했다. "우리는 국경에서 팔레스타인 사람들에게 모욕적인 대우를 중단할 수 있습니다. 일하러 가려고 국경을 건너고자 할 뿐인 노인에게 열여덟 살짜리 병사가 고함을 치는 건 경악할 만한 일입니다. 전혀 그럴 필요가 없지요."

잠시 후, 팔레스타인 참석자가 말을 꺼냈다.

"우리 역사 교과서에 이스라엘 사람들에 대해 부정적 고정관념을 심어 주는 내용을 담지 않도록 중재할 수 있습니다. 또한 이스라엘 사람들과 직접 얼굴을 맞대고 만날 수 있도록 독려하여 가능한 한 많은 사람들이 이스라엘 사람들의 인간성을 알 수 있도록 할 수 있습니다."

그 세션은 한 시간 넘게 이어졌고, 양측 모든 사람에게 발언할 기회가 주어졌다. 그 질문에 대해서 참석자들의 대답이 매우 기꺼이 이루어졌던 것이 무척 놀라웠다. 이것이야말로 그들이 간절히 바라고 있었으면서도 그것이 이루어지게 하는 방법에 대해서는 누구도 정확히 알지 못했던 그런 대화 방식이었다는 걸 느낄 수 있었다. 나는 그 세션을 존엄의 승리라고 보았다. 양측 다 자신들이 상대편에게 야기한 고통에 대해 일정 정도 책임을 지는 능력을 보였던 것이다. 상대편의 말에 귀를 기울인다는 것은 비록 간접적이라 해도 갈등에서 자신의 역할을 인정하는 것이고, 양측이 자신만이 유일하게 피해자라는 고집에서 벗어나도록 결심하는 계기가 된다. 자리에 모여 앉은 사람들은 자신들의 전인적인 자아로 논의에 복귀할 수 있었고, 상황의 복잡성을 이해할 수 있었다. 그런 다음 논의는 감정 두뇌가 요구하는 엄격한 흑백이 아니라 회색의 색조에 초점을 맞출 수 있었다.

*

마지막으로 한 가지, 핵심적으로 강조할 것이 있다. 이러한 피해자 의식이 갈등 관계에 놓인 사람들을 압도할 때는 제삼자 집단이 참석하도록 하는 것이 도움이 된다는 점이다. 두 친구 사이에서 당신이 관찰자로서 관계가 어긋나는 데 그들이 어떻게 원인이 되고 있는지를 그들이 개별적으로 볼 수 있는 것보다 더 잘 볼 수 있는 것처럼 더 큰 싸움의 외부에 있는 사람이 양측 모두가 어떻게 문제의 원인이 되고 있는지 더 잘 볼 수 있다. 개인들 사이의 관계에 적용되는 진실은 국제적 관계에도 마찬가지로 해당된다. 제삼자가 훈련된 조정자나 진행자이건 전문 치료사 혹은 좋은 친구이건 간에 원초적 본능들이 좌지우지하려 할 때는 제삼자가 참석하도록 협력을 요청하는 것이 현명하다. 공격 도피의 진화적 유산이 우리를 유혹할 때, 아주 작은 도움만으로도 우리는 내면에 가진 힘을 활용하여 상황을 바로잡고 우리 인간성의 더 나은 부분을 회복할 수 있다.

18장
타인의 비판적 견해에 저항하기

타인의 비판적 견해에 저항하지 마라.
나는 내가 무엇을 모르는지 잘 모르는 경우가 많다.
누구에게나 맹점이 있어서,
우리는 모두가 본의 아니게 품위 없는 행동을 하게 된다.
자기 보호 본능을 이겨 내고 건설적 비판을 받아들여야 한다.
피드백은 성장할 기회를 준다.

회사에서 중요한 지도적 지위에 있는 테드(가명)는 자신의 자존심의 상당 부분을 그러한 고위직의 권위를 갖는 데서 찾는다. 그는 그 지위에 오르기 위해 열심히 노력했고, 따라서 그가 자신의 성취에 자부심을 갖는 것을 충분히 이해할 만하다. 비록 직원회의에서 이따금씩 긴장감이 흐르기는 할지라도 그는 자신에게 직접 보고하는 사람들과의 관계가 만족스럽다고 생각한다. 중요한 결정이 이루어져야 할 때 종종 권위를 강력히 행사할 때도 있지만, 대부분의 경우에 그는 자신이 관리자로서 일을 잘 해내고 있다고 느꼈다.

따라서 워크숍 중에, 직원들이 존엄을 침해당하는 경우가 있다고 느낀다는 사실을 알게 되었을 때, 테드는 충격을 받았다. 세션이 시작되기 전, 직원들은 그가 행한 존엄 침해 행위에 대해 솔직하게 토론하는 데에는 제약이 있을 것이라고 믿었다. 그들은 어쩌면 일자리를 잃을지도 모른다는 보복에 대한 두려움이 있었다. 짐작 가능한 일이지만, 그 이슈를 다루지 못한다는 것이 테드와 직원들 사이에 무언의 긴장감을 만들어 냈다. 공격에 노출되는 것은 안전하지 않다는 느낌을 모두가 공유했는데, 이는 직원들이 개선되리라는 일말의 희망도 없이 존엄이 침해되는 것을 견디고 있음을 의미했다.

그 주제를 꺼낼 경우 테드가 보일 반응에 대해 그들이 공포를 느끼는 데에는 충분한 근거가 있었다. 부정적으로 느껴지는 비판을 듣게 되었을 때 테드가 보인 즉각적인 반응은 원초적인 감정의 초기 단계였다. 그는 워크숍 세션 거의 대부분을 자신을 방어하는 데 쓰면서 직원들이 자신들이 겪었다고 말한 것이 사실은 겪은 게 아니었음을 납득시키고자 했다. 장황한 열변이 펼쳐지는 동안, 직원들은 절망적인 표정으로 그저 앉아 있을 뿐이었다.

당시 내가 보고 있던 것은 직원회의에서 일어나는 역학 관계의 재현이었다. 직원들이 겪은 일들을 이해하고자 하는 대신, 그는 직원들이 틀렸다는 것을 온갖 근거들을 들어 이야기했다. 그는 그들이 그렇게 느끼는 이유에 대해서는 전혀 궁금해하지 않았다. 자신을 방어하기에 급급했던 것이다. 그들의 견해에 대해 어떠한 공감도, 인정도 하지 않았다. 테드는 방어 전략을 펴며 회의를 주도했다. 그에게는 그렇게 할 수 있는 지위와 권력이 있었다. 하지만 그가 볼 수 없었던 것은 그의 행동이 직원들에게 미치는 결과였다. 그들은 자신들의 관심사가 중요하지 않다는 느낌을 받았다. 그리고 모욕적인 대우를 견디는 것을 업무의 일부라고 체념했다. 하지만 모욕적 대우는 분노를 낳았고, 분노는 쌓여 갔다. 어느 날 아주 사소한 자극만으로도 폭발은 일어날 수 있을 것이었다.

아이러니하게도 직원들은 사적인 면에서는 테드가 자신들을 위한다고 느꼈다. 테드는 대체로 친절했고, 직원들이 힘든 일을 겪으면 그것이 무엇이든 간에 연민을 표했다. 하지만 직원회의는 이야기가 달랐다.

제한적인 신뢰가 무너지고 나자 방 안에는 본격적으로 긴장이 감돌았다. 테드가 그 방을 떠나지 않도록 하기 위해서는 직원들의 비판적 견해가 인격 자체에 대한 것이 아니라는 것을 그가 볼 수 있도록 도와줄 필요가 있었다. 테드가 사람들과 불편한 관계가 된다는 것은 그에게는 작지만 중요한 부분을 차지하는 것이었다. 직원들의 피드백은 테드에게 상처를 입히려는 의도가 전혀 없었다. 그보다는 오히려 우리 모두가 지닌 맹점을 비춰 주고 있었다. 하지만 자기 보존 반응이 테드의 대응을 지배했다. 그의 즉각적인 반응은 피드백에 저항하고, 자신의 존엄을 위협하는 것으로 느껴지는 것에 방어하는 것이었다. 테드의 초기 반응이 어찌나 빨랐던지 감정의 대폭풍이 저절로 사라지기를 기다리는 것 말고는 우리가 할 수 있는 일이 거의 없었다.

앞서 테드와 직원들과 함께한 한 세션에서, 우리는 자신에 대해 스스로 보지 못하는 것을 볼 수 있도록 타인의 피드백을 받아들일 수 있는 능력의 중요성에 대해 이야기를 나누었다. 당시 그 논의는 추상적이었다. 피드백이 굉장히 중요하다는 것에는 모두가 전적으로 동의했다. 그러나 이 세션은 달랐다. 우리는 실제 사례를 다루고 있었던 것이다. 나는 이론을 실행에 옮길 기회를 갖게 되어 다행스러웠다. 진화의 유산이 존엄에 끼치는 위협을 제어하는 것은 힘든 일이지만, 나는 테드가 그것을 해낼 수 있을 것이고 직원들에게 그러한 행동을 모범으로 보여 줄 수 있을 것이라는 믿음이 있었다. 결국, 워크숍은 인간이 피드백에 대해서 행하는 타고난 저항을 탁월하게 예증했고, 그에 더하여 그 저항을 어떻게 이겨 내는가도 예증했다.

결국 테드는 그 피드백을 피드백으로 받아들였다. 즉각적인 감정적 반응 이후에 일단 평온을 되찾고 나자, 그는 어느 누구도 자신의 기분을 상하게 하거나 자신을 하찮게 보려는 게 아니라는 사실을 볼 수 있게 되었다. 직원들과 내가 분명히 하고자 했고 계속해서 주문처럼 반복했던 것은 그가 좋은 사람이라는 것, 그리고 다른 모든 인간들처럼 그에게도 자신의 맹점을 보게 해 줄 도움이 필요하다는 것이었다.

워크숍은 누구나 지닌 침범할 수 없는 가치와 타인의 평가를 면할 수 없는 그 사람의 행위를 구분하는 것이 더할 나위 없이 중요하다는 것을 보게 했다. 이 두 가지 개념을 구분하기가 쉽지는 않은데, 그것은 우리의 감정 두뇌$_{Me}$가 그 차이를 알지 못하기 때문이다. 대뇌 변연계에서 피드백은 존엄에 대한 위협으로 느껴진다. 그 문제에 관한 진실을 보기 위해서는 우리는 다른 부분$_I$에 의지해야 한다. 테드가 직원들이 제안하는 것이 문제를 일으키는 그의 행동을 고칠 기회라는 사실을 깨닫기까지는 시간이 걸렸다. 테드의 어떤 특정한 행동이 직원들은 물론 아마도 다른 사람들과의 관계에서도 곤란을 겪게 했을 것이다.

나는 테드의 반응을 또 다른 관점에서 검토해 보고 싶다. 그렇다.

그가 즉각적으로 보인 본능적 반응은 우리 모두가 공통으로 지닌, 타인의 눈에 하찮게 보이고 싶지 않고, 하찮게 보일 때 느끼게 되는 수치심을 피하고 싶은 근원적 욕구에서 기인한다. 피드백에 저항하는 것, 이것은 우리가 가진 초기화된 반응이다. 테드의 반응을 살피는 또 한 가지 방법은 존엄을 이해하는 관점으로 보는 것이다.

*

인간 발달 분야에서 세계적으로 저명한 학자인 로버트 키건Robert Kegan은 우리가 세계와 그 안에서 차지하는 위치에 대한 이해에 이르게 되는 심리학적으로 풍부하고 복잡한 과정을 설명하는 일을 해 오고 있다.[1] 그는 인간의 두뇌가 어떻게 사물을 이해하는지, 우리가 성장하고 발달해 가면서 내면에서 이루어지는 대화가 어떻게 변화해 가는지, 그리고 두뇌의 활동이 우리의 실제 체험에 어떻게 영향을 미치는지 고찰한다. 그는 "정신적 복합성의 연속체continuum of mental complexity"를 본다. 자신과 세계에 대한 우리의 사고는 어린 시절의 비뚤어진 자기중심적 시각에서 모든 복잡성을 지닌 현실을 좀 더 정확하게 반영하는 성인의 시각으로 변화한다.[2]

우리 자신과 세계에 대한 이해가 우리 일생을 통해 어떻게 차츰 발달해 가는지 기본 구조를 밝힌 키건의 훌륭한 이론을 활용하여, 나는 우리가 가진 가치에 대한 감각 또한 점차적으로 발달하고 변화해 간다고 제안하려 한다. 우리가 가치 있는 사람이라는 것을 알게 되는 방식—감정적으로 매우 민감한 의미 형성 측면—은 위태로운 과정이다. 가치에 대한 우리의 감각 또한 우리가 맺는 관계의 질,

특히 우리가 나중에 타인과 상호작용을 하는 데 토대가 되는, 우리가 생애 초기에 맺은 관계에 직접적으로 결부되어 있다. 만약 어린 시절에 반복적으로 부당한 대우를 받는다면, 만약 존엄이 일상적으로 침해당한다면 가치에 대한 감각의 발달은 설사 멈추지는 않을지라도 손상될 것이다. 존엄 침해처럼 근본적 반응을 일으키는 것은 없다. 그것은 세계를 바라보는 관점에 영향을 미치고 정서적 안정을 뒤흔들어 놓는다. 부당하게 대우를 받거나 열등하게 취급되는 것만큼 정서적 안정을 깨뜨리는 일도 없을 것이다. 내 생각에, 유일하게 비교할 만한 정서적 동요는 상실―우리가 깊이 마음에 둔 어떤 사람이나 어떤 것의 상실―에 의해서 온다. 어떤 나이에도 우리의 내면세계를 지탱해 주는 것, 요컨대 우리에게 온전함, 내면의 조화를 부여하는 것은 우리의 존엄이다.

성인으로 발달하는 것에 대한 키건의 이론은 인간 성장의 인지적 측면에 초점을 맞춘다. 보다 복잡한 사고로 발달하는 것, 특히 한 발달 단계에서 다른 발달 단계로 전환하는 것은 감정적 구성 요소를 갖는다고 키건은 인정한다.[3] 우리는 발달이 다음 단계로 이동하기 위해 반드시 필요한 우리가 누구인가라는 측면이 변화하는 과정에서 우리 자신을 지탱해 주는 현재의 방식을 버려야만 한다. 우리의 사고가 변화해야 할 뿐 아니라 가치에 대한 감각의 원천 또한 변화해야 한다. 이러한 변화는 감정적으로 변화무쌍하다. 우리가 추상적으로 사고하는 법을 배울 때 혹은 타인의 관점을 받아들이는 것을 배울 때는 덜 위태롭다. 두 경우 다 가치에 대한 우리의 감각을 재평가할 때보다는 정신적으로 훨씬 덜 위험한 경우이다. 존엄의 발달은 특별한 주의력을 요구하는데, 그것은 존엄이 매우 예민하고 존엄이 발달하는 과정에서 우리가 굉장히 상처받기 쉽기 때문이다.

우리는 현재 우리 자신을 규정하는 방식에서 벗어나는 것을 두려워한다. 그리고 이 공포는 우리가 원하는 변화마저도 만들 수 없도록 가로막는다. 키건이 이런 용어를 사용하지는 않았지만, 나는 우리가 변화에 대해서 감정적으로 저항할 때 핵심에 놓여 있는 것이 존엄을 상실하는 것에 대한 두려움이라고 생각한다. 우리는 우리를 내면에서 지탱하는 자신에 대한 인식이 위협받으면 불안을 느낀다. 비록 우리에게 그다지 도움이 되지 않음에도 불구하고, 우리가 현재의 방법에 매달리는 것은 조금도 놀랍지 않다.

감정적으로 공격받는 상황에서는, 우리가 마음 편히 변화에 마음을 열 수 없다. 우리가 감당할 수 있는 것보다 더 공격받기 쉬운 상태가 되기 때문이다. 우리는 자신과 심리적 생존을 보호하느라 너무 분주한데, 그것이 바로 위와 같은 상황이다. 우리 앞에 변화가 필요할 때 우리로 하여금 자연스러운 진행에서 벗어나게 하는 감정들을 어떻게 뚫고 나갈 수 있을까?

물리적 형태이건 심리적 형태이건 간에 생존이 경각에 달렸을 때 감정 두뇌는 우리에게 위험이 다가오고 있다고 경보를 울린다. 알다시피, 갈등은 그 위협을 해결하는 통상적인 방법이다. 하지만 키건이 지적하듯, 갈등에는 또 하나 중요한 기능이 있다. 갈등은 우리가 발달의 다음 단계로 나아가는 데 필요한 바로 그것이 될 수 있다. 수년간의 연구 결과에 따라 그는 "최적의 갈등optimal conflict"은 우리의 현재적인 의미 형성 방식의 한계를 보기 위해 우리에게 필요한 것이라고 주장한다. 갈등은 관계에서 문제를 야기하고 있는 맹점들을 인식하기 위해 우리에게 필요한 것이다. 그가 말하는 "최적의 갈등"은 우리로 하여금 "우리의 현재 인식 방식의 한계를 느끼게" 하는 "좌절, 딜레마, 삶에서 닥치는 곤혹스러움, 난처한 처지에 대한 끊임없이 이어지는 체험"이지만 "우리는 결코 그 갈등에 제압되지도 않고, 갈등에서 탈출하거나 갈등을 확산시킬 수도 없다."[4] 그러므로, 최적의 갈등은 긍정적이고 생산적인 갈등이다.

갈등에서 엄청난 가치가 나올 수 있다. 진 베이커 밀러Jean Baker Miller가 주장하듯, 우리는 종종 "좋은 갈등"을 빚을 필요가 있는데, 그것은 우리의 의미 형성 방식에서 어떤 것이 변화해야 하기 때문이고, 우리가 타인과 관계 짓는 방식과 관련되는 어떤 점이 변해야 하기 때문이다.[5] 달리 말하면, 우리가 우리 자신을 지탱하고 있는 방식들이 문제를 야기하고 있다는 것이다. 만약 우리가 타인과 끊임없는 갈등 관계에 놓여 있다면, 지금이야말로 자기 성찰에 착수해야 할 시기이고 현재 우리 자신의 발달을 가로막고 있는 모습들을 직시해야 할 시기이다.

만약 우리가 갈등을 건설적으로 활용한다면, 밀러의 제안처럼 다음 발달 단계로 나아갈 수 있다. 우리가 생각하는 자신의 모습을 보호하는 현재의 방식과 존엄을 이끌어 내는 방식을 보존하고자 애쓰는 대신, 자신을 견고하게 뿌리내릴 수 있는 새로운 방식에 우리를 열어 놓을 수 있다. 그 새로운 방식은 상대방의 실체를 좀 더 수용하게 한다. 그것은 우리로 하여금 왜 우리가 갈등 관계에 처해 있는지를 정교하게 이해하게 해 주고, 우리는 보지 못하지만 남들(외부 관찰자들)은 다 볼 수 있는 것들, 즉 우리의 제한된 시각이 고통과 괴로움을 만들어 내고 있는 모습을 볼 수 있는 능력을 준다.

발달에 관한 키건의 기본 개념 일부를 소개했기 때문에, 이제 나는 그것들을 활용해 우리가 존엄을 이해할 때 감정적으로 민감한 현재 진행 중인 발달상의 변화 과정을 설명해 보겠다. 우리가 가치 있는 사람이라는 이해의 발달은 우리가 맺는 관계의 맥락에서 이루어진다. 우리는 존엄을 순전히 타인에 의존해서 알아차린다. 그런 다음, 우리는 가치에 대한 독립적인 평가를 추구하는 한편 균형점을 타인으로부터 옮겨 온다. 그리고 마침내 우리는 존엄이 다시 한 번 타인에 얽매여 있다고 인정하는 지점에 도달하는데, 좀 더 인식이 진전된 이 상태에서 존엄은 종속적이지 않고, 우리가 추구하는 대로 상호 의존적이다. 따라서 나는 존엄에 대해 우리가 이해하는 발달의 3단계, 종속성, 독립성, 상호 의존성을 제안한다.

1단계: 종속성

우리가 아동으로서 관계를 맺는 데 필요로 하는 것은 우리가 나중에 필요로 하는 것과는 무척 다르다. 생애 초기에 우리의 가치에 대한 내면의 대화 내용과 감수성은 상처받기 쉬울 뿐 아니라 타인, 그리고 그들이 우리를 대하는 태도에도 좌우된다. 우리가 자라나는 환경이 충분히 교육적이고 존중되는 분위기라면, 우리가 필요한 보살핌과 관심을 받는다면 우리는 가치에 대한 감각의 중심을 세울 수 있다. 우리가 스스로 존엄을 체험하는 것은 타인이 우리를 가치 있는 사람으로 대해 주기 때문이다.

1단계 이해 수준에서 위험성은 우리의 가치가 전적으로 타인이 우리를 대하는 방식에 의해 결정된다는 믿음에 갇혀 있는 것이다. 좋은 대우를 받는 것이 기분 좋은 만큼이나 이 수준의 이해에서는 칭찬과 지위, 호의를 구하고 우리를 남들과 비교하는 속성인 Me에 자리 잡고 있다.

비록 이렇게 스스로의 가치를 외부에서 찾는 인식이 어린 시절에 발달하기 시작하기는 하지만, 성인이 되어서도 이것이 여전히 남아 있을 수 있다. 이 단계에 머무르는 사람들은 자신의 존엄이 타인의 손에 달려 있다고 느낀다. 만약 칭찬과 인정을 받지 못하거나, 부당한 대우를 받을 경우 그들은 자기 회의를 겪게 되고, 자신들의 가치를 외부의 인정에서 찾거나 패배감과 열등감에서 벗어나려고 외부에서 요구하는 것에 힘쓰느라 에너지를 소비한다.

2단계: 독립성

존엄에 대한 이해의 다음 발달 단계는 우리 자신 및 우리가 타인과 맺는 관계의 체험에서 질적인 전환을 요구한다. 독립 단계에서 우리는 어떤 기분이 드는지에 대해 오로지 타인이 우리를 대하는 방식에만 연결 짓는 것이 소용없는 일이라고 느낀다. 이 지점에서 우리는 존엄의 가장 믿을 만한 원천이 우리 안에 있다는 것을 인식한다. 자존감이 내면화되는 것이다. 우리 내면의 목소리가 Me에서 I로 바뀐다. 설사 우리가 부당하게 대우받는다 할지라도, 우리는 자신이 본질적으로 가치 있는 사람이라는 것, 우리 삶이 더할 나위 없이 귀중하다는 것, 그리고 우리가 중요한 존재라는 것을 깨닫는다. 우리는 감정적 비난을 견뎌 낼 만큼 충분히 강하다. 이 단계에서 우리를 상처 입게 하는 것은 자신이 스스로의 이상에 부응하지 못한다는 사실이다.

이제 우리는 심사와 비판적 평가를 면할 수 없는 우리의 행동과 그렇지 않은 타고난 가치 사이의 차이를 구분할 줄 안다. 자기 인식의 이 단계에서, 우리는 우리가 점차적으로 발전하는 존재이기 때문에 타인과 자신에게 부정적 영향을 미치는 실수를 저지르게 하는 맹점을 모두가 갖고 있다는 사실을 인정한다. 우리는 맹점 때문에 때로는 혹독하게 평가받을 수는 있지만 그 평가로 인해 스스로를 가치 없는 사람이라고 여기지는 않는다.

동시에, 비록 여전히 타인의 칭찬과 인정을 즐긴다 할지라도, 더 이상 그것에 좌우되지는 않는다. 우리가 가치 있는 사람이라는 의식은 타인이 우리를 대하는 방식에 종속된 상태에서 독립된 상태로 옮겨 갔다. 우리 내면에 의지가 뿌리를 내렸다. 우리 감정은 존엄을 침해하는 심한 공격을 견뎌 낼 만큼 내면적으로 충분히 강하다. 우리는 공격 도피 충동에 기대지 않고도 존엄을 보존할 수 있는 역량을 지녔다. 갈등은 I와 Me가 지배권을 두고 투쟁하는 내면에 머무르고, 대부분 I가 승리를 거둔다.

3단계: 상호 의존

최종 단계이자 가장 복잡한 이 인식 단계에서, 우리는 한 바퀴를 빙 돌아 제자리로 돌아온다. 이제 우리는 1단계와 같은 빈궁하고 종속적인 차원에서가 아니라, 우리의 이해를 확장하게 해 주는 데 타인이 실제로 필요하다는 것을 깨닫는다. 계발된 상호 의존 단계에서, 우리는 타인이 제공해 주는 것들로 우리 가치에 대한 체험이 심화될 수 있다는 것을 깨닫는다. 그리고 우리는 보지 못하지만 다른 사람들은 볼 수 있는 어떤 면들, 즉 맹점들이 있다는 사실을 인정하게 되고, 피드백을 기꺼이 받아들인다. 어떻게 우리가 부지불식간에 자신과 타인의 존엄을 침해할 수 있는지 충분히 알기 위해 타인들이 제공해 주는 정보가 필요하다.

마지막으로 가장 중요한 것은, 이 단계에서 우리는 존엄에 대한 가장 고귀한 체험이 타인과 맺는 관계 속에서 성취된다는 것을 깨닫게 된다는 점이다. 이 단계는 바로 저마다의 I들이 우리we로 수렴되는 지점이다.

계속되는 성장, 가능한 최선의 존재가 될 수 있는 능력은 타인과 불가분하게 얽혀 있다. 우리는 우리가 누구인지, 우리가 타인에게 어떻게 영향을 미치는지 이해하게 해 줄 타인을 필요로 한다. 우리가 자신이 가치 있는 사람이라는 체험을 최대화하기 위해 타인과 관계 맺는 일의 필요성을 인정함에 따라, 존엄에 대한 인식은 또 다른 차원을 갖게 된다. 타인을 통해 그리고 타인과 함께 이루어 내는 안전과 내면의 위안은 최고급의 존엄이다.

우리의 존엄에 대한 인식이 관계에서 시작되고 또 관계에서 마무리되는 것은 사실이지만, 관계 안에서 겪는 우리 자신에 대한 체험은 발달이 진행되어 감에 따라 변화한다. 키건이 말하듯 발달은 자율성과 소속, 또 개체화와 통합에 대한 인간적 욕구 사이에서 자신을 보고 싶은 욕구와 남들에게 확인받고 싶은 욕구 사이에서 계속되는 긴장들이 잘 관리된 결과물이다.[6] 궁극적으로 우리는 관계의 맥락에서 자신이 존엄하다는 인식을 발달시켜 나간다.

우리가 발달해 감에 따라 존엄에 대한 인식은 종속성에서 독립성으로, 상호 의존성으로 옮겨 가는데 이는 상처받기 쉬운 취약성 또한 마찬가지다. 어릴 적에는 타인을 필요로 하기 때문에 취약성은 최고조에 달한다. 우리는 빈약하면 할수록 더 취약해진다. 우리가 발달의 다음 단계로 이동하면 설사 타인이 우리를 부당하게 대할지라도 우리가 여전히 가치 있는 사람이라는 것을 알게 됨으로써 취약성은 덜해진다. 그런 다음 한 바퀴를 돌아 제자리로 돌아오면, 타인에게서 우리가 보지 못하는 것을 볼 수 있게 된다. 첫 단계와 마지막 단계의 차이는 마지막 단계에서는 우리가 어린아이와 같은 절망적인 곤궁함을 체험하지 않는다는 데 있다. 그 대신 우리는 우리를 가장 취약하게 만드는 것은 타인과 관계 맺는 일이 아니라는 행복한 깨달음에 도달해 있는 것이다. 안전함은 관계 안에 놓여 있다. 우리는 스스로 도달할 수 있는 최선의 존재가 되기 위해 서로를 필요로 한다.

각 단계는 이 단계에서 다음 단계로 논리적으로 자연스럽게 이어지는 것 같다. 그렇다면, 왜 모든 사람이 상호 의존의 마지막 단계에 있지 않는 것일까? 그것은 매우 기분 좋은 일일 텐데 말이다.

키건의 연구 결과는 대부분 성인들이 발달의 첫 단계에 떼 지어 몰려 있는 경향이 있다는 것을 보여 준다. 대부분 자존감의 상당 부분을 외부의 원천들에서 찾고 있다는 것이다.[7] 이것이 의미하는 바는 우리 중 극소수만이 존엄 의식을 내면화하고 있다는 것, 그리고 타인과 맺는 관계를 통해 우리가 가치에 대해 더욱 높은 수준에 이를 수 있다는 사실을 깨달은 사람은 그보다 훨씬 더 소수에 그친다는 사실이다. 보다 높은 인식 수준에 도달하는 것이 그토록 힘든 이유는 무엇일까?

내 생각에 발달의 실패는 존엄의 논리 체계를 거스르게 하는 것 같다. 우리는 모두 존엄을 간절하게 갈망하면서도 우리가 존엄을 갖고 있는지 의심하기 쉽다. 우리들 대부분이 존엄 의식을 외부로부터 입증하는 데 의존하기 때문에 우리는 존엄 침해 행위들에 완전히 무방비 상태이다. 그리고 대부분이 생의 초기에 존엄에 상처를 입는다. 뿐만 아니라 종속성과 취약성 때문에 상처 입는 일은 계속된다. 따라서 타인에게 다가갈 때 우리는 또다시 상처 입게 될 거라고 예상한다.

"조심해, 타인을 믿어서는 안 돼. 결코 경계를 풀어서는 안 돼."

이것이 우리가 자기를 보호하기 위해 외우는 주문이다.

우리 중 일부가 그렇게 심하게 걱정할 필요가 없다는 것을 알게 된다 할지라도, 해로운 경험을 심사하는 우리 두뇌의 오래된 부분은 우리가 모험에 나서기를 원치 않는다. 결국, 우리 중에 누구도 쓸모없고 부적절한 감정을 갖게 될지도 모르는 두려움에 자신을 노출시키고 싶어 하지 않는다.

우리는 그렇게 감정의 막다른 골목에 갇혀 있다. 하지만 적어도 감정적으로 죽어 있는 것은 아니다. 우리는 존엄의 끄트러기에 매달려 있다. 그것을 잃어버릴 위험을 무릅쓰느니 차라리 우리를 기분 좋게 해 준다고 알고 있는 그것에 매달려 있는 것이다.

전망 이론prospect theory은 위험이 수반될 때 우리가 어떻게 의사 결정을 해야 하는지 설명한다. 우리는 존엄을 얻어서 기분이 좋아지는 것보다 존엄의 상실로 기분이 나빠지는 것이 더 크게 다가온다는 것을 체험으로 안다. 또 다른 사람과 관계를 맺고 그 결합(존엄의 획득)을 통해 존엄을 체험하기보다는 오히려 침해될 위험(존엄의 상실)을 회피하고 관계를 맺지 않게 된다. 우리는 신중해진다.

바로 그 감정의 초기 단계에서 전환하려면 무엇이 필요할까? 어떻게 하면 우리는 감정의 막다른 골목에서 빠져나오는 길을 찾아 존엄에 대한 인식이 종속되어 있는 단계에서 벗어날 수 있을까? 어떻게

게 하면 우리는 I가 리더십을 발휘하도록 Me를 설득시킬 수 있을까?

무엇보다 먼저, 우리에게 I가 있다는 사실을 알아야 한다. 그러기 위해, 우리가 가치 있는 사람임을 받아들여야 한다. 일단 I를 인정하고 나면, 존엄은 우리 손에 주어지게 되고, 비난에 노출될지라도 안전하다는 느낌, 즉 방어막인 막다른 골목을 떠나 독립이라는 새로운 길로 모험에 나설 만큼 안전하다는 느낌을 받는다. 그곳이 바로 I가 타인의 I와 우연히 만나 하나의 우리를 만들어 내는 곳이다. 존엄에 대한 이해에서 그 단계에 이르면, 우리를 출발했던 곳으로 데려가는 데 관계는 우리를 안전하게 할 뿐만 아니라 관계가 훌륭한 생각이라고 느끼게 해 주는 것은 물론 이를 인식하게 해 준다.

테드가 마침내 자신의 취약함을 드러내고 자신이 부지불식간에 직원들의 존엄을 침해한 것에 대한 피드백을 받아들였을 때, 피드백을 제공했던 사람들에게서 나온 긍정적인 반응에 누구보다 놀란 사람은 바로 테드 자신이었다. 스스로를 노출하여 취약해진다는 것은 무장을 해제하는 것이다. 마음을 터놓는 것opening up, 즉 취약해지는 것becoming vulnerable이 사람들의 마음을 연다는 것은 역설로 보일 수도 있지만, 발전이라는 관점에서 보면, 그것은 자신의 가치에 대한 인식이 종속 단계에 속한 사람들에게만 역설일 뿐이다. 그들은 취약성을 불리한 것으로 여긴다. 이 단계에 속한 사람의 내면의 대화는 대충 이럴 것이다.

만약 내가 스스로를 노출하여 내가 자신들의 존엄을 침해하고 있다는 저들의 피드백을 받아들인다면, 나는 하찮아 보이게 될 것이고 결국 기분이 나빠질 거야. 설상가상으로, 나는 자신감을 주는 칭찬과 인정도 받지 못하게 되고 말 거야.

취약함을 수치심이나 공포와 동일시하기 쉽다. 만약 존엄이 나오는 유일한 원천이 타인들이 나를 보는 태도에서 온다면, 나는 곤경에 처한다.

존엄에 대한 이해가 독립 단계에 속하는 사람이라면, 이렇게 말할 것이다.

만약 내가 스스로를 노출하고 내가 존엄을 침해하고 있다는 저들의 피드백을 받아들일지라도, 나는 여전히 괜찮은 사람일 거야. 왜냐하면 내 존엄은 수월하게 얻을 수 있는 게 아니니까. 어쩌면 내가 사람들에게 상처를 주는 행동을 내가 인식하지 못한 채 저지르고 있을지도 몰라. 그리고 그것으로 그다지 기분이 좋지는 않겠지만, 오늘 하루가 지나갈 때쯤이면 나는 내가 내 가치에 대한 확신이 있기 때문에 피드백을 견뎌 낼 수 있다는 것을 알게 될 거야.

여기서는 취약함이 두려움의 대상이 아닌데 그것은 독립적 인간에게는 자신이 가치 있는 사람이라는 확고한 의식이 있기 때문이다. 피드백은 설사 그것이 고통스러울지라도 견뎌 낼 만한 것이다.

마지막으로, 존엄에 대한 이해의 상호 의존 단계에 이른 사람은 이렇게 말할 것이다.

만약 내가 스스로를 노출하여 존엄을 침해받고 있다는 사람들의 피드백을 받아들일 경우, 나는 그들에게 감사할 것이다. 왜냐하면 비록 나는 내가 존엄을 갖추고 있다는 것을 잘 알고 있지만, 타인들의 말을 들으면 내 행동이 그들에게 미친 영향 또한 이해할 수 있다는 것을 잘 알기 때문이다. 나아가 내가 나 자신에 대해 알 수 있는 것에 한계가 있다는 것을 잘 알기 때문에 피드백을 요청해야 할 때가 있다는 것도 안다. 만약 내가 존엄의 토대를 지속적으로 확장하고 싶다면, 타인들에게 상처 입히고 있는데 내가 보지 못하는 것을 볼 수 있도록 타인들의 도움이 필요하다. 또한 내가 스스로를 노출시키는 것은 타인들도 그렇게 하도록, 우리가 함께 맺고 있는 관계를 심화하도록 하는 것임을 잘 알고 있다.

이 사람은 자신의 존엄이 침해될 수 없는 것임을 잘 알고 있기 때문에 취약함을 공포와 동일시하지 않는다. 상호 의존적 인간은 타인에게 스스로를 노출하여 취약해지는 것은 그 체험을 함께하는 모든 이들과 함께 존엄에 대한 훨씬 더 확장된 체험을 향해 문을 여는 것임을 인정하고 한 걸음 더 나아간다. 이것은 내가 상호 연결된다는 것과 그것이 가져오는 결과, 즉 상호 연결이 존엄에 대해 우리가 느끼는 체험에 영향을 준다는 것을 이해하는 것이다. 그것은 전체는 부분들의 합보다 훨씬 더 크다는 느낌이다.

나는 이 사례가 우리 모두가 존엄에 대한 인식의 종속 단계에서 벗어나지 못한 채 맴도는 것이 가치 있음에 대한 현재의 의식과 내면의 안전함 그것이 제공하는 안도감을 불안정하게 만들 수 있다는 공포 때문임을 잘 보여 주는 사례라고 생각한다. 우리의 현재 모습이 하찮게 보이게 될 가능성에 노출되는 위험을 무릅쓰느니 차라리 이미 알고 있는 것에 매달리는 것이 더 나아 보이는 것이다. 자기 보호는 이해할 만하지만, 인간 발달에 대한 이해에서 얻은 통찰력 덕분에 우리는 지금 가진 것보다 더 분명한 안전을 획득할 수 있다. 그러기 위해서는 우리가 가치 있는 사람이라고 느끼는 척하는 데 에너지를 소비하는 대신 우리의 존엄 의식에 충분히 주의를 기울여야 한다. 눈을 크게 뜨는 것이야말로 우리가 보기 두려워하는 것들을 보기 시작하는 유일한 방법이다.

*

테드와 직원들에게로 되돌아가 보자. 나는 이야기를 마치 그들 사이에 일어난 변화가 깔끔하고 정돈된 모습으로 이루어진 것처럼 전달했다. 하지만 그 세션은 그다지 매끄럽게 진행되지 않았다. 금지되어 있던 주제를 화제로 올린다는 것, 맹점을 직시한다는 것, 피드백을 주고받는 것은 지독한 용기―도피하거나 공격하고 싶은 즉각적인 욕구를 견뎌 낼 수 있는 용기와 힘―를 요구한다. 피드백을 주는 일과 받아들이는 일 또한 진행자들에게 끈기 있고 애정 어린 주의와 관심을 요구한다. 진행자들은 어떻게 지속할 것인지 보여 주고 그들이 좋은 사람들이라는 것, 그들의 가치가 시험대에 오른 것이 아니라는 것을 행동을 통해 전달함으로써 피드백을 주는 사람들과 받는 사람들이 다음 단계로 나아갈 수 있다는 확신을 갖게 해 주는 사람들이다. 새롭게 자각한 사람들은 자신들이 가치를 체험하던 낡은 방식을 내려놓을 수 있게 된 후에도 때때로 퇴보하고는 한다. 때로는 외부의 압력이 견디기에 너무 크기도 하고, 때로는 그들의 I가 존엄에 대한 공격을 견뎌 낼 만큼 충분히 강하지 못할 수도 있다. 그들은 Me가 좌지우지하게 하는 상태로 되돌아갈지도 모른다. 하지만 새로운 지식과 자각으로 또 다른 존재 방식을 체험한 덕분에 그들은 정상 궤도에 오르는 법을 알게 된다.

테드가 직원들에게서 존엄을 침해당하고 있다는 피드백을 처음 들었을 때, 그의 존엄 의식은 외부의 원천들에 의존하고 있었다. (그는 종속 단계에 있었다.) 이러한 존엄의 원천에 도전하는 증거들이 눈앞에 펼쳐졌을 때 테드의 감정 상태는 손을 쓸 수 없을 만큼 급격히 악화되었다. 그를 지탱해 주던 바로 그것, 즉 자신이 사람 관리에 탁월하다는 믿음이 도전에 처한 상태에서 그가 어떻게 스스로에 대한 자신감을 가질 수 있겠는가? 그의 감정 두뇌가 끼어들었고, 그는 반격에 나섰다.

테드는 직원들에게 그들이 평가에서 잘못하고 있는 수많은 지점들에 대해 이야기하기 시작했는데, 이것은 인식의 종속 단계에 깊이 빠져 있어 자신이 가치 있다는 느낌을 외부의 인정에서 찾는 사람들이 하는 행위이다. 그가 자신의 존엄은 보호했지만 타인의 존엄은 침해하는 방식으로 권위를 강력하게 발휘했기 때문에 변화가 요구된 것이었다. 그는 변화를 원치 않았는데, 만약 현재 존재하는 방식을 내려놓을 경우 아무것도 남지 않게 될까 봐 두려웠던 것이다. 결국 테드는 자신이 감정적으로 안전하다는 느낌이 타인의 눈에 좋은 사람으로 보이려는 욕구에 얽매여 있다는 것을 깨닫게 되었을 때 당황했다.

존엄 모델은 그로 하여금 존엄에 대한 낮은 감각―스스로 자신감을 느끼기 위해서는 타인(직원들)의 인정이 필요하다는 믿음―에 매달리고 있었다는 것을 이해하게 해 주었다. 존엄 모델은 직원회의에서 갈등과 긴장이 그가 직원들과 맺고 있는 관계의 어떤 점이 변화해야 한다는 신호였다는 것 또한 볼 수 있게 해 주었다. 고집스럽고 어린아이 같은 그의 Me가 설사 직원들의 불평이 타당하다는 사실을 부인한다 할지라도 여전히 자신을 훌륭한 관리자라고 생각할 수 있다고 설득하려 애쓴 반면, 언제라도 힘을 북돋아 주는 그의 I는 그가 새로운 미래로 한 걸음 내딛게 해 주었다. 타인의 피드백에 자신을 열어 보임으로써, 그는 존엄 의식을 새롭게 이끌어 낼 수 있게 되었다. 그 경험은 전에는 상상도 못 했던 일, 즉 결점에 대한 두려움을 노출시키는 일을 견뎌 낼 수 있다는 것을 볼 수 있게 했다. 예전에 테드는 상처 입기 쉬운 상태로 노출되느니 차라리 사실을 왜곡했다.

일단 피드백이 가치에 대한 비판이 아니라는 것, 직원들의 목표가 자신을 무시하거나 상처를 주려는 것이 아니라는 것을 볼 수 있게 되자, 테드는 피드백을 받아들일 능력이 생겼다. 이것이 전환점이었다. 그가 보지 못한 것을 볼 수 있었던 사람들의 도움으로 테드는 전에는 인식하지 못했던 자신의 한 측면을 이해할 수 있게 되었다.

그가 보인 놀라운 통찰력은 그가 직원들과 빚고 있던 갈등이 단지 관계에서 변화의 필요성뿐만 아니라 자신의 존엄을 지켜 내고 있던 방식에 변화가 필요하다는 신호라고 인정한 점이었다. 부정적 피드백을 위협으로 해석하는 대신 이제 그는 그것을 자신의 가치에 대한 이해를 확장시킬 기회로 볼 수 있었다. 직원들과의 관계에도 변화가 생겼다. 시간이 흐르면서 그들은 보복의 두려움 없이 마음속 이야기를 할 수 있다고 느끼게 되었다. 테드가 직원들의 존엄을 침해한 것에 대해 이야기하도록 허용하지 않음으로써 방해받던 안전함에 대한 의식 또한 바뀌었다. 궁극적으로 그는 사람들이 털어놓고 말할 수 있도록 용기를 북돋아 주었다. 결국, 모두가 자신의 취약함을 노출하면서도 더 안전하다는 느낌을 받을 수 있게 되었다.

19장

죄책감을 벗기 위해 타인을 비난하고 모욕하기

죄책감에서 벗어나기 위해
타인을 비난하고 모욕하지 마라.
타인을 형편없는 사람으로 만들어서
자신을 방어하려는 충동을 통제하라.

잘못을 저질렀거나 비난받기 쉬운 상태에서 우리를 보호하는 생존 전략은 우리의 잘못 대신 타인을 비난하고 모욕하는 것이다. 이 반응과 함께 가는 것이 부인denial이다. 부인은 인류 종 차원의 반응이기 때문에 발칸반도에서 슬로보단 밀로셰비치가 자신이 저지른 전쟁범죄를 부인하거나 혼외정사를 부인하는 것에서 알 수 있듯이 사적인 관계에서만큼이나 국제적 차원에서도 부인이 나타나는 것을 수없이 보게 된다. 인간은 실수나 나쁜 짓이 드러나는 것에 저항한다.

2010년에 전도유망한 하원 의원 찰스 랭글Charles Rangel에 관한 특종 기사가 터졌는데, 전해진 바에 의하면 그는 의회 선물 규정을 어기면서 2007년과 2008년에 기업이 후원하는 카리브 해 여행을 다녀

왔다. 그에게는 탈세를 비롯한 위법 행위들에 대한 혐의 또한 제기되었다. 결국 여러 윤리 규정 위반에 대해 유죄로 드러났고 하원에서 맹렬한 비난을 받았다. 언론이 인터뷰했을 때 그의 첫 반응은 여행 경비를 지불한 사람이 누구인지 전혀 몰랐다는 것이었다. 그는 비용을 댄 사람이 누구인지 행정 직원에게서 들은 적이 없다고 주장했다. 유사하게, 혼외로 낳은 한 아이의 아버지라는 보도가 나온 후에 존 에드워즈 상원 의원 역시 본인이 아니라 자신의 직원 중 한 명이 그 아이의 아버지라고 온 세상에 대고 말했다.

자신의 죄를 타인에게 뒤집어씌우려는 충동은 정치인에게만 한정되지 않는다. 우리 모두가 그 유혹과 싸워야 한다. 그중에는 남들보다 그 일을 더 잘 해내는 사람들이 있다. 우리가 잘못한 행위에 대한 비난을 전가하는 것은 남들 눈에 좋지 않게 보이는 것으로부터 자신을 보호하려는 또 다른 방법이다. 진화의 유산인 다른 모든 속임수들과 마찬가지로 이 또한 애초에 우리가 살아남기 위해 발달했지만 이제는 실패한 그런 것이다. 우리가 그 감정을 행동으로 옮기는지 여부와는 별개로 우리는 대부분 나쁜 짓을 은폐하는 것이 얼마나 큰 유혹인지 잘 알고 있다. 우리의 진화적 유산 때문에 그것은 불가피한 반응이 된다. 본능은 무시하기 힘들어서 어느 누구도, 특히 사회의 주목을 받는 사람들은 폭로되고 싶어 하지 않는다.

정치권에서 실추되는 것은 희생이 크다. 실수가 노출되면 이에 따르는 대중의 반응은 설사 완전히 독선적이지는 않을지언정 무자비하다. 우리는 유혹에 맞서 싸울 도덕적 힘을 끌어내지 못하는 사람들에 대해 그것이 얼마나 어려운 일인지 충분히 알고 있음에도 불구하고 성급히 판단을 내린다. 우리는 인간적 결함과 취약함에 대해 특히 우리가 힘과 권위를 부여한 사람들에게는 거의 연민을 보이지 않는다. 높은 도덕적 기대를 충족시키지 못하는 사람들을 우리는 충격으로 숨을 헐떡이며 꺼린다.

우리가 도덕적 행동을 기대해서는 안 된다는 것이 아니다. 하지만 우리가 정치인들의 무분별한 행위가 드러나는 것을 즐기는 정도나 실패를 비난하는 정도를 보면 대다수가 그렇게 하는 것이 우리 자신의 인간적 취약함을 인정하는 대가로 이루어지고 있다는 생각이 든다. 감정이입을 하지 못하게 되면 유혹을 느낀다는 것을 인정하기가 얼마나 힘이 드는지, 유혹을 이겨 내기가 얼마나 어려운지에 대해 동의할 수 없게 된다. 프란스 드 발이 지적하듯 타인의 감정에 공감하지 못한다는 것은 우리가 그들과의 일체감을 단절했다는 것을 의미하기에 따라서 무엇보다 먼저 해야 하는 일은 우리에게 공통되는 인간성에 대한 인정이다.[1]

정신분석 이론은, 우리가 인간 정체성에서 공유되는 측면들을 부정할 때 어떤 일이 일어나는지 설득력 있게 설명하고 있다. "분열splitting"이라는 개념은 19세기에 피에르 자네Pierre Janet에 의해 처음으로 기술되었다.[2] 그는 분열을 우리가 자신이나 타인에 대해 가지고 있는 당연한 이미지와 양립할 수 없는 무언가가 에고 안에서 발생하는 정신 내부의 해리dissociation 형태 중 하나라고 기술한다. 우리의 의식은 "분열하는split" 경향이 있어서 자신과 타인에 대한 좋은 것들에만 초점을 맞추면서 좋지 않고 바람직하지 않은 측면들은 버린다. 혹은 의식적인 사고를 좋지 않은 모든 것들에 쏟으면서, 좋은 모든 것을 버리기도 한다.

종종 분열과 함께 가는 또 다른 정신 내부의 과정은 "투사

projection"라는 개념이다. 투사는 어떤 사람이 자신이 용인할 수 없는 속성이나 감정을 억제한 것이 다른 누군가에게 방출될 때 활성화되는 방어기제이다.

두 가지 심리학적 과정 모두 극단적 형태를 취하게 되면 나중에 멜라니 클라인Melanie Klein이 편집성 정신 분열 상태라고 기술한 증상으로 나타난다.³ 우리가 유혹에 굴복하는 사람들을 가혹하게 평가하는 데서 보이는 독선이 편집성 정신분열 범주에 속하는 것은 아니라 해도, 우리가 가진 바람직하지 않은 충동을 그들에게 방출하는 습관이 선택하기 쉬운 길이라는 것은 분명하다.

대중이 찰스 랭글과 존 에드워즈가 저지른 비윤리적이고 비도덕적인 행동에 대해 비난하고 심판을 내린 속도를 살펴보자. 존 에드워즈의 경우 그가 행한 결혼 서약에 대한 모독 행위는 그의 아내가 유방암이라는 사실을 알게 되었을 때 일어났기 때문에 특별히 더 가증스럽게 보였다. 하지만 대중의 도덕적 분노가 이해할 만했다 할지라도 그 정도와 강도는 심판을 내리던 수많은 사람들에게서 분열과 투사가 일어나고 있었을 것이라는 암시를 준다.

얼마나 수없이 우리는 자신의 도덕적 허약함이 드러나는 것은 원하지 않으면서도 타인을 비난하려는 유혹을 극복해야 하는가? 설사 우리가 높은 도덕적 기준을 성공적으로 유지한다 하더라도 우리는 (수많은 타인들과 마찬가지로) 에드워즈가 보인 인간적 취약함에 공감할 수 있다. 《일부일처제 신화The Monogamy Myth》의 저자 페기 본Peggy Vaughan에 따르면, 혼외정사 관계를 맺고 있는 미국인 성인의 숫자에 대한 보수적 추정치가 남성의 60퍼센트, 여성의 40퍼센트이다. 그녀는 남성의 경우 실제 숫자가 80퍼센트에 가깝다고 믿는다.⁴

랭글의 경우를 보자. 만약 2008년에 세계경제를 붕괴 직전까지 몰고 간 현재 실업계에서 드러난 범죄 행위가, 권력을 가진 지위에 있는 사람들이 자신들의 비윤리적 행동을 타인에게 전가하는 것은 물론이고 자신들의 잘못된 행동에 대해 거짓말까지 하고 싶은 유혹을 참는 데 실패했다는, 어디서나 볼 수 있는 증거로 충분치 않다면 우리에게 무엇이 더 필요하겠는가? 우리가 유혹을 받는다는 것은 매우 인간적인 현상이며 우리의 잘못된 행동을 의식과 분리하고 걸려든 사람들에게 우리의 불량함을 투사하는 것 또한 지극히 인간적이다. 그런데 우리에게 대가를 치르게 하는 것은 무엇인가?

우리가 공유하는 인간성에 대한 진실—우리 모두가 나쁘게 보이지 않기 위해서라면 그것이 우리 죄를 타인에게 전가하는 것이든 여타 체면을 세우는 행동을 하는 것이든 간에 할 수 있는 어떤 것이라도 하려는 초기 충동을 가졌다는 것—을 받아들이는 데 실패함으로써, 우리는 인간이 된다는 것이 갖는 의미에 대해 하나의 신화를 유지하고 있다.

이러한 유혹에 매력을 느끼는 것이 곧 우리가 나쁜 사람들이라는 것을 의미하지는 않는다. 진화의 결과는 그것이 좋든 싫든 모두의 내면에 살아 있다. 하지만 인간을 이루는 그러한 근본적인 부분에 대한 부인, 분열, 투사에 착수하는 대신 더욱 진실되고 보다 진화된 반응은, 우리 모두에게 타고난 충동이 있다는 것을 받아들인 다음 그 충동을 관리하고 통제하는 법을 배우는 것이 될 것이다. 아무리 시대에 뒤떨어진 우리의 본능을 인정하는 것이 간단치 않은 일이라 할지라도, 마치 그것들이 존재하지 않는 체하는 것은 파괴적인 잠재력을 갖고 있다. 인간의 경험에 관한 많은 것들을 조명하지 못한다는 것은 우리가 충동에 너무 많은 힘을 부여하고 있다는 것을 의미한다. 그 충동들이 최초 반응을 유발할 수는 있어도 그것이 마지막 반응일 필요는 없다. 우리는 다르게 행동하는 것을 선택할 수 있다.

우리에게는 이미 이러한 본능들의 영향력을 빼앗을 능력이 있지만, 만약 우리가 부인 상태로 남아 있게 되면 그 일을 할 수 없다. 우리 모두가 동일한 인간적 투쟁―약간의 자각과 자기 시인만으로도 훨씬 쉽게 할 수 있는 투쟁―을 공유한다는 사실을 인정할 때까지 우리는 계속해서 고통받을 것이다.

인정을 하고 나면, 다음 단계는 우리가 행한 불가피한 초기 반응을 통제할 규율을 개발하겠다고 약속하는 것이다. 초기 반응들이 생존을 보장할 수 있어서, 본능을 따름으로써 추락하는 사람들은 대체로 죽지는 않는다. 하지만 Me의 추종자들이 공개적으로 노출되었을 때 겪는 모욕은 그들로 하여금 과연 모욕과 죽음 중 어느 쪽이 더 고약한지 의아하게 만든다.

위협적인 상황에 직면했을 때 존엄을 지킨다는 것은 우리에게 자제와 자기주장 둘 다를 요구한다. 타인을 비난하고 싶은 유혹을 받을 때, 우리는 그 충동에 따라 행동하는 것에서 한 발 물러나 있도록 자신을 억제해야 한다. 우리가 대면을 회피하려는 유혹을 받을 때 존엄에 도움이 되는 것은 목소리를 높이는 것, 즉 타인이 우리를 무저항 상태로 만들고 상처를 입힐 수 있게 하는 대신 강력하게 자신을 주장하는 것이다. 어느 쪽이든 자기 보존을 위해 자신의 존엄을 양보하고 싶은 유혹을 우리가 이겨 내야 하는 것이다. 어느 누구나 동일한 내면의 전투를 벌이고 있다는 사실을 아는 것은 성취하는 것을 좀 더 수월하게 해 준다.

우리의 본능에 대해 터놓고 이야기할 수 있을 때, 그 본능들에 대해 배우고 그것들과 더불어 노력하는 법을 배울 수 있을 때, 우리는 우리에게 단단히 고정되어 있는 본능들을 제거할 수 있게 될 것이다. 존엄 모델을 개발한 이래로, 나는 많은 사람들에게 열 가지 유혹을 소개해 왔다. 예외 없이 사람들은 유혹에 맞서 투쟁을 하는 것이 그들을 나쁜 사람들로 만들지 않는다는 것을 배우게 된 데서 안도감을 체험한다. 그들은 인간이기 때문에 투쟁한다. 그리고 그 유혹들은 인간성의 일부이다.

하지만 내가 모든 워크숍에서 서둘러 덧붙이는 것은 설사 우리의 고정화된 행동 양식이 우리 잘못은 아닐지라도 우리가 무언가를 하여 대응하는 것은 우리의 책임이라는 것이다. 우리는 이러한 본능들이 방출하는 잠재적으로 해로운 에너지를 다른 방향으로 돌릴 수 있는 내면의 자원들을 갖고 있다. 우리의 두뇌는 오래된 풍부한 여행 경험을 가진 감정의 노선들을 피해 새로운 진로들을 만들어 낼 뛰어난 능력을 갖고 있다.

20장
그릇된 친밀감에 빠져 험담 나누기

타인을 비하하는 험담을 나누면서 관계를 맺으려는 경향을 경계하라.
그 자리에 없는 누군가를 비판하고 평가하는 것은
해롭고 품위가 떨어지는 행동이다.
다른 누군가와 친밀한 관계를 맺고 싶다면
자신에 대해, 내면세계에서 일어나는 것들에 대해
진실을 이야기하고 상대도 나처럼 하게 하라.

제이슨은 자신이 차장으로 일하는 비영리단체에 개발 부서를 이끄는 역할로 새로 부임한 메건과 친해지고 싶었다. 그 조직에는 내부 문제가 산적해 있었는데, 현재 진행 중인 활동을 뒷받침할 기금이 부족한 것도 그중 하나였다. 모두가 하나같이 메건이 조직을 재정적으로 정상 궤도로 되돌려 놓아 줄 적임자가 될 거라고 생각했다. 면접에서 경험이 풍부한 "사교적인 사람"이라는 인상을 주었기 때문이다. 메건을 만나 본 사람들이라면 아마도 그녀가 조직의 지도부, 특히 사무총장 신시아에게 영향을 미치게 되기를 기대했을 것이다. (여기에 나오는 이름들은 모두 내가 지어낸 것들이다.)

신시아는 (자신의 주 업무인) 프로젝트를 뒷받침할 충분한 기금을 만들어 내는 데 실패했을 뿐 아니라 동료들을 소외시키는 경우가 많았다. 이사회가 그녀를 채용한 것은 그녀가 조직을 세우는 능력이 있다고 평판이 자자했기 때문이다. 그녀는 전문적인 기능은 갖고 있었지만 사람들에게 최고의 기량을 끌어내고 각자가 그 조직에서 수행하는 역할이 중요하고, 인정받는다고 느끼게 해 주는 활동 환경을 만드는 방법에 관한 통찰력은 거의 갖고 있지 않았다.

최소한 제이슨은 신시아에게 수없이 존엄을 침해당하면서 고통을 겪어 왔다. 신시아는 제이슨에게 직접적으로 영향을 주는 중요한 의사 결정에서 그를 배제시켰고, 그의 결정을 그것도 즉흥적으로 뒤엎어 버리고는 했다. 많은 경우에 그녀는 그가 자신의 견해를 설명하도록 요구도 하지 않은 채 그의 활동을 부정적으로 결론짓는 데로 비약했다. 제이슨을 가장 짜증 나게 한 것은 신시아를 제외한 조직 성원 모두가 자신의 행동에 대한 책임이 있다는 사실이었다. 하지만 제이슨은 다른 상황이라면 자신이 무척이나 좋아하는 그 일자리를 혹여 잃게 될지도 모른다는 두려움에 그녀와의 대결을 꺼렸고 그 때문에 일상적으로 이루어지는 그녀의 모욕적 대우를 견뎠다. 신시아가 자신을 대하는 태도에 대한 제이슨의 분노는 비록 스스로 그건 중요하지 않다고, 자신이 초연할 수 있다고 확신하고 있었음에도 불구하고 내면에서 쌓여 가고 있었다. 그는 메건이 신시아에게 영향력을 발휘해 주기를 기대하고 있었다. 그리고 메건과 대화를 나눌 날을 고대하고 있었다.

메건이 업무를 시작한 첫 주에 제이슨은 그녀에게 점심 식사를 제안했다. 대화가 드문드문해진 어느 시점에, 제이슨은 업무 이야기를 꺼내기로 맘먹었다. 주제는 신시아와 함께 일하기가 얼마나 힘든 일인지에 관한 것이었다. 우선 그는 메건에게 그녀가 어떤 상황에 대면하게 될지 알려 주고 싶었다. 또 하나는 자신이 간파한 바를 그녀와 공유하게 된다면 그것이 그들의 관계가 구축되는 데 도움이 될 거라고 느꼈다.

논의에 활기를 불어넣는 데 험담만큼 적절한 게 없다. 그는 자신이 신시아에게 직접 털어놓고 이야기하는 것은 안전하지 않은 일이라고 생각하면서도, 신시아에 대한 부정적인 소문들을 메건과 나눔으로써 자신의 분노를 일정 정도 발산할 수 있었다는 것을 나중에 깨달았다. 신시아가 상처를 준 행동들에 대해 말을 퍼뜨림으로써 그는 그녀에게 간접적으로 복수하는 것을 즐겼던 것이다. 점심 식사를 마친 후, 제이슨은 메건에게 이메일을 보내 만나서 즐거웠다는 말과 함께 자신이 추천했던 책의 제목을 알려 주면서 자신이 한 이야기를 신시아에게 전하지 말아 달라고 부탁했다. 돌이켜 보니 자신이 수다를 떨었던 것이 거북하게 느껴졌던 것이다.

다음 날 제이슨이 호출을 받아 신시아의 방에 가서 본 것은 그녀의 손에 들어가 있는 자신의 이메일이었다. 나중에 안 일이지만, 메건은 서점에 갈 때 가져가려고 그 메시지를 프린트해 두었고, 그것은 공동으로 사용하는 프린터에 한동안 머물러 있었다. 그리고 자신의 이름을 발견한 신시아가 그 메시지를 읽게 되었다. 등 뒤에서 특히 새로 부임한 직원에게 자신에 대한 얘기가 오르내린 데 분개한 신시아는 제이슨이 상상할 수 있는 최악의 공포를 완성시켰다. 신시아는 그가 자신을 방어할 기회를 주지 않았다. 그녀가 알게 된 것은 오직 하나, 제이슨이 자신을 배신했다는 것이었고 그 자리에서 그를 해고했다.

그 자리에 없는 사람들, 특히 우리에게 상처를 주고 있지만 대결하기 두려운 사람들에 대해 부정적인 대화를 나누는 것은 왜 그렇게 유혹적일까? 지금까지 묘사해 온 여타의 진화적 함정들이 다 그렇듯이, 여기에도 생물학적 설명이 존재한다. 뒷말은 우리 선조들이 생존하는 데 이점을 가져다주었던 것이다.

진화심리학자 로빈 던바Robin Dunbar는 뒷말이 대규모 집단에서 정보를 교환하는 하나의 효율적 방법이었으며 집단의 결속을 유지하게 해 주었다는 것을 보여 준다.[1] 우리 선조들은 관계에 대해, 즉 누가 누구에게 무엇을 했는지, 누가 안전한지, 누가 믿을 만한지, 누가 제 몫을 못 했는지 잘 알아야 할 필요가 있었다. 직접 그 자리에 있지 않은 사람들에 대한 정보를 전달하고 최신 정보를 얻는 것은 집단의 이슈들에 정통해 있으면서 낙오되지 않을 수 있는 효과적인 방법이었다. 뒷말은 우리가 자리에 없을 때 사회적 네트워크에 생긴 변화를 감지하는 방법 가운데 하나다. 이런 유형의 뒷말은 전혀 문제 될 게 없다. 하지만 뒷말의 대상이 된 사람의 평판이 위태로워질 때, 그것은 존엄을 훼손한다.

뒷말을 하는 것은 말하는 사람이 그 말을 듣고 있는 사람에 대한 신뢰를 전달하는 방법이기도 하다. 사적인 정보를 누설함으로써, 그 뒷말을 하는 사람은 이렇게 말하고 있는 것이다.

"내가 당신에게 이 말을 하는 것은 당신을 좋아하기 때문이고, 당신을 신뢰할 수 있다고 생각하기 때문입니다."

이것은 그릇된 친밀함의 논리다. 뒷말에 탐닉하는 두 사람 사이에 형성되는 역학이 동맹을 만들 수는 있겠지만, 그것은 다른 누군가를 희생양으로 삼아서 이루어진 것이다. 여기에서 존엄이 손상되는 것이다.

  뒷말은 원래 그 집단을 속이고 사익을 취한 사람을 벌 주는 방법이었다. 등 뒤에서 자신에 대한 얘기가 오르내리는 것을 좋아하는 사람은 아무도 없다. 신시아의 경우, 자신에 대해 뒷말을 했다는 것을 배신으로 느꼈다. 뒷말은 타인에게 상처를 주는 사람이 대결하기 어려운 상대일 때 그 사람을 형편없게 만드는 편리한 방법이다. 가해자와 대면할 용기가 부족한 사람들에게 뒷말은 비록 품위가 떨어지기는 하지만 보복하기에 손쉬운 방법이다. 제이슨은 신시아에 대한 부정적인 정보를 공유함으로써 메건과 관계를 구축하고자 했다. 나중에 그는 메건에게 수다를 떨었던 것이 자신을 부당하게 대했던 신시아에게 벌을 주는 방법으로 느껴졌다는 것을 시인했다. 비록 자신의 품위 없는 행동에 스스로 책임지게 되었지만 그는 안도감을 느꼈다. 그는 교훈을 하나 얻었다. 그것은 일자리뿐 아니라 존엄마저 희생시킨 대가였다. 하지만 그 사정을 설명함으로써 그는 체면이 손상된 것에서 회복될 수 있었다.

  뒷말을 하고 싶은 유혹을 받는 것, 그리고 여기에서 하나하나 열거되는 여타의 모든 유형의 유혹을 받는 것은 그의 잘못이 아니었다. 열 가지 유혹은 우리가 진화에 따라 물려받은 유산의 일부이다. 그건 그렇다 쳐도 그 유혹들―우리 자신에게도 타인에게도 상처가 된다.―에 굴복했을 때 발생하는 해로운 영향을 인식하고 이러한 인식을 발달시켜 유혹에서 벗어나는 것은 우리의 책임이다. 존엄한 삶을 살기 위해서는 자기 인식과 노력이 필요하다. 우리는 해로운 충동들을 넘어서는 법을 배워야 한다.

제이슨의 이야기가 그릇된 친밀함의 사례가 되는 이유는 점심 식사를 하면서 두 사람 사이에 맺어진 관계가 다른 누군가를 희생시켰기 때문이다. 진실된 친밀함을 위해서는 타인의 약점이 아니라 우리 자신의 삶에 대해 진실해짐으로써 스스로를 드러내야 한다. 뒷말을 하고 싶은 유혹이 강렬한 힘을 갖는 것은 그것이 우리로 하여금 뒷말을 나누고 있는 사람들 사이에 결속감을 가져다주기 때문이다. 뒷말은 집단의 결속을 촉진하기 위해 이어져 올 수 있었겠지만 대상이 되는 사람들의 품위를 손상시키는 뒷말은 우리 존엄을 위태롭게 한다.

3부
존엄으로 관계를 치유하는 법

"진실을 대면하지 않은 채, 과연 어떤 치유에 대한 희망, 화해에 대한 기대가 가능할까요?"

이것은 BBC 사회자 퍼갈 킨Fergal Keane이, 북아일랜드 분쟁의 피해자와 가해자 들이 한자리에서 직접 대면하는 3부작 시리즈 프로그램 "진실 대면하기"를 시작하면서 던진 질문이었다.

세계 곳곳에서 교전 당사자들을 수많은 대화의 자리로 불러낸 사람으로서, 그 질문은 나 자신이 스스로에게 수도 없이 던져 왔던 것이다. 전쟁 중에 체험한 일들은 많은 경우 사람들이 감당할 수 있는, 그들이 생물학적으로나 정신적으로 타고난 역량을 초과한다.

T. S. 엘리어트가 지적했듯, "인간은 어느 정도 이상의 진실은 감당하지 못한다." 현실이 상상을 초월하는 것이 될 때, 진실이 견딜 수 없는 것이 될 때, 상실과 고통이 하나의 생활양식이 될 때, 사람들은 어떻게 치유하고 생존을 지속해 나갈까? 사람들은 어떻게 진실과 대면하는가? 이 질문에 대한 답은 단답형일 수 없겠지만, 내가 전쟁에서 살아남은 사람들에게서 배운 것은 인간이 발휘할 수 있는 최선의 능력이 결코 경시될 수 없다는 것이다.

다음 장에서 독자들은 "진실 대면하기"에서 나온 한 감동적인 에피소드를 만나게 될 것이다. 그것은 두 남자 사이에 일어난 일로 그중 한 사람이 다른 한 사람을 죽일 뻔했던 사건에 대한 설명이다. 두 남자의 만남이 끝나 갈 즈음, 그들은 화해를 할 수 있었다. 나는 그 일련의 만남들의 진행자 중 한 명이었고, 그 체험은 내게 화해의 과정에 나서기 위해 필요한 것들에 대한 새로운 통찰력을 가져다주었다.

나는 체험을 통해 터득한 것을 일반화하기는 싫다. 그래도 적절한 환경이 주어진다면 인간은 놀라운 행위를 해낼 수 있다는 것을 그 만남이 입증해 보였다는 사실만은 부담 없이 말할 수 있다. 윌리엄 제임스를 인용하자면, "진리는 작용하는 것이다."

그 텔레비전 프로그램에 참여하기 전에, 화해를 위해 필요한 것에 관해서 내가 이해한 것 중 뭔가 중요한 것이 빠져 있다는 느낌이 들었다. 말로 표현할 수 없는 감정의 트라우마를 안고 살아간다는 것이 주는 영향에 대해 다루는 일을 더 이상 방치할 수 없다는 것을 감지했던 것이다. "진실 대면하기"는 내게 존엄의 회복을 촉진하고 가능케 해 줄 존엄 모델―과거를 종식시키는 일에서 핵심이라고 현재 내가 믿고 있는―을 사용할 기회였다. 두 남자의 만남에서 존엄이 수행한 중대한 역할에 대해 내가 어떻게 이해하고 있는지, 그리고 그들이 단지 자신들의 치유를 시작하는 데 그치지 않고 우리가 생각하는 것 이상으로 우리들 자신에게도 역량이 있다고 믿을 만한 근거를 제공했다고 내가 믿는 이유에 대해 이제 곧 서술하려 한다.

21장

존엄으로 화해하기

아주 잠시만이라도
타인의 눈을 통해 보는 것보다 더 큰 기적이 우리에게 있을까?

헨리 데이비드 소로

50대 후반인 두 남자가 원탁에 앉아 있었다. 각자의 좌석에서 이리저리 자세를 고쳐 앉는 그들의 눈길이 유일하게 가닿지 않는 곳은 서로의 얼굴이었다. 방 안의 불빛은 남자들의 얼굴을 비추기 위해 BBC 조명 기사가 설치해 놓은 것들 말고는 희미했다. 각자의 얼굴은 무표정했지만, 마치 선제공격에 나설 태세가 갖춰진 듯 두 남자는 경계를 풀지 않고 있었다. IRA(아일랜드공화국군) 소속이었던 로니는 자신의 맞은편에 앉아 있는 남자, 잉글랜드 남부 사우스햄프턴 출신인 맬컴이라는 이름을 가진 영국 경찰을 죽일 뻔했던 죄로 감옥에서 21년을 복역했다.

거의 살인이나 다를 바 없는 사건이 일어난 지 30년도 더 지난 2005년 3월에, 그들은 다시 만났다. 북아일랜드에서 있었던 분쟁의 피해자들과 가해자들을 직접 대면하게 한 BBC 텔레비전 시리즈

"진실 대면하기"에 두 사람이 참여하겠다고 동의했던 것이다.

내가 그 자리에 있었던 것은 그 만남을 진행할 세 사람 중 한 명으로 BBC가 나를 초청했기 때문이다. 나는 처음에는 회의적으로 반응했는데, 그 계획이 리얼리티 텔레비전 쇼로 완벽해 보였기 때문이다. 그런데 데즈먼드 투투 대주교가 진행자 중 한 명이라는 것을 알게 되면서 나는 그것이 지닌 잠재적 가치를 인정하게 되었다.

그 텔레비전 시리즈의 목표는, 비극이 만연한 상태이고 구교도와 신교도 간에 화해가 필요함에도 그것이 너무 오래 지체된 북아일랜드에 치유를 불러오려는 것이었다. 일정은 극도의 주의를 기울여 책임 있게 준비되었다. 프로듀서에서 카메라맨까지 그 시리즈를 제작하는 데 참여한 모든 사람이 그들이 맡은 일의 민감한 성격에 대해 잘 이해하고 있었다.[1] 제작자들은 그 만남 과정에서 참여자들이 도움이 필요할 경우에 대비해 남아공 출신 트라우마 연구 전문가 놈푼도 왈라자Nompundo Walasa에게 함께해 달라는 의뢰도 해 두었다.

제작자들은 비록 양측이 1998년 성 금요일 협정Good Friday Agreement을 통해 수많은 정치적 이슈들에 대한 합의에 도달했음에도 불구하고, 북아일랜드 구교도와 신교도 공동체 사이에 폭력과 증오로 얼룩진 세월이 초래한 고통이 공개적으로 다루어진 적이 한 번도 없었다는 사실을 잘 인식하고 있었다. 전쟁으로 황폐해진 나라에서 화해의 가능성을 보려면, 가슴 아픈 상실의 경험들에 대한 시인이 이루어져야 했다. 누군가가 진실과 치유로 가는 문을 열어야 했고, BBC가 그 용기 있는 첫발을 뗐다.

로니는 북아일랜드 분쟁이 최고조에 이르렀던 1974년 12월에 잉글랜드에서 경찰 맬컴에게 총을 쐈다. IRA는 영국 정부에 좀 더 타격을 주는 전쟁을 벌이기 위해 잉글랜드에 대한 폭탄 시위에 착수했다. IRA에 소속된 로니를 비롯한 동료들은 사우스햄프턴에 있는 한 아파트에 며칠째 잠복하고 있었다. 그들은 폭파 임무를 수행하라는 명령을 기다리고 있던 중에 우연히 영국 경찰에 발견되고 말았는데, 아파트를 방문한 집주인이 그 집을 계약했던 여자 대신에 남자 두 사람이 있는 것을 발견하고 경찰에 신고를 했던 것이다.

현장으로 호출을 받은 경찰관 중 한 명이었던 맬컴은 아파트에서 달아난 IRA 멤버들을 뒤쫓았다. 추격전 도중에 로니는 뒤로 돌아 맬컴을 쏘았다. 그는 맬컴이 바닥에 쓰러지는 것을 지켜본 다음 체포를 피해 계속 달아났지만, 몇 달 후 북아일랜드에서 일상적으로 이루어지던 검문에 걸려 결국 경찰에 붙잡히고 말았다. 그는 결혼을 불과 두 주 앞둔 상태에서 체포되어 인생의 긴 시간을 철창 아래서 보내는 형을 선고받았다.

진행자들—데즈먼드 투투 대주교와 레슬리 빌린다, 그리고 나—은 두 남자에게서 30센티미터쯤 떨어진 초승달 모양의 탁자에 앉아 있었다. 대주교는 이런 종류의 만남이 전혀 낯설지 않았다. 그는 자신의 조국 남아공에서 아파르트헤이트의 피해자 및 가해자 들과 수없이 많은 대화들을 진행했다. 레슬리 빌린다가 진행 팀에 합류해 달라는 요청을 받은 것은 르완다 제노사이드에서 남편을 잃었기 때문이었다. 나는 수년간 세계 곳곳에서 교전 중인 집단들 간에 토론을 진행한 경험 때문에 초청을 받았다.

갈등 해결 전문가로서 그때까지 수많은 대화를 진행했지만 나는 벌어질 일에 대해 어떤 준비도 되어 있지 않았던 것 같다. BBC를 통한 만남이 이루어진 동안 내가 목격한 일들은 갈등의 상처를 치유하는 방법에 대한 이해에 전환을 가져다주었고, 인간의 영혼의 고결함에 대한 인식을 심화시켜 주었다.

　기적적인 화해가 그날 로니와 맬컴 사이에 이루어졌다. 두 남자가 한 테이블에 앉아 아슬아슬하게 보낸 몇 시간 동안 용서 말고도 관심을 끄는 변화가 하나 더 있었다. 그 장면을 목격함으로써, 우리가 맺는 관계에서 고통스러운 모욕을 겪을 때 그러한 과거를 종식시키는 데 필요한 것이 무엇인지에 대한 이해에 일어난 변화였다.

　맬컴과 로니는 전쟁에 휘말렸지만, 그들이 겪은 것과 같은 그러한 굴욕은 전쟁에서만 보이는 특유한 것이 아니다. 우리는 각자 전투를 치르고 있다. 종류를 불문하고 모든 관계는 우리의 인간성과 잔혹함을 알 수 있는 기회를 제공한다. 맬컴과 로니의 만남은 인간성의 승리를 보여 주는 아름다운 실례였다. 그들의 이야기에 귀를 기울여야 하는 것은 그들의 경험이 지니는 신성함을 존중하기 위해서만이 아니다. 삶 속에서 같은 종류의 치유와 화해를 해낼 역량이 우리에게도 있다고 믿을 만한 근거를 제시해 주기 때문이다.

만남
　카메라가 돌아갈 채비를 갖추었다. 모든 눈들이 아름다운 자줏빛 성직복을 입고 커다란 은십자가를 멘 채 레슬리 빌린다와 나 사이에 앉아 있는 투투 대주교에게 쏠렸다. 그는 몸을 앞으로 기울여 미소를 지으며 맬컴과 그의 곁에 앉은 서른다섯 살인 딸에게, 다음으로 로니에게 환영 인사를 건넸다.

　대주교는 두 남자에게 그들이 그 프로그램에 참여하기로 동의한 것이 굉장히 용기 있는 일이라고 말했다. 그리고 그들이 자신들의 치유 과정을 시작하는 데 그치지 않고, 예컨대 치유됨으로써 다른 사람들에게 도움을 주게 되는 것도 바란다고 말했다. 투투 대주교는 충격이 있었던 그 밤에 일어난 일에 대해 자신의 이야기를 해 달라는 요청을 받게 될 텐데, 원하는 만큼 충분한 시간을 들여 이야기할 수 있다고 말했다. 그리고 진행자들인 우리가 질문을 하면서 이야기를 시작할 수 있게 할 것이며 그들이 이야기를 하는 동안 설명을 위해 필요한 질문들을 하게 될 거라고 말했다.

맬컴이 먼저 시작했다. 그는 놀라울 정도로 침착하게 로니가 쏜 총을 맞은 그날 밤에 일어난 일들을 자신의 입장에서 이야기하기 시작했다.

"순찰대 도즈 경사가 그날 밤 나와 동행했습니다. 그는 내가 운전하는 순찰차에 탑승하고 있었죠. 무전기로 호출이 들어왔을 때, 나는 동료의 목소리라는 걸 알았습니다. 총을 쏘며 자신을 뒤쫓는 무장한 두 남자에게 쫓기는 중이라고 했어요. 그가 웨스트리지 가에 있는 자신의 위치를 알려 주었는데 우리가 있던 근처였습니다. 나는 최대한 빠르게 차를 몰았습니다. 웨스트리지 가는 우리가 있던 곳에서 불과 400미터 거리여서 우리는 매우 빨리 도착했습니다."

맬컴은 그가 현장에 도착한 순직원터 총을 맞은 후 의식을 잃고 쓰러진 순간까지 추격을 앞두고 일어난 모든 사건들을 박진감 넘치게 세세하게 들려주었다.

"나는 앞으로 쓰러진 줄 알았는데 아니었더군요."

그가 말했다.

"의식이 돌아왔을 때 순찰대 도즈 경사의 몸이 내 위에 실려 있었던 걸 보면, 내가 기절했던 게 분명합니다."

그가 목이 메어 말을 멈추었고, 고개를 떨구었다. 그의 어깨를 딸이 감싸 주자, 그가 눈물을 흘렸다. 그는 30년이 넘는 세월을 보내는 동안 처음으로 그날 밤 일어난 일들에 대해 공개적으로 이야기하고 있었다. 자식들도 이야기를 들어 본 적이 없었다. BBC 시리즈에 참여한 피해자들 대다수가 그렇듯이, 그 또한 깊은 슬픔을 가두어 두고 있었던 것으로 보였다.

존중하고 보호해 주는 환경에서 자신의 취약함을 드러내 보임으로써, 그는 자신이 가둬 놓았던 상처에 다가서는 문을 열었고 굴종하지 않는 인간성을 보여 주었다. 깊은 슬픔에 잠긴 그의 모습은 아름다웠다. 그는 마음을 열었을 뿐 아니라, 우리의 마음도 열었다. 우리는 그의 용기, 그리고 철저하게 방어해 온 트라우마와 기꺼이 대결하려는 의지의 목격자가 되었다. 로니가 말할 차례가 되었다. 로니의 삶을 바꿔 놓은 이야기 또한 맬컴으로 하여금 자신의 이야기만큼이나 진실을 대면하게 해 주었다.

로니가 이어서 자신의 이야기를 했다.

"나는 열여섯 살 때 IRA에 들어갔습니다. 그리고 맬컴과 달리, 그 일에는 급여도 연금도 주택 제공도 없었습니다. 당시에 IRA에 들어가는 일은 우리 나라에서 벌어지고 있던 상황에 대한 감정적 대응이었습니다. 오랫동안 차별, 종파주의, 남아공의 아파르트헤이트와 같은 것들이 있었습니다. 민족주의적 아일랜드 사람들은 영국의 일부라고 느끼지 않았습니다. 그들은 영국으로부터 소외된다고 느꼈고 우리는 폭력을 사용해서라도 아일랜드 사람들의 권리를 주장해야 했습니다. 그리고 우리가 IRA에 들어갈 때, 그것은 직업이 아니었습니다. 실제로 우리는 우리에게 일어나게 될 일에는 두 가지가 있다는 걸 잘 알고 있습니다. 결국 무덤에 들어가거나 아니면 감옥에 가는 것이지요."

그는 자신이 어느 날 다른 IRA 지원자와 함께 벨파스트의 거리를 걷던 중에 일어난, 삶을 바꿔 놓은 사건을 이야기했다.

"그녀는 나 대신 무기를 휴대하고 있었는데, 영국군이 그녀를 쏘아 죽였습니다. 열 발을 맞았어요. 그녀는 스무 살이었습니다. 그리고 사실을 말하자면, 그곳에서 영국을 향한 증오가 생겼습니다."

로니는 옆에 있던 동지를 총에 맞게 한 것이 "그 상황을 해결할 유일한 길은 무장투쟁을 통해서"라는 자신의 견해를 "강화하고 다시 한 번 결심을 굳히게" 했다고 말했다.

말을 마치면서, 그가 우리를 바라보며 말했다.

"나는 IRA에 적극적으로 참여했던 것에 대해 아무런 후회가 없습니다. 사실, 나는 자부심을 가집니다."

자신의 이야기를 하는 내내, 로니는 강철처럼 결의에 찬 모습을 견지했다. 그는 압박을 받아 흔들리지도, 후회나 가책을 인정하지도 않겠다고 단호하게 결심하고 있었다. 그의 몸짓이 메시지를 전하고 있었다.

"내가 가려고 하지 않는 곳으로 날 데려가지 마시오."

그의 표정은 준엄했고, 턱은 꽉 다문 채였고, 확신에 찬 두 눈을 크게 뜨고 있었다.

어느 시점에서 내가 맬컴의 이야기를 듣고 나서 그와 그의 가족에게 연민을 느끼는지 그렇지 않은지 묻자, 로니는 즉각적인 반응을 보였다.

"물론 맬컴에게 연민을 느낍니다. 나는 이 분쟁에서 고통을 받은 모두에게 연민의 감정을 느낍니다. 맬컴에게는 특히 더 그렇습니다."

그리고 처음으로, 그가 맬컴과 눈을 마주쳤다. 잠시 동안, 그들은 서로를 가만히 응시하면서 고개를 돌리지 않았다.

나는 이러한 일이 일어나는 것을 지켜보았고, 대주교 역시 보았다. 그는 이제 시작이라는 것을 알아차렸다. 그가 물었다.

"맬컴, 로니의 이야기를 듣고 나서 하고 싶은 말이 있습니까?"

맬컴이 대주교 쪽으로 고개를 돌려 잠시 그를 바라보았다. 그런 다음 우리는 기적 같은 일이 벌어지는 공간으로 들어서게 되었다.

맬컴이 로니를 돌아보며 말했다.

"당신의 이야기를 듣고 난 지금, 깨달은 것이 있습니다. 그러한 환경 속에서 어른으로 성장하는 것은 몹시 힘이 드는 일이었을 거라는 것입니다. 그리고 만약 내가 같은 환경에서 자랐더라면 나 또한 같은 일을 했을 거라고 믿습니다."

나는 로니를 살펴보았는데, 놀란 표정이었다. 로니가 한숨을 깊게 내쉬고는 탁자에 팔꿈치를 올려놓으며 앞쪽으로 맬컴을 향해 몸을 기울였다. 그의 표정이 부드러워지고 어깨에서 긴장이 풀리는 것을 볼 수 있었다. 그가 맬컴의 다음 이야기를 기다리는 동안 강철 같은 결의는 사라져 갔다.

맬컴이 계속했다.

"나는 내 곁에서 누군가가 살해되는 경험을 하지 않았습니다. 만약 그런 일이 내게 일어났다면, 나 역시 누군가를 죽일 수 있을 것 같습니다. 나는 그것을 솔직히 인정합니다. 당신을 비롯해 당신의 동료들 중에 딱 그런 마음이 들었을 사람들이 분명히 있었을 거라고 정말로 확신합니다. 그와 관련해, 내가 지금껏 어떤 마음의 준비를 해 왔는지는 별개의 문제입니다. 이 시점에서는, 잘 모르겠네요."

로니가 곧장 말을 받았다.

"당신이 지금껏 마음의 준비를 해 온 것에 대해 지금은 잘 모르겠다고 말한 것을 충분히 이해할 수 있습니다. 그런데 만약 당신이 선택할 수 있는 어떤 길도, 택할 수 있는 어떤 정치적인 방도도, 정치에 접근할 어떤 수단도 존재하지 않을 때는, 고립 상태가 됩니다. 그리고 그런 고립 상태에서는 폭력이 분출될 수밖에 없습니다."

맬컴이 물었다.

"만약 당시의 그 나이가 될 수 있다면, 당신이 택했던 방향을 택하시겠습니까?"

로니가 미소를 지으며 말했다.

"대답하기 어렵군요. 사람들이 말하듯, 우리는 늘 뒤늦게 현명해지지요. 나는 무장투쟁이 필요했던 것을 유감으로 생각합니다. IRA에 참여했던 것은 후회하지 않습니다. 솔직히, 그것에는 큰 자부심을 가집니다."

"감옥에서 보낸 시간에 대해서는 어떻게 생각하십니까? 낭비였다고 느낍니까?"

로니가 껄껄 웃으며 말했다.

"당연히 낭비였다고 느낍니다. 하지만 중요한 것은, 나 자신을 범죄자로 여긴 적이 없다는 것입니다. 나는 정치범이었어요. 나는 내가 하고 있는 일에 대한 믿음이 있었고, 내가 속한 공동체의 지지를 받고 있었습니다. 비록 21년을 잃었지만, 우리 민족에 도움이 되는 중요한 일을 하고 있다고 느꼈어요."

두 사람 모두 잠시 말없이 앉아 있었다. 그리고 맬컴이 물었다.

"아이들이 있나요?"

"없습니다."

"아이를 가질 계획은요?"

"아, 그러고 싶어요. 하지만, 모르겠습니다."

"지금 내가 정말로 하고 싶은 말은, 이런 상황에서 살아 있다는 것, 그리고 그날 밤 내가 죽었더라면 우리 막내는 태어날 수도 없었을 거라는 사실을 깨닫는다는 것입니다. 그렇다면 그것은 얼마나 엄청난 손실일까 하는 생각이 듭니다. 나에겐 경이롭기만 한 세 아이가 있고, 나는 그 아이들을 내 몸이 부서지도록 사랑합니다. 그 아이들에게 이런 상황을 겪게 하는 것이 무척 곤혹스럽습니다. 그렇게 하는 것이 어리석은 일이었다고 믿고 늘 그런 생각을 품어 왔다고 내가 말했지요. 똑같은 상황이 벌어지면 내가 또다시 그렇게 하거나 혹은 그렇지 않을지라도, 나는 그렇게 할 거라고 생각하고 싶어요. 당시에 내가 잘못된 일이라고 믿고 있던 어떤 것을 막기 위해 노력하고 있었던 거라면, 필요한 경우 나는 또다시 그렇게 하리라고 믿고 싶습니다."

"솔직히 말하자면, 당신이 그러리라고 생각합니다."

로니가 말했다.

"당신은 그날 맡은 일을 하고 있었다는 것을 잘 압니다. 불행하게도 상황은 그렇게 벌어졌지만, 당신이 막내를 갖게 되어 다행입니다. 당신이 살아 있어 다행이고요. 당신이 멋진 세 아이를 갖게 되어 다행입니다."

"당신이 적어도 아이 셋은 갖게 되기를 기대합니다."

"그러고 싶군요. 어떻게 되는지 봅시다."

로니가 맬컴과 연락하며 지내고 싶다는 소망을 표현했다. 그는 벨파스트에 와서 맥주를 마시며 이야기를 나누는 시간을 하루 갖자며 맬컴을 초청했다. 그는 맬컴에 대해, 그가 하는 일과 그가 중요시하는 일에 대해 좀 더 알고 싶다고 말했다.

세션이 끝나 갈 즈음에, 내가 맬컴에게 물었다.

"오늘 로니가 여기에 온 것이 용기 있는 일이었다고 생각합니까?"

"그렇습니다. 자신이 죽일 뻔했는데 죽지 않은 사람과 탁자에 마주 앉는 일은 용기 있는 일입니다. 그에게 큰 존경심을 느낍니다."

우리 진행자들은 경이로움 속에서 말없이 앉아 있었다. 마침내 대주교가 두 남자에게 이 세션을 어떻게 마무리하기 원하는지 물었다. 그들은 잠시 서로를 바라보더니, 자리에서 일어나 탁자 위로 팔을 뻗어 악수를 했다.

마치 하루 종일 이어진 만남 속에서 두 남자 사이에 일어난 일들로는 충분치 않다는 듯, 그날 밤 그들은 가족들과 함께 벨파스트로 가서 함께 저녁 식사를 했다. 그리고 그 이후로 그들은 서로 만나고 있다.

무슨 일이 일어났는가?

나는 이 두 남자 사이에 어떤 일이 일어났기에 그들 사이에 놀라운 화해가 가능했는지 알고 싶었다. 무엇이 그들로 하여금 단절에서 결합으로 이어질 수 있게 했을까? 그들의 화해는 용서와는 아무런 관계가 없었다. 용서해 달라고도, 용서해 주겠다고도 하지 않았다. 하지만 일어난 일은 용서만큼이나 강했다. 그들은 서로의 존엄을 존중했고 그럼으로써, 자신들의 존엄을 강화시켰다.

BBC와 진행 팀이 조성한 환경이 그들의 화해에 중대한 기여를

한 점 또한 적지 않았다. 신뢰받고 있는 도덕적 권위자인 투투 대주교의 존재가 미치는 영향은 과소평가될 수 없다. 그가 보여 준 품위와 끈기, 그리고 좀처럼 보기 힘든 깊은 연민은 결코 쉽지 않은 이 일에 반드시 필요한, 개인적 기준에 의거한 도덕적 판단을 피하면서 힘을 북돋아 주는 환경을 만들어 냈다. 우리는 품위 있는 만남이 이루어질 수 있는 적절한 공간을 만들었다.

그들은 서로의 존엄을 어떻게 존중했는가? 우선, 두 사람 다 그들이 자리를 함께하는 것이 시간을 들일 만하고 집중할 만한 가치가 있다는 데 동의했다. 그것이 첫 단계였다. 갈등 관계에 놓인 사람들을 멀리하고 그들과 대화를 거부하는 것이 얼마나 더 일반적인가?

둘째로, 그들은 서로의 이야기에 끼어들거나 문제 삼지 않은 채 경청했다. 그들은 귀를 기울이며 이해하고자 했다. 우리가 적의 말에 귀를 기울이는 경우는 단지 그들보다 한발 앞서거나 그들이 한 말에 대한 반격을 준비하려는 이유 때문이라는 것이 얼마나 더 일반적인가?

셋째로, 그들은 상대가 힘들게 겪어 온 일들을 공감하고 시인했다. 갈등이 최고조에 이른 시점에 자신이 상처를 입혔던 사람에게는 감정을 드러내지 않은 채 그저 지켜보면서 방어적 태도를 취하거나 자신을 정당화하고 싶어지는 게 얼마나 더 일반적인가?

넷째로, 그들은 상대의 있는 그대로의 모습을 존중하고 공감했으며, 그렇게 함으로써 상호 유대를 형성했다. 일단 상대편의 경험을 듣고 나자, 더 이상 그 사람을 비인간화하여 자신만의 도덕 공동체에서 배제시키는 일을 할 수 없게 되었다. 갈등에 내몰린 우리의 마음은 선인과 악인을 만들어 내고, 갈등의 왜곡된 영향 아래 있을 때는 자신이 선한 편이 아니라고 생각하기는 거의 힘들다. 그들은 상대의 인간성을 체험함으로써 자신들의 이해력을 확장시켰다. 노벨상을 수상한 독일의 소설가이자 극작가인 귄터 그라스가 지적하듯, "진실은 복수형으로만 존재한다Truth exists only in the plural."[2] 그리고 그들이 서로의 현실을 이해하게 되었기 때문에, 그들이 마침내 털어놓은 진실은 각자의 독립된 이야기보다 더 컸다. 그들은 둘 다 기능이 망가진 시스템에 갇힌 채 변화를 절실히 외치고 있던 피해자들이었던 것이다.

영감을 불러일으키는 로니와 맬컴의 사례 덕분에, 아마도 우리는 우리 자신에게도 그리고 우리와 갈등 관계에 놓인 사람들에게도 손상이 가해진 이후가 아닌 그 이전에 우리 삶에서 필요한 변화의 외침에 보다 잘 반응할 수 있을 것이다. 하지만 어쩌면 모든 갈등을 예방하기에는 우리가 갈 길이 아직은 멀지도 모른다. 이견을 잘 해소하기보다는 논쟁으로 접어들기가 훨씬 더 쉬워 보이기 때문이다. 우리가 활용할 수 있는 것들은 관계가 깨진 뒤에 다시 회복하는 데 희망이 있는 방법들이다.

화해에 필요한 조건들

로니와 맬컴은 관계를 다시 회복하는 하나의 방법을 보여 주었다. 하지만 화해에 기여한 요인들이 어떤 것들이 있는지 정확히 식별해 내기는 쉽지 않다. 그날 일어난 불가사의한 힘에 대해 설명해 달라는 요청에 투투 대주교는 양손을 넓게 벌려 머리 위로 치켜든 다음 하늘을 올려다보며 말했다.

"감사합니다, 감사합니다, 감사합니다."

나는 존엄의 확장이라는 결정적으로 중요한 요인 외에, 로니와 맬컴의 만남뿐 아니라 그 프로그램의 다른 참가자들의 만남에서도 긍정적인 결과를 낳는 데 기여했을 것으로 여겨지는 다른 요인들을 짚어 보고자 한다. 이 요인들은 화해에 대한 보편적인 보증은 아니지만, 이것들이 "진실 대면하기"가 수많은 긍정적 결과를 낳는 데 뚜렷한 영향을 미쳤다고 생각한다.

1. 공개적인 시인의 필요성
2. 안전하다는 느낌과 용기를 북돋아 줄 필요성
3. 통제의 필요성
4. 취약함을 드러낼 필요성

만남이 이루어진 후에 투투 대주교가 말했듯, "무례한 대우를 받게 되면, 우리는 공개적인 지지를 간절히 욕망하게 되는 것 같다." 상처를 입었을 때, 특히 부당하다고 느껴지는 상황에 처했을 때, 우리는 발생한 고통과 괴로움에 대해서 공개적으로 시인할 수 있어야 한다는 욕구를 갖게 된다. 그 만남들이 이루어지는 내내 우리는 한 사람을 제외하고는 모든 가해자들이 재판을 받고 감옥에서 복역했다는 사실을 알게 되었다. 하지만 그것은 피해자 대부분을 만족시키지 못한 것으로 보였다. 설사 정의를 실현한다는 목적에는 쓸모 있었다 할지라도, 재판과 복역 기간은 피해자들의 감정에 입힌 상처를 해결하는 데 충분하지 않다. 피해자들에게는 그들의 고통을 시인하는 일정한 공개적 과정에 대한 욕구가 별도로 존재하는 것으로 보인다.

시인은 다양한 형태를 취한다. 어떤 피해자들은 가해자들에게서 그들이 저지른 일해 대해 미안하다는 말을 들을 필요가 있었고, 일어난 일에 대한 오해를 해소하기 원하는 피해자들도 있었다. 예를 들어, IRA 소속으로 공격 목표가 되었던 한 가톨릭 남성의 누이는 남동생을 사살한 영국군 장교가 실수로 사람을 잘못 죽였다는 말을 듣고 싶어 했다. 또 다른 만남에서 남편이 살해된 아내는 가해자가 자신에게 막강한 힘을 행사하는 것을 원치 않았기 때문에 참여했다. 그녀가 원했던 인정은 그녀 자신에게서 나왔다. 남편을 죽인 남자와 보낸 괴로운 하루가 끝나 갈 무렵, 남편을 죽인 사람을 더 이상 두려워하거나 증오하지 않는 심정이 되어 걸어 나갈 때, 그녀는 남편이 죽은 30년 전에 빼앗겼던 자신의 한 부분을 되찾은 것으로 보였다.

죽음으로 인한 감정의 상처를 인정받기 위해 피해자들이 필요로 했던 분명하게 드러난 방식들은 폭력과 상실에 대해 인간이 보이는 반응의 복잡성을 나타낸다. 평화협정에 서명하는 것이나 징역형에 처해지는 것으로는 개인적인 상실에 결부된 감정적 욕구가 충분히 다루어질 수 없다는 것이 그 프로그램에 참여한 사람들에게 분명해 보였다. 사랑하는 사람들을 잃은 지 30년 넘는 세월이 흘렀는데도, 그들이 보이는 감정적 반응으로만 보면, 피해자들 대다수에게는 마치 그 죽음들이 어제 일어났다고 해도 틀린 말이 아닌 듯이 보였다. 감정의 상처는 시간이 흐른다고 해서 저절로 사라지지 않는다.

가해자들 편에서 시인의 필요성은 또 다른 형태를 띤다. 그들은 존엄을 무시당하고 사기를 꺾어 놓은 자신들의 성장 환경에 대한 사연을 들려주고 싶어 하는 것 같았다. 그들 대다수—IRA 멤버들과 신교도 민병대, 양쪽 모두―가 경제적으로 피폐하고 정신적으로 위축된 환경에서 살아온 삶에 대해 이야기했다. 그들이 얻고자 했던 것은 용서가 아니었다. 그들은 자신들의 정체성을 형성하는 데 원인이 된 환경과 그들이 변화의 수단으로 폭력에 의존하기로 결심한 이유에 대해 이해를 구하고 있었다.

그들이 묘사한 환경에서 성장하는 것이 가해자들에게 얼마나 힘든 일이었을지 피해자들이 공감했을 때, 그들 사이의 역학에 변화가 일어났다. 공감은 그들 사이 관계에 인간성을 회복해 주었고 그들이 인간적인 차원에서 관계를 맺을 수 있게 해 주었다.

피해자들이 가해자들에게 공감하는 순간은 늘 심오했다. 자신들에게 그러한 고통을 가져다주었던 사람들을 향한 흔치 않은 연민과 관용을 가능하게 한 것은 경이로움이라 할 만하다. 우리는 피해자들을 과보호하는 경향이 있지만, 내가 확실히 알게 된 한 가지는, 피해자가 지닌 힘을 과소평가해서는 안 된다는 것이다.

자주 인용되는 주디스 허먼의 《트라우마 Trauma and Recovery》에서, 저자는 정신적으로 큰 충격을 준 상실감에서 회복되는 3단계, 즉 안전, 트라우마 이야기의 재구성, 생존자와 그들의 공동체 사이 관계의 회복에 대해 설명한다.[3] 우리가 "진실 대면하기"를 위해 설계한 일련의 과정은 이러한 요인들을 고려한 것이었다. BBC 프로듀서들은 참여자 전원의 안전을 확실하게 보장하기 위해 최선을 다했다. 그들은 프로그램을 촬영하기 여러 달 전부터 참여자들과 관계를 발전시키는 데 시간을 투자함으로써 어떠한 질문에도 즉각적으로 그들에게 응답할 수 있었다. 참여자들은 촬영이 이루어질 즈음, 진행이 어떻게 이루어질지 정확히 파악하고 있었다. 그들이 참여하는 데 따르는 그 어떤 강제력도 없었다. 진행 팀 역시 촬영이 이루어지기 전에 모든 사람과 만남을 가졌다. 우리는 모든 참여자들에게 우리의 역할이 그들의 필요에 부응하는 것이라고 말함으로써 그들을 안심시킬 수 있었다.

심사숙고 끝에, 나는 안전 말고도 또 다른 요인이 그 프로그램의 긍정적 성과를 가져온 원인이 되었다고 믿게 되었다. 안전이라는 요인이 일단 확립되고 나면, 참여자들은 스스로의 취약함을 드러내면서도 또다시 정신적 외상을 입거나 창피를 당하게 될까 걱정할 필요가 없다는 것을 믿어야 한다. 안전하다는 느낌과 함께, 참여자들은 진행 팀이 용기를 북돋아 준다는 느낌을 받을 수 있어야 한다. 그들이 우리에게서 깊은 공감, 자상한 보살핌, 부드러움을 느끼는 것은 그들이 앞으로 나아갈 수 있는 능력에서 결정적 중요성을 갖는다. 투투 대주교가 말했듯, "참여자들은 그들이 귀하고 중요한 존재이며, 만약 그들이 그곳에 없다면 다시 없을 소중한 것을 잃게 될 거라고 느껴야 한다." 우리 진행 팀에서 어떤 통제나 평가가 있었다면, 그들이 공유하는 공간의 신성함은 파괴되었을 것이다. 진행자들의 임무는 토론이 이루어지는 동안 생길 수 있는 어떤 상황도 우리가 다룰 수 있다는 것, 그들에게 용기를 북돋아 주고 보호하기 위해 그 자리에 함께할 것이라는 의사를 비언어적 표현을 통해 그들과 소통하는 것이었다.

프로그램을 시작하기 전에 우리가 한 팀을 이루어 진행한 수많은 토론에서 한 가지 이슈가 분명해졌다. 우리가 마련한 유일한 구조는 그들이 자신들의 이야기, 즉 무슨 일이 일어났으며 그 일이 어떤 영향을 미쳤는지를 말하도록 하는 것이었다. 만약 용서가 자연스럽게 생겨난다면 굉장히 좋겠지만, 우리는 피해자들이 준비가 되지 않았다면 용서를 강요하지 않고자 했다. 사랑하는 사람이 살해되었을 때 피해자 대부분이 상황에 대한 통제력이 사라지는 것을 체험하기 때문에 용서를 강요하려 함으로써 그들에게서 통제력을 빼앗는 것은 다시 한 번 그들에게 정신적 외상을 입힐 수 있다. 외부의 격려자들이 아니라 피해자들이 그 과정을 통제해야 한다는 것이 우리의 생각이었다.

자신들이 가해자들에게 하고 싶은 말에 대한 결정권을 행사하고 있다는 사실은 대다수 피해자들에게 자신감을 갖게 해 주었다. 그들은 그 프로그램에 자발적으로 참여했다. 그 과정에 대한 어떤 것도 강요로 이루어지지 않았다. 그들은 하고 싶은 말이 무엇인지 정확히 알고 있었다. 말문이 막힌 적은 없었다. 그들은 생각을 분명하게 표현했고 예리했으며 침착했다. 가해자들과의 언쟁은 민감하게 느껴지면서도 힘이 있었다. 나중에, 피해자들은 모두 마치 짐을 내려놓은 것처럼 안도감을 느낀다고 말했다.

각 세션을 마칠 때마다, 피해자와 가해자 양쪽에 대주교는 이렇게 말했다.

"취약함을 드러내 주셔서 고맙습니다."

이 만남들을 통해 내가 얻은 가장 큰 교훈은 취약함을 드러낼 때 힘이 드러난다는 사실이었다. 우리가 우리 자신과 타인에게 진실을 드러내고 그로 인해 궁극적으로 자유로워질 때 불가사의한 일이 일어난다는 것이다. 이것은 상당한 역설이다. 본능은 우리를 속여 거짓말과 은폐가 자기 보존을 위한 훌륭한 전략이라고 생각하게 만든다. 자기 보호 본능이 우리를 압도할 때, 그리고 위협적 분위기만으로도 즉시 그럴 수 있을 때 우리는 생명이 경각에 놓인 것처럼 느낀다. 그런 상황에서 우리의 취약함을 드러내는 것은 자살이나 마찬가지로 여기게 된다.

어느 날 촬영하면서 보낸 긴 하루를 마칠 즈음, 대주교가 내게 말했다.

"인간이란 참 재미있는 존재 아닌가요? 모두가 똑같이 행동하거든요. 잘못을 저질렀다고 인정하는 것을 정말 싫어하잖아요."

그때 그가 말하고 있었던 건 존엄과 조화를 이루는 길을 가로막고 선 충동에 대해서였다. 만약 우리 행동을 책임지지 못하도록 방해하려는 진화의 유산을 이해한다면, 잘못을 저질렀다고 인정하는 것을 망신스러워하는 타고난 본능을 피할 수 있다면, 우리는 지금보다 우리가 맺고 있는 관계를 치유하는 데 훨씬 더 나은 모습을 보이게 될 것이다. 체면을 세우려는 충동을 이겨 내는 일은 우리의 관계를 보호해 줄 수 있다.

참여자들이 자신이 가진 깊은 슬픔과 인간적 고통을 아물지 않은 그대로 드러냈기에 텔레비전으로 보는 사람들은 사실적이고 걸러지지 않은 충격적인 사실을 보았다. 살해 사건이 피해자와 그 가족들에게 초래한 고통과 더불어, 살해 장면의 끔찍했던 세세한 전 과정이 폭로되었다. 하지만 무척 희한하게도, 그 자리에 있었던 우리는 거의가 그러한 고통스러운 상실을 경험한 적이 없음에도 불구하고, 그들에게 감동을 받았고 그들과 감정적으로 일체감을 느낄 수 있었다. 상실감―그것에 대한 두려움, 그것이 닥칠지 모른다는 불안함, 그것이 주는 고통―은 보편적이다. 우리가 감정에 자신을 열 때, 우리는 가장 아름다운 모습으로 관계를 맺을 수 있는 기회를 보상

받는다. 분리의 벽이 허물어지고, 우리 인간성의 고통스러운 측면들을 공유하면서 함께하게 된다.

용서나 다름없다

나는 앞서 로니와 맬컴 사이에 이루어진 화해가 용서를 수반하지 않았다고 주장했다. 용서가 요구되지도 않았고, 용서가 이루어지지도 않았다. 그런데 뭔가 감동적인 일이, 어쩌면 존엄을 존중하는 행위를 최고로 잘 묘사해 줄 수 있는 일이 일어났다.

존엄에 경의를 표하게 하는 불가사의한 힘 중에는 그것이 순식간에 상호적이 된다는 점도 있다. (순전히 피해자의 결정에 달려 있는) 용서를 하는 것과 달리, 존엄에 경의를 표하는 것은 치유 과정에 피해자와 가해자 양측을 다 끌어들인다. 용서의 접근법과 존엄의 접근법은 매우 다르다. 존엄의 접근법에서는 양측 다 그 관계가 어긋나게 된 데 책임이 있다는, 설사 비중이 똑같지 않을지라도 양측 다 일정한 역할을 했다고 여긴다.

피해자와 가해자 사이의 경계가 분명할 때는 용서의 과정이 어울린다. 하지만 수많은 갈등에서 피해자를 가해자와 분리시키는 경계는 그다지 분명하지 않다. 비록 그 만남을 위해 로니가 가해자로 지명되었다 할지라도, 억압적인 정치체제에 의해 로니가 번번이 피해자였음을 맬컴은 곧 이해하게 되었다. 맬컴의 주의 깊은 경청은 로니와 일체감을 느끼고 공감할 수 있게 해 주었다. 맬컴은 로니를 용서하지 않았다. 그럴 필요가 전혀 없었던 것이다.

《정복해야 할 적이란 없다: 용서 없는 세상에서의 용서 No Enemy to Conquer: Forgiveness in an Unforgiving World》에서 저자 마이클 핸더슨

Michael Henderson은 북아일랜드에서 "분쟁"이 최고조에 달했던 시기에 하원 의원 앤서니 베리 경의 딸 조애너 베리와 베리 경을 살해한 IRA 멤버 팻 매기 사이에 일어난 유사한 화해에 대해 서술하고 있다.[4] 함께한 사적인 만남에서, 그들은 맬컴과 로니가 했던 것처럼 서로 협상을 할 수 있었다. 마주 보고 토론이 이루어지는 동안 일어난 일에 대해 설명하면서 조애너는 그들의 경우 용서가 부적절하다고 말했다.

팻의 이야기에 주의 깊게 귀를 기울임으로써, 그녀는 팻이 적극적으로 IRA에 참여하게 된 좀 더 폭넓은 정치적 상황이라는 억압적 본질을 깨닫게 되었다. 또한 그녀는 만약 자신이 그의 입장이었더라면 같은 길을 선택했을 거라고 말했다.

"내게 권리를 빼앗긴 어떤 상황이 주어진다면, 나 역시 폭력을 쓰겠다는 선택을 할 수 있습니다."

그녀는 용서가 생색내는 것이라고 느꼈는데, 그것은 용서가 그녀가 모든 힘을 다 갖는, 그녀만이 유일하게 옳은 편이 되는 '우리 편-저 편us-them' 시나리오로 그들을 몰고 갔을 것이기 때문이다. 그녀는 말했다.

"팻과 만날 때면 종종, 나는 명확하게 그의 삶에 대해 용서할 것이 전혀 없다는 것을 이해하게 되었습니다."

결국 그들은 서로의 존엄을 존중함으로써 세계와 자신들을 다르게 볼 수 있었다. 조애너는 피해자로서의 정체성을 내려놓고 팻에게서 피해자를 볼 수 있었다.

용서나 존엄의 손길을 내미는 것은 공포와 격노와 복수라는 고정된 반응과는 정 극단 반대편에 있는 감정이 발달하는 차원을 확실하게 보여 준다. 리오넬 나르바에스Leonel Narvaez가 엮은 책 《용서와 화해의 정치 문화Political Culture of Forgiveness and Reconciliation》에서 나는 한 장을 집필했는데, 용서를 하고 존엄을 존중하는 것, 이 두 가지 과정을 통해 우리가 공통된 인간성을 공감하게 되면 감정적으로 고정된 본능을 통제하면서 동시에 우리에게 상처를 가한 사람들에게 손을 내밀 수 있는 모습을 볼 수 있다고 주장했다.[5]

용서를 하는 것과 존엄을 존중하는 것은 매우 다르다. 나는 한쪽이 다른 한쪽보다 조금이라도 더 수월하다는 확신을 갖고 있는 것은 아니다. 그렇지만, 만약 우리가 격노한 상태에서 공통된 인간성에 대한 인정으로 연속적으로 나아가는 것이 정체성의 상처 입은 부분을 내려놓는 고통을 수반하지 않는다면, 아마도 그러한 일은 일어나지 않을 거라고 확신한다.

사회심리학자 마이클 맥컬러Michael McCullough는 화해하고 싶어 하는 열망이 우리 진화적 유산의 일부라는 사실을 보여 준다.[6] 우리 안에 우리에게 상처 준 사람들에게 손을 내미는 본능이 있다는 것은 이치에 닿는다. 서로에 대한 필요성이 복수의 필요성만큼이나 강렬하고, 두 가지 반응 다 생존을 촉진했다는 것이다. 맥컬러는 타인과 다시 관계를 맺고자 하는 열망이 우리 안에 존재하며, 우리는 그것을 발휘할 수 있다고 말한다. 비록 그가 오로지 용서만이 그 목표를 달성하는 수단이라고 기술하고 있기는 하지만, 존엄을 존중하는 것은 용서가 적절치 않다고 느껴질 때 우리에게 선택지를 줌으로써 용서와 다를 바 없는 결과를 낳는다.

"진실 대면하기"를 제작하는 동안, 공감할 수 있도록 힘을 북돋아 주고, 개인적인 통제와 자신의 취약함을 드러내는 것이 허용되도록 마련된 환경은 모두 인간의 존엄을 증진하고 회복하기 위해 설계되었다. 북아일랜드에서 30년간 지속된 폭력적 갈등이 지니는 인간적 측면과 인간적 희생에 초점을 맞추었다. 우리가 비록 정치적 이슈들을 토론하고자 하지는 않았지만, 그 분쟁의 환경을 만들어 내는 데 정치가 수행한 역할, 즉 불평등, 차별, 부당한 정책들을 인정했다. 실제로 불평등, 차별, 부당함은 그 자체로 폭력적 행위였다. 그것들이 초래한 피해는 총상만큼이나 손상을 가하는 것들이다. 그 때문에, 가해자들이 그들이 자라난 환경을 권리를 박탈당하고 모욕을 주는 환경으로 묘사하는 것—그들의 폭력적 행동을 정당화하기 위해서가 아니라 갈등의 주요한 사건들을 일으킨 환경을 개조하기 위해—이 중요했던 것이다.

우리는 폭력적이고 부당한 정치 환경이 초래한 인간적 고통을 드러내고 싶었다. 우리는 총체적으로 그 고통을, 그것의 모든 측면과 각도에서 드러내 보이고 싶었다. 그리고 그것을 감정적으로 보여 주고 싶었다. 중요한 것은 분쟁이 야기한 인간적 고통이 공감되거나 다루어지는 경우가 드물기 때문에 감정적인 고통은 종종 무시되고 축소되며, 심지어 정치적 차원에서는 경시되기도 한다는 점이다. 그리고 아이러니하게도, 심지어 그것은 평화협정이 조인된 이후에도 적대하는 공동체 사이에 분할을 유지하게 하는 다루어지지 않은 손실과 심리적 트라우마로 남는다.

참여자들의 고통을 끝내기 위해 필요한 관심을 기울임으로써 그 고통에 위엄을 부여하는 것이 우리의 목표였다. 우리는 참여자들에게 그들의 말이 경청되고, 그 존재가 확인받고, 인정되고, 이해될 기회를 주고 싶었다. 우리는 그들이 하고 싶은 말을 어떤 것이라도 할 수 있게 함으로써 그들에게 통제권을 주고 싶었다. 우리는 북아일랜드의 양쪽 공동체 모두에게 가능성이라는 감각을 만들고자, 존엄 속에서 서로 나란히 살아가면서 미래를 함께 상상하는 게 가능하려면 치유 과정은 어떤 모습일지 보여 주고자 했다.

우리는 인간적인 과정, 개인적인 기준으로 도덕적 판단을 하지 않는 과정을 만들어 내고자 했다. 우리는 진실의 심판자가 되는 것을 원치 않았다. 우리는 진실이 드러날 수 있게 하고 싶었다. 우리는 가해자들이 피해자의 말 속에서 사랑하는 사람의 상실이 어떤 느낌인지—충격, 전율, 믿기지 않음, 격노—그리고 누군가를 그토록 깊이 그리워한다는 게 어떤 느낌인지 듣기 원했다. 우리는 공격에서 살아남은 피해자들에게, 거의 생명을 앗아 갈 뻔했던 사람들에게 직접 이야기할 기회를 주고 싶었다. 그리고 우리는 피해자 가족과 피해자 자신이 가해자에게 사랑하는 사람들의 죽음 이후로 내내 그들을 사로잡아 온 질문들을 할 수 있는 힘을 갖기를 바랐다.

가해자들에게 배경 이야기를 할 기회를 부여하는 것 말고도, 우리는 그들에게 자신들이 그토록 근본적으로 삶에 영향을 끼쳤던 사람들과 마주 보게 되는 기회를 제공함으로써, 그들이 피해자들을 비정상적인 상실감 속에서 살아가는 정상적인 인간으로 볼 수 있기를 바랐다. 즉, 우리는 자신들이 야기한 고통을 겪고 있는 사람들의 얼굴을 들여다보게 함으로써 가해자들이 정치적으로 정당화한 행위를 인간화하고 싶었다.

모든 가해자들이 살인을 저지르기 위해 피해자들을 비인간화할 필요가 있었다는 것을 알게 되었다고 말했다. 그들이 지적할 수 없었던 것은 자신들이 그 과정에서 스스로를 비인간화했다는 사실이었다. 그들은 누군가의 생명을 박탈하는 것에 무서움을 느끼는 자신의 일부로부터 분리되었다. BBC에서 만남을 통해 우리는 그들이 행위의 결과를 느낄 수 있는 환경을 만들어 내고자 했다. 아이러니하게도, 피해자들이야말로 가해자들이 그렇게 하도록 도와준 당사자들이었다. 피해자들의 가슴 아픈 이야기에 귀를 기울인 것이 그들로 하여금 자신들이 저지른 행동의 결과를 느끼게 해 주었다. 이 느낌은 피해자들이 준 의도하지 않은 선물이었다. 그리고 느낌이 되돌아 왔을 때, 가해자들은 온전한 인간성—내가 진정한 치유는 바로 이런 것이라고 믿는—과 다시 연결되었다. 그들은 인간이 된다는 것이 의미하는 모든 측면, 즉 사랑하고 미워할 수 있는 능력, 타인과 관계 맺을 수 있는 능력, 그리고 그들과 폭력적으로 관계를 단절할 능력들을 본래의 모습으로 회복할 기회를 가졌다.

만약 사람들이 자신이 지닌 온전한 인간성과 연결된다면, 그들은 자신들이 타인에게 고통을 준 것을 뉘우치거나 부끄러워할 것이다. 그리고 만약 치유가 목표라면 그들은 그러한 고통스러운 감정에 다시 연결되어야 하고 그것들을 자기 이미지로 통합해 내야 한다. 만약 화해가 목표라면, 피해자와 가해자 모두가 상대의 상실을 느낌으로써 서로 다시 연결되어야 한다.

만남 속에서 체험한 것들은 적절한 환경을 만들면 폭력적인 갈등 속에서 말로 다 표현할 수 없는 상실을 겪은 사람들이 서로를 치유할 수 있고 서로 화해할 수 있다는 것을 재확인하도록 해 주었다. 하지만 적절한 환경이 존재한다 할지라도, 모든 사람이 치유와 화해를 할 준비가 되어 있는 것은 아니다. 그 길을 따라가는 발걸음이 누군가에게는 다른 사람들보다 더 힘이 든다. BBC 시리즈에 참여하는 이유는 개인적인 것에서 감정적인 것, 정치적인 것까지 다양했다. 참여자들 중 소수는 치유가 화해에 이르기에는 너무 멀리 있었다. 두 피해자에게는 사랑하는 사람이 민병대 조직에 개입한 것을 해명하는 것으로 족했다. 맬컴과 로니에게 참여는 참된 재결합을 가져다주었다.

나는 우리 모두가 그들이 했듯이 화해할 수 있는 역량을 갖고 있다고 생각하고 싶다. 우리가 동료들이나 사랑하는 사람들과 논쟁에 빠져들어 결국 부지불식간에 서로의 존엄을 침해하게 되었을 때, 우리는 상대의 눈을 바라보며 이렇게 말할 수 있을까?

"나는 당신을 이해하고 싶어요. 당신이 내 이야기를 귀 기울여 듣고 싶어 하는 만큼 나 역시 당신의 말을, 당신의 이야기를 귀 기울여 듣고 싶어요."

이렇게 말할 수 있을까?

내가 옳은 편이고 싶어 하는 욕구가 큰 만큼이나 우리의 관계가 중요하다고 상대에게 말할 수 있었으면 좋겠다. 나는 한 국가가 다른 국가에게 그렇게 말할 수 있다고 생각하고 싶다. 존엄을 존중하는 것은 그 하나의 출발점이 된다.

22장
존엄의 약속

서로를 위해 삶을 조금 더 기분 좋게 하려는 것이 아니라면
무엇 때문에 우리가 여기에 있겠는가?
조지 엘리어트

신경과학자로 훈련받은 소아정신과 의사 브루스 페리는 심리적 상처를 치유하는 데 우리가 알아야 할 가장 중요한 것으로 애정 어린 지지를 받는 관계가 힘을 갖는다는 점이라고 썼다.[1] 심지어 그는, 전문적인 치료적 관계가 중요하기는 하지만 치료 외부에서 일어나는 일이 치유에 훨씬 더 도움이 될 수 있다고도 말한다.

존엄이라는 완전한 행위, 사람들의 말에 귀 기울이고 그들의 존재와 경험, 고통에 공감하는 일은 사람들의 자존감을 회복하게 해 준다. 나는 그런 일이 일어나는 것을 수없이 목격했다.

사람들이 자신이 가치 있는 사람이라는 감각에 손상을 입을 때, 품위 있는 태도로 그것을 다루는 법을 아는 사람들과 함께 보내는 시간은 해독제 역할을 한다. 페리가 말하듯, 이러한 타인들은 트라우마에 대해 심리적으로 알고 있거나 정통할 필요가 없다. 그들은

단지 사랑을 주고 관심을 기울여 주는 것으로 충분하며, 관대하고 섬세하기만 하면 된다. 존엄을 존중하는 행위가 사랑이 아니라면 과연 무엇이 사랑이겠는가?

만약 우리가 일상생활 속에서 존엄의 필수 요소들을 깨달아 존엄을 존중하는 일을 실천할 수만 있다면, 우리 모두가 공통으로 안고 있는 손상을 치유하는 데 막대한 공헌을 하게 될 것이다. 그 성과는 치유에 그치지 않는다. 존엄을 존중하는 행위는 그 자체로 강한 힘을 갖고 있다. 우리를 기분 좋게 하고 멋져 보이게 하며, 우리 각자에게서 최선을 끌어내 준다. 우리가 존엄을 타인에게 베풀 때 우리는 더 많은 배려심을 갖게 되고, 애정이 더 깊어지며, 더 많은 동정심을 갖게 될, 요컨대 더욱더 인간적이 될 가능성에 우리 자신을 열게 된다. 이제 마침내 투투 대주교가 말한 우분투ubuntu가 의미하는 바를 이해하게 된 것 같다. 그는 "인간은 다른 사람 덕분에 인간이 된다."고 믿는다.

"나의 인간성은 당신들의 인간성과 불가분하게 얽혀 있고 밀접하게 관련되어 있다."

우리는 함께할 때만 인간이 될 수 있다.[2]

인간으로서 책임을 진다는 것에는 발달 과정에서 우리가 누구인지, 우리가 어떤 것에 저항하는지 인식하는 것도 포함된다. 존엄이 손상될 때 우리가 보이는 파괴적 반응을 통제하는 법을 배우는 일은 우리가 직면한 난제 중 하나이다. 동시에, 다른 사람의 존엄을 존중하고 자신의 존엄을 인정받는 체험에서 오는 기쁨과 행복은 성취할 수 있는 가장 큰 감정의 황홀감 중 하나이다.

하버드 성인 발달 연구 책임자인 조지 베일런트George Vaillant는 기쁨, 사랑, 연민, 용서라는 긍정적 감정을 체험하는 것이 영적인 삶의 진수라고 믿는다. 그는 영성spirituality을 "우리를 다른 인간에, 그리고 신에 대한 체험에 결합시키는 긍정적 감정의 혼합물"이라고 규정한다. 그는 사랑, 희망, 기쁨, 용서, 연민, 믿음, 외경과 감사하는 마음을 "영적으로 중요한 긍정적 감정들"로 꼽는다. 전부가 다 "인간관계와 관련되어 있다. 여덟 가지 중 어떤 것도 '나만을 위한 것'이 아니다."[3] 그리고 그는 인간관계와 관련되는 감정들은 우리를 더 관대하게 만든다고 말하는데, 우리가 관심 갖는 범위를 넓혀 줌으로써 우리의 본래 모습을 확장시킨다는 것이다. 영적인 삶을 산다는 것은 기쁨을 서로가 함께 체험하는 것, 상대가 지닌 가치의 힘을 느끼는 것, 우리가 다른 사람과 대면할 때마다 우리를 기다리고 있는 인간관계를 체험하는 것을 의미한다.

나는 우리가 존엄을 배우고 존엄이 우리의 사회적, 감정적 행복에서 수행하는 역할을 배우는 것이 인간으로서 책무라고 본다. 만약 우리가 무지한 채로 남아 있게 된다면, 폭력에 시달리는 세상에서 눈에 띄는 변화를 보게 될 가능성은 거의 없을 것이다. 《사랑에 대한 과학적 접근The Scientification of Love》의 저자 마이클 오덴트Michael Odent는 우리에게 폭력을 이해하는 일에 그렇게 많은 관심을 기울이는 대신에 서로를 사랑하는 법을 배우라고 권유한다.[4] 그렇다면, 서로가 가치 있고 중요한 사람이라고 인정하는 것보다 우리의 사랑을 보여 줄 수 있는 더 나은 방법이 무엇이겠는가? 이것은 우리에게 존엄이 어떤 느낌을 주는지 실마리가 되어 주지 않는가? 사랑한다는 것이 이런 느낌 아니겠는가?

주석

서문

1 Evelin Lindner, "The Concept of Human Dignity," 2006, http://www.humiliationstudies.org/whoweare/evelin02.php
2 Evelin Lindner, *Emotion and Conflict* (Westport, CT: Praeger, 2009).
3 Michael J. Sandel, *Justice: What's Right Thing to Do?* (New York: Farrar, Straus and Giroux, 2009).
4 Marco Iacoboni, *Mirroring People: The New Science of How We Connect with Others* (New York: Farrar, Straus and Giroux, 2008).
5 Frans de Waal, *The Age of Empathy: Nature's Lessons for a Kinder Society* (New York: Harmony Books, 2009); Judith V. Jordon and Linda M. Hartling, "New Developments in Relantional-Cultural Theory," in M. Ballou and L. S. Brown, eds., *Rethinking Mental Health and Disorder: Feminist Per-spectives* (New York: Guilford Publications, 2002), 48-70. For ongoing work on relational cultural theory, which grounds human development in the context of relationships, see Jean Baker Miller's book, *Toward a New Psychology of Women* (Boston: Beacon Press, 1976), as well as the work of her colleagues Jordon and Hartling.
6 De Waal, *Age of Empathy*; see Naomi I. Eisenberger and Matthew D. Lieberman, "Why It Hurts to Be Left Out: The Neurocognitive Overlap between Physical Pain and Social Pain," *Trends in Cognitive Sciences 8*, no. 7 (2004): 294-300
7 Joseph LeDoux, *The Emotional Brain: The Mysterious Underpinnings of Emotional Life* (New York: Simon and Schuster, 1996). On shame reactions, see Thomas J. Scheff and Suzanne M. Retzinger, *Emotions and Violence: Shame and Rage in Destructive Conflicts* (Lexington, MA: lex-ington Books, 1991).
8 Jill Bolte Taylor, My Stroke of Insight: *A Brain Scientist's Personal Journey* (New York: Viking, 2006).
9 John Cosmides, John Tooby, and Jerome H. Barkno, "Introduction: Evolutionary Psychology and Conceptual Integration," in *The Adapted Mind: Evolutionary Psychology and the Generation of Culture*, ed. Jerome H. Barkow, Leda Cosmides, and John Tooby (New York: Oxford University Press, 1992), 1-15.
10 Richard Restak, *The New Brain* (Emmaus, PA: Rodale Press, 2003).
11 De Waal, *Age of Empathy*; S. W. Taylor, L.C. Klein, B. P. Lewis, T. L. Gruenewald, R. A. R. Gurung, and J. A. Updegraff, "Biobehaviral Responses to Stress in Females: Tend-and-Befriend, Not Fight-or-Flight," *Psychological Review* 107 (2000): 411-429.
12 Evelin Lindner, *Gender, Humiliation, and Global Security* (Westport, CT: Praeger, 2010); William Ury, *Getting to Peace: Transforming Conflict at Home, at Work, and in the World* (New York: Vi-king, 1999).
13 Lindner, *Gender, Humiliation, and Global Security*, 6, 7. Evelin Lindner attributes the phrase "security dilemma" to international relations scholar Hohn H. Herz; see J. H. Herz, "Idealist Internatinalism and the Securiy Dilemma," *World Politics 2* (1950): 157-180.
14 Robert W. Fuller, *Somebodies and Nobodies: Overcoming the Abuse of Rank* (Gabriola Island, Canada: New Societies Publishers, 2003).

15 Daniel Goleman, *Social Intelligence* (New York: Bantam Books, 1995).
16 Scheff and Retznger, *Emotions and Violence*.
17 Daniel Goleman, *Emotional Intelligence* (New York: Bantam Books, 1995).
18 Felipe Fernandez-Arnesto, *Humankind: A Brief History* (Oxford: Oxford University Press, 2004), 170.
19 Scheff and Retznger, *Emotions and Violence*.
20 Michael E. McCullough, *Beyond Revenge: The Evolution of the Forgiveness Instinct* (San Fran-cisco: Jossey-Bass, 2008).
21 N. I. Eisenberger, M. D. Leiberman, and K. D. Williams, "Does Rejection Hurt? An fMRI Study of Social Exclusion," *Science* 302 (2003): 290-292.
22 Scheff and Retznger, *Emotions and Violence*.
23 Scheff and Retznger, *Emotions and Violence*.
24 인간의 사회적 인식의 중심 개념은 우리가 우리와 다른 사람들과 세계가 불가분하게 연결되어 있다는 것을 알 때 자기 중심에서 좀 더 "사회 중심적"으로 발전한다는 것이다.
25 이 부분은 안토니오 다마시오Antonio Damascio의 책 *The Feeling of What Happens: Body and Emotion in the Making of Consciousness* (San Diego: Harcourt, 1999)에서 사용했다. 건강한 사회 적응에 대해서는 제니퍼 S. 비어Jennifer S. Beer가 쓴 다음의 글을 참조하라. "The Importance of Emotion-Social Congnition Interaction for Social Functioning," in *Social Neuroscience: Integrating Biological and Psycological Explanation of Social Behavior*, ed. Eddie Harmon-Jones and Piotr Winkielman (New York: Guilford Press, 2007), 15-30.

1부

1 버튼과 켈먼의 접근법에 관한 추가 문헌, John Burton, *Conflict: Human Needs Theory* (London: Macmillan, 1990); Herbert C. Kelman, "Informal Mediation By the Scholar/Practitioner," in E. Weiner, ed., *The Handbook of Interethnic Coexistence* (New York: Continuum, 1998), 310-331.
2 Burton, *Conflict*
3 '인간의 존엄과 굴욕 연구 네트워크'에 대한 정보는, http://www.humiliationstudies.org. 린다 하틀링이 그 네트워크의 집행 위원장이다.
4 Evelin Lindner, *Making Enemies: Humiliation and International Conflict*. (Westport, CT: Praeger Security International, 2006).
5 Peter T. Coleman, "Characteristics of Protracted, Intractable Conflict: Toward the Development of a Metaframework-I," *Peace and Conflict: Journal of Peace Psychology* 9, no. 1 (2003): 1-37; Peter T. Coleman, Jennifer S. Goldman, and Katharina Kugler, "Emotional Intractability: Gender, Anger, Aggression and Rumination in Conflict," *International Journal of Conflict Management* 20, no. 2 (2009): 113-131.
6 동예루살렘에 사는 루시 누세이베는 '중동 비폭력과 민주주의MEND'의 설립자이자 집행국장이고, 알-쿠드Al-Qud 대학 현대미디어연구소 소장이다. 또한 '국제 비폭력 평화군 거버넌스 위원회NP' 회원이면서 '무력 분쟁 방지를 위한 글로벌 파트너십GPPAC'의 의식 향상 실무 그룹에서 공동 의장을 맡고 있다.

1장

1 Robert Kegan, *The Evolving Self* (Cambridge, M.A.: Harvard University Press, 1982).

2 Susan Opotow, "Deterring Moral Exclusion," *Journal of Social Issues* 46, no. 1 (1990): 173-182/
3 John Burton, *Conflict: Needs Theory* (London: Macmillan, 1990)
4 James Gilligan, *Violence: Reflections on a National Epidemic* (New York: Vintage Books, 1997).
5 주격 나와 목적격 나$_{Me}$가 처음 소개된 것은 윌리엄 제임스의 책 심리학의 원리 *The Principles of Psychology* (New York: Henry Holt, 1890).
6 Louis Cozolino, *The Neuroscience of Psychotherapy* (New York: Norton, 2000).

3장
1 N. I. Eigenberger and M. D. Lieberman, "Why It Hurts to Be Left Out: The Neurocognitive Overlap between Physical Pain and Social Pain," *Trends in Cognitive Sciences* 8, no. 7 (2004): 294-300.
2 Louis Cozolino, *The Neuroscience of Psychotherapy* (New York: Norton, 2010).
3 Judith Herman, *Trauma and Recovery* (New York: Basic Books, 1992).
4 Bruce Perry and Maia Szalavitz, *The Boy Who Was Raised as a Dog: What Traumatized Children Can Teach Us about Loss, Love, and Healing* (New York: Basic Books, 2006).
5 초기 유년기의 학대와 방치가 지속적으로 미치는 영향과 관련하여 자신의 통찰력을 공유해 준, 유년기 트라우마 치유를 전공한 캠브리지의 치료 전문가 아만다 커틴$_{Amanda\ Curtin}$에게 감사한다.
6 Jenifer Freyd, *Betrayal Trauma: The Logic of Forgetting Childhood Abuse* (Cambridge, MA: Harvard University Press, 1996).

5장
1 Paul Woodruff, *Reverence: Renewing a Forgotten Virtue* (New York: Oxford University Press, 2001), 41.
2 Richard Dawkins, *The Greatest Show on Earth* (New York: Free Press, 2009).
3 Woodruff, *Reverence*, 4.

7장
1 Nelson Mandela, *Long Walk to Freedom* (New York: Back Bay Books, 1995), 391: 아파르트헤이트 이후 남아공 백인들의 공포에 관한 문제를 다룬 기자회견문은 568쪽에 있다.
2 Mandela, *Long Walk to Freedom*, 391.
3 Mandela, *Long Walk to Freedom*, 622.

2부

10장
1 David M. Buss, *Evolutionary Psychology: The New Science of the Mind* (Boston: Pearson, Allyn and Bacon Press, 2004).
2 Jerome Barkow, *Missing the Revolution: Darwinism for Social Scientists* (Oxford: University Press, 2006,) 37.
3 스티븐 핑커$_{Steven\ Pinker}$, 빈 서판: 인간은 본성을 타고나는가*The Blank Slate: The Modern Denial of Human Nature* (New York Viking Press, 2002).
4 Robin I. M. Dunbar and Louise Barrett, Handbook of Evolutionary Psychology (Oxford: Oxford University Press, 2007).

12장

1 Steven Pinker, The Blank Slate: *The Modern Denial of Human Nature* (New York: Viking Press, 2002).
2 Daniel Gilbert, *Stumbling in Happiness* (New York: Knopf, 2006).

13장

1 Steven Pinker, 빈 서판: 인간은 본성을 타고나는가*The Blank Slate: The Modern Denial of Human Nature* (New York: Viking Press, 2002).
2 Donna Hicks, "화해 증진에서 복원의 역할The Role of Reconstruction in Promoting Reconciliation," in 용서와 화해*Forgiveness and Reconciliation*, ed. Raymond G. Helmick and Rodney Lawrence Petersen (Philadelphia: Templeton Foundation Press, 2000), 129-149.
3 Robert Kegan, The Evolving Self (Cambridge, MA: Harvard University Press, 1982).
4 허버트 켈먼의 "국제분쟁의 사회심리학적 측면Social Psychological Dimensions of International Conflict," I. W. Zartman and J. L. Rasmussen, eds., 국제분쟁에서 평화 조성: 방법과 기술*Peacemaking in International Conflict: Methods and Techniques* (Washington, DC: United States Institute of Peace Press, 1997), 191-236; R. Holt and B. Silverstein, "적 이미지의 심리학에 대하여: 소개와 개관On the Psychology of Enemy Images: Introduction and Overview," *Journal of Social Issues* 45, no. 2 (1989): 1-11; and B. Silverstein and C. Flamenbaum, "적의 행동에 대한 인식과 인지에서의 편견Biases in the Perceptions and Cognition of the Actions of Enemies," *Journal of Social Issues* 45, no. 2 (1989): 51-72.
5 Frans de Waal, *The Age of Empathy: Nature's Lessons for a Kinder Society* (New York: Harmony Books, 2009).
6 캐시 로스-도케는 2009년 4월에 하버드 신학교에서 열린 아이비리그와 군부에 관한 컨퍼런스conference on the Ivies and Military에서 발표를 했다. Kathy Roth-Douquet and Frank Schaeffer, *AWOL: The Unexcused Absence of America's Upper Classes from the Military and How It Hurts Our Country* (New York: Collins Books, 2006).

14장

1 Bruce Perry and Maia Szalavitx, *The Boy Who Was Raised as a Dog: What Traumatized Children Can Teach Us about Loss, Love and Healing* (New York: Basic Books, 2006); and Donald Winnicott, "The Mirror Role of the Mother and Family in Child Development,", in *The Predicament of the Family: A Psycho-analytic Symposium*, ed. Peter Lomas (London: Hogarth Press and the Institute of Psycho-Analysis, 1967), 26-33.
2 "사랑은 돌봄"이라는 통찰력에 대해 수전 헤이건에게 고마움을 전하고 싶다.
3 Donald Winnicott, *The Child, the Family, and the Outside World* (London: Penguin Books, 1991).
4 Elizabeth Gilbert, *Committed: A Skeptic Makers Peace with Marriage* (New York: Viking, 2010), 5.

15장

1 Daniel Goleman, Social Intelligence: *The New Science of Human Relations* (New York: Bantam Books, 2006), 5.
2 Goleman, *Social Intelligence*, 10.
3 John J. Ratey, *A User's Guide to the Brain* (New York: Vintage Books, 2001); Goleman, *Social Intelligence*, 11.
4 Goleman, *Social Intelligence*, 12.

16장

1 Daniel Goleman, *Social Intelligence: The New Science of Human Relationships* (New York: Bantam Books, 2006), 5.
2 Dean Ornish, 관계의 연금술 *Love and Survival* (New York: Harper Perennial, 1998).
3 Goleman, *Social Intelligence*, 5.
4 Alexander Lowen, *Narcissism: Denial of the True Self* (New York: Touchstone Books, 1997).
5 Thomas J. Scheff and Suzanne M. Retzinger, *Emotions and Violence: Shame and Rage in Destructive Conflicts* (Lexington, MA: Lexington Books, 1991).
6 Roger Fisher and William Ury, *Getting to Yes* (New York: Penguin Press, 1982), 97.
7 Kevin Ochsner, "How Thinking Controls Feeling: A Social Cognitive Neuroscience Approach," in *Social Neuroscience*, ed. Eddie Harmon-Jones and Piotr Winkielman (New York: Guilford Press, 2007), 106-131.
8 Ben N. Uchino, Julianne Holt-Lunstad, Darcy Uno, Rebecca Campo, and Maia Reblin, "The Social Neuroscience of Relationships: An Examination of Health Relevant Pathways," and Shelly E. Taylor and Gian C. Gonzaga, "Affiliative Response to Stress: A Social Neuroscience Model," both in Harmon-Jones and Winkielman, *Social Neuroscience*.

17장

1 Judith Herman, *Trauma and Recovery* (New York: Basic Books, 1997).
2 Frand de Waal, *The Age of Empathy: Nature's Lessons for a Kinder Society* (New York: Harmony Books, 2009).
3 De Waal, *The Age of Empathy*, 115.
4 Daniel Goleman, *Social Intelligence: The New Science of Human Relationships* (New York: Bantam Books, 2006).
5 Emily Dickinson의 시 "말하라 모든 진실을. 하지만 에둘러 말하라 Tell All the Truth but Tell it Slant"에서 인용.

18장

1 Robert Kegan, *In Over Our Heads* (Cambridge, MA: Harvard University Press, 1994). 여기서 키건의 이론을 세세한 부분까지 제대로 설명하는 것은 불가능할 일이 될 것이다. 그의 정신 발달 이론에 대해 흠잡을 데 없이 서술해 놓은 그의 글들을 일독할 것을 권한다.
2 Robert Kegan, *Evolving Self* (Cambridge, MA: Harvard University Press, 1982).
3 Robert Kegan and Lisa Laskow Lahey, *Immunity to Change: How to Overcome It and Unlock the Potential in Yourself and Your Organization* (Cambridge, MA: Harvard Business Press, 2009).
4 Kegan and Lahey, *Immunity to Change*, 54.
5 Jean Baker Miller, *Toward a New Psychology of Women*, 2nd ed. (Boston: Beacon Press, 1986).
6 Kegan, *In Over Our Heads*.
7 Kegan and Lahey, *Immunity to Change*.

19장

1 Frans de Waal, *The Age of Empathy: Nature's Lessons for a Kinder Society* (New York: Harmony Books, 2009).
2 Pierre Janet, *L'Automatisme psychologique* (Paris: Felix Alcan, 1889).
3 Melanie Klein, "Notes on Some Schizoid Mechanisms," International Journal of

Psychoanalysis 27, no. 3 (1946): 337-373.
4 Peggy Vaughan, *The Monogamy Myth: A Personal Handbook for Recovering from Affair*, 3rd ed. (New York: Newmarket Press, 2003).

20장

1 Louise Barrett, Robin Dunbar, and John Lycett, *Human Evolutionary Psychology* (Princeton, NJ: Princeton University Press, 2002).

3부

21장

1 BBC 벨파스트의 제러미 애덤스Jeremy Adams가 제작 총지휘를 맡고, 존 오케인John O'Kane과 자넷 발라드Jarnette Ballard가 공동 제작자로 참여했으며, BBC 런던의 퍼갈 킨Fergal Keane이 사회자였다. 프로그램은 북아일랜드의 밸리 월터 파크에 있는 던리스 가의 대저택에서 촬영되었다.
2 귄터 그라스, 1999년 12월 7일 노벨상 수상 연설, http://Nobelprize.org/.
3 Judith Herman, *Trauma and Recovery* (New York: Basic Books, 1992).
4 Michael Henderson, *No Enemy to Conquer: Forgiveness in an Unforgiving World* (Waco, TX: Baylor University, 2009).
5 Donna Hicks, "Dignity and Forgiveness: Pathways to Emotional Development," in *Political Culture of Forgiveness and Reconciliation*, ed. Leonel Narvaez (Bogotá: Fundación para la Reconciliatión, Colombia, 2010), 99-114.
6 Michael E. McCullough, *Beyond Revenge: The Evolution of the Forgiveness Instinct* (San Francisco: Jossey-Bass, 2008).

22장

1 Bruce Perry and Maia Szalaviz, *The Boy Who Was Raised as a Dog: What Traumatized Children Can Teach Us about Loss, Love, and Healing* (New York: Basic Books, 2006).
2 Desmond Tutu, *No Future without Forgiveness* (New York: Doubleday, 2000).
3 George E. Vaillant, *Spiritual Evolution* (New York: Broadway Books, 2008), 5.
4 Michael Odent, *The Scientification of Love* (London: Free Association Books, 2001).

찾아보기

ㄱ

가치 있음 156, 209, 217
가톨릭구제회CRS Cathoolic RElief Services 101
갈등
  회피하기 170~191
  해결 8, 11, 12, 56, 70, 119, 238
갈등, 인간 욕구 이론human-needs theory of conflict 49
감수성 48, 57, 162
거울 뉴런 23, 126, 136, 142, 151, 158, 166, 194
격노 257, 259
경청 9, 13, 47, 48, 87, 110, 113, 114, 116, 117, 118, 122, 160, 163, 177, 180, 247, 255, 259
개방성 45
개인화 58, 59, 188, 189
개체화 211
계몽
  철학자 21
  운동 98
공감 9, 19, 26, 29, 32, 45, 47, 50, 52, 53, 57, 78, 79, 80, 85, 87~91, 94, 97, 114, 136, 139, 151, 152, 159, 160, 163, 177, 180, 193, 194, 195, 197, 201, 223, 224, 247, 251, 252, 255, 257, 258, 262
공격 도피 본능 26, 141
공정함 11, 47, 97, 100~104
공유 5, 6, 33, 34, 38, 96, 110, 134, 140, 189, 201, 223, 225, 226, 230, 232, 252, 255, 267
관계 치유 234~235
굴욕/모욕 9, 10, 11, 22, 24, 31, 35, 38, 39, 40, 42, 43, 47, 51, 53, 61, 63, 75, 77, 80, 81, 83, 84, 88, 91, 95, 97, 102, 103, 104, 106, 114, 130, 138~140, 143, 144, 148, 174, 175, 186, 188, 189, 197, 202, 221~227, 229, 239, 258, 266
권위 200~204
귄터 그라스 248, 270
그릇된 친밀감 130, 228~233
기쁨 263, 264

ㄴ

나르시시즘 177~186
나오미 아이젠버거Eisenberger, Naomi 77
남성
  성공 155
  평등 113~118
"너 자신을 알라" 157
남아프리카공화국 6, 22, 105, 106, 108, 237, 238, 241, 267
넬슨 만델라Mandela, Nelson 22, 106, 107, 108, 110
《자유를 향한 머나먼 길》 105
노출 29, 142, 143, 149, 168, 171, 172, 173, 175, 191, 201, 213~220, 222, 226, 249, 252, 258
농업인 27
뇌
  대뇌 변연계 24, 195, 203,
  대뇌 신피질 26
  신경유연성 167
  신경 가교 172
  편도체 188, 195
  전대상피질 188
  거울 뉴런 23, 126, 136, 142, 151, 166, 194
  신경 회로 172, 194

ㄷ

대니얼 골먼Goleman, Daniel 《사회적 지성: 인간관계에 대한 새로운 과학》 29, 30, 166
대니얼 길버트Gilbert, Daniel 《행복과의 조우》 145
대화식 문제 해결 접근법 49
데즈먼드 투투 대주교 7, 108, 109, 110, 111, 112, 237, 238, 239, 240, 247, 248, 249, 252, 263
독립성 122, 208, 209, 212
동정심 142, 263
뒷말 231~233
딘 오니시Ornish, Dean 《사랑과 생존》 173

ㄹ

레슬리 빌린다Bilinda, Lesley 108, 109, 238,

239
로버트 키건Kegan, Robert 204~213
로버트 풀러Fuller, Robert 28
로빈 던바Dunbar, Robin 231
로저 피셔와 윌리엄 유리Fisher, roger, and William Ury《예스를 이끌어내는 협상법》 184, 185
로즈 켈먼Kelman, Rose 72
루시 누세이베Nusseibeh, Lucy 52, 266
르네상스 21, 28
리더십 95~99, 103, 113, 114, 214
리오넬 나르바에스Narvaez, Leonel. ed.《용서와 화해의 정치 문화》 257
리처드 도킨스Dawkins, Richard 98
린다 하틀링Hartling, Linda 23, 51, 266

ㅁ

마이클 맥컬러McCullough, Michael 257
마이클 오덴트Odent, Michel《사랑에 대한 과학적 접근》 264
마이클 핸더슨Henderson, Michael《정복해야 할 적이란 없다: 용서 없는 세상에서의 용서》 256
마크 샌포드Sanford, Mark 142
면역체계 167, 173
매튜 리버만Lieberman, Matthew 77
멜라니 클라인Klein, Melanie 224
미끼 물기 128, 135~140
믿음 21, 28, 83, 85, 99, 112, 149, 159, 163, 180, 203, 209, 218, 219, 244, 264

ㅂ

바트나BATNA best alternative to a negociated agreement 184~186, 191
버락 오바마 56, 57, 58, 61
배제 10, 40, 58~60, 73, 103, 187, 229, 248
변화에 저항함 206
복수 29, 32, 61, 62, 65, 106, 137, 230, 257
부인Denial 83, 219, 221, 225, 226
북아일랜드 5, 8, 13, 108, 234, 236, 237, 238, 256, 258, 259, 270
분노 5, 22, 25, 28, 36, 40, 41, 53, 61, 88, 90, 93~96, 104, 105~112, 115, 117, 122, 136, 140, 202, 224, 229, 230

분열 223, 224, 225
불평등 103, 258
브루스 페리Perry, Bruce 81, 82, 262

ㅅ

사과 48, 50, 63, 123~127, 128, 146
사랑 5, 19, 26, 29, 69, 74, 81, 85, 106, 107, 108, 147, 152, 158, 159, 160, 173, 245, 250, 252, 259, 260, 261, 263, 264
상호 의존 210~217
성적 위계 문제 113~118
생존
  관계 23, 25, 32, 133, 162, 231, 234, 257
  진화 25, 26, 33, 42, 127, 132, 150, 161, 169, 171, 172
  자기 보존 28, 30, 33, 131, 192, 206, 221, 226
세계인권선언 5, 9, 10
셸리 테일러Taylor, Shelly 26
소속감 69~74
소수민족 30
소수 집단 73, 121
소아애 144
소외 37, 40, 70, 73, 229, 241
손실 회피 172
수잰 레칭어Retzinger, Suzanne M. 29, 37, 41, 179, 190
수치심 24, 30, 37, 41, 43, 44, 80, 117, 133, 134, 179, 180, 190, 191, 204, 215
슐라무스 쾨니히Koenig, Shulamuth 8, 113
스리랑카 8, 100, 101, 102
스티븐 핑커Pinker, Steven 150, 267
슬로보단 밀로셰비치 221
시드니 실바Silva, Sydney 100
신뢰 40, 47, 48, 77, 105, 113, 195, 196, 202, 231, 247
신성불가침 149, 187
신성함 107, 239, 252

ㅇ

아리엘라 베어리Baiery, Ariella 72, 73, 74
아부그라이브 교도소 144
아일랜드공화국군IRA 236, 238, 241, 242,

244, 250, 251, 256
아프리카민족회의African National Congress 106
안전 20, 25, 26, 29, 47, 49, 51, 60, 69, 72, 74, 75~86, 95, 102, 110, 129, 150, 161, 165, 166, 168, 194, 195, 201, 211, 212, 214, 217, 219, 220, 230, 231, 249, 251, 252
알렉산더 로웬Lowen, Alexander 《나르시시즘》 177~178
약속 48, 123, 226, 262
양심 21, 150
어린 시절
  의존 158, 163, 204
  안전 159, 163
  존엄 침해 81, 83, 84, 158, 160, 205, 209
여성차별철폐협약CEDAW Conventional on the Elimination of Discrimination Against Women 9
연결
  본능 78, 142
  두뇌 167
  타인 65, 209, 216
  인간성 260
  존엄과 존중 11
  생존 23
  존재 65
영성 264
앤서니 베리Berry, Anthony 256
엘리너 루스벨트 120
엘리자베스 길버트Gilbert, Elizabeth 《결혼해도 괜찮아》 162
오만arrogance 99
옥시토닌 190
요한 볼프강 폰 괴테 8
용서 13, 125, 126, 142, 239, 247, 251, 253, 264
우리 편-저 편 256
우분투 263
우월 28, 46, 55, 59, 98, 125, 156, 161, 163
유혹 12, 19, 66, 78, 97~99, 118, 128, 129, 131, 134, 136, 141, 142, 145, 146, 154, 156, 159, 160, 161, 163, 165, 172, 180, 191, 192 198, 222~227, 231, 232, 233
윌리엄 바이스버그Weisberg, William 100, 123
윌리엄 슬론 코핀Coffin, William Sloane 78
윌리엄 어네스트 헨리Henley, William Ernest "인빅터스" 110~111
윌리엄 유리Ury, William 27~28, 184, 185

윌리엄 제임스James, William 12, 62, 64, 235, 267
이매뉴얼 칸트 12, 21, 169
이민 73~74
이블린 린드너Lindner, Evelin 20, 27, 28, 51
  《젠더, 굴욕, 세계 안보》 27
이스라엘 팔레스타인 관계 146~151, 193~199
이안 워들리Wadley, Ian 196, 197
이종교 간 대화 123~127
이해 48~54, 113~118
인간 게놈 계획 33
인간성 38, 39, 52, 66, 106, 107, 132, 142, 145, 151, 169, 177, 197, 199, 223, 225, 227, 239, 241, 248, 251, 255, 257, 260, 263
인권 9, 28
인권배움운동PMHRI, People's Movement for Human Rights Learning 8, 113
인빅터스Invictus 110
인지 137, 141, 150, 151, 152, 178, 182, 188, 196, 205, 268

ㅈ

자각 6, 18, 28, 34, 39, 40, 85, 97, 137, 139, 143, 145, 179, 218, 226
자기 보존 욕구/본능 25, 27, 37, 142, 144, 146, 150, 157, 162, 192, 195, 202, 226, 254
자기 인식 34, 80, 176, 210, 232
자기 주장 226
자기 확장 본능 26, 27
자살 21, 139, 143
자제 17, 61, 63, 67, 128, 134, 135, 138, 139, 140, 160, 161, 186, 189, 226
자주성 48, 119~122
적대 150, 153, 195, 258
전망 이론 213
정신분열 224
정언명령 21
정체성
  수용 10, 46, 55~68, 151, 257
  욕구 30, 42, 51, 117, 121
  안전 150
  사회적 형성 측면 139, 148, 149, 150, 151, 165, 223, 251, 256

제니퍼 프레이드Freyd, Jennifer 83
제롬 바코Barkow, Jerome 132
제임스 길리건Gilligan, James 《폭력》 61
조애너 베리Berry, Joanna 256
조지 베일런트Vaillant, George 263
조지 엘리어트Eliot, George 262
존 버튼Burton, John 49, 50, 51, 61
존엄Dignity
  어린 시절 81~86
  계급 배경 155~156
  문화 36
  조치 186~191
  정의 16
  진화론적 뿌리 22~31
  폭력 61, 139, 140, 237, 241, 244, 250, 251, 256, 258, 260, 264
존엄 모델 12, 13, 18~22, 36~41, 43, 44, 62, 66, 116, 130, 131, 140, 173, 180, 219, 227, 235
존 에드워즈Edwards, John 142, 222, 224
존재론적 욕구 49
존재론적 충동 58
존중 11, 12, 18~23, 36, 37, 39, 241, 246, 247, 255, 256, 257, 261, 263
주격 나, 목적격 나I, Me 62
  그릇된 존엄 154~155
  피드백 203
  유혹 225
  독립성 209~210
  상호 의존 210~217
  자제 139~140
주디스 조던Jordon, Judith 23
주디스 허먼Herman, Judith 193
《트라우마와 회복》 251
중동 55, 56, 139, 146, 266
중재 151, 197
죄책감 130, 221~227
지배 6, 27, 30, 58, 70, 81, 95, 113, 119, 121, 134, 157, 159, 160, 171, 179, 193, 202, 210
지식 사회 28
진 베이커 밀러Miller, Jean Baker 207
"진실 대면하기Facing the Truth" 108, 234, 235, 237, 249, 251, 258
진화심리학 12, 131, 132, 231

ㅊ

찰스 랭글Rangel, Charles 221, 224
천명 99
철회 126
책임 35, 42, 48, 60, 83, 94, 95, 109, 123~127, 128, 132, 137, 146~153, 169, 175, 187, 198, 227, 229, 232, 237, 254, 255, 263
책임성 48, 123~127, 146
체면 세우기 128, 141~145
취약성/취약함 16, 24, 25, 26, 29, 34, 35, 36, 78, 83, 97, 103, 110, 117, 125, 126, 133, 138, 142, 149, 162, 163, 185, 187, 212~216, 220, 222, 223, 224

ㅋ

캄보디아임시행정기구UNTAC U.N. Transitional Auuthority 8
캐시 로스 도케Roth-Douquet, Kathy 152, 268
케빈 오슈너Ochsner, Kevin 188
코르티솔 190

ㅌ

타밀 호랑이 반군 100, 101
타이거 우즈 143
타인을 비난하기 32, 83, 116, 130, 148, 177, 179, 189, 221~227
털어놓고 말하기 176~191
토머스 J 셰프Scheff, Thomas J. 29, 37, 41, 179, 190
통합 44, 58, 67, 211, 260
투사Projection 178, 223, 224, 225
트라우마 12, 81, 82, 83, 193, 235, 237, 241, 251, 258, 262, 267

ㅍ

퍼갈 킨Keane, Fergal 234, 270
평등 5, 9, 113
팻 매기Magee, Pat 256
펠리페 페르난데스-아르메스토Fernéndez-Armesto, Felipe 《인류: 간략한 역사》 33

폴 우드러프Woodruf, Paul 《존경, 잊혀진 미덕의
　회복》 98~99
폴 포트 정권기 9
프란스 드 발Waal, Franséde 26, 223
　《공감의 시대》 194
피드백 130, 185, 186, 200, 202~204, 216,
　217
　주기 176, 178, 184, 185
　받아들이기 179, 211, 214, 215
피에르 자네Janet, Pierre 223
피터 콜먼Coleman, Peter 51
피해자 자처하기 129, 192~199

ㅎ

허버트 켈먼Kelman, Herbert C. 49, 69~74, 195
행동 129, 171
행동에 영향 받기 189~190
헨리 데이비드 소로 236
호세 마리아 아르게타Argueta, José Maria 17
호의적으로 해석하기 47, 89, 105~112, 117,
　177, 180, 184

그 외

T. S. 엘리어트Eliot, T. S. 234
T세포 167